老子研究

文本、思想与流衍

邓散行　著

中国社会科学出版社

图书在版编目（CIP）数据

老子研究：文本、思想与流衍 / 邓散行著 . —北京：中国社会科学出版社，
2024.1
ISBN 978 - 7 - 5227 - 3202 - 2

Ⅰ.①老…　Ⅱ.①邓…　Ⅲ.①《道德经》—研究　Ⅳ.①B223.15

中国国家版本馆 CIP 数据核字（2024）第 049347 号

出 版 人	赵剑英
责任编辑	郝玉明
责任校对	谢　静
责任印制	王　超

出　　版	中国社会科学出版社
社　　址	北京鼓楼西大街甲 158 号
邮　　编	100720
网　　址	http://www.csspw.cn
发 行 部	010 - 84083685
门 市 部	010 - 84029450
经　　销	新华书店及其他书店

印　　刷	北京君升印刷有限公司
装　　订	廊坊市广阳区广增装订厂
版　　次	2024 年 1 月第 1 版
印　　次	2024 年 1 月第 1 次印刷

开　　本	710 × 1000　1/16
印　　张	17.75
字　　数	272 千字
定　　价	95.00 元

目　　录

第一章　《老子》与《诗》之关联的语文学考察 ················ 1

第一节　文体 ·· 3

第二节　修辞 ·· 9

第三节　语汇 ·· 13

第二章　《老子》文本两种常见句法释义 ···················· 21

第一节　顶真 ·· 22

第二节　"……是以圣人……" ···································· 29

第三节　史官话语的哲学转换 ···································· 35

第三章　《老子》第三章愚民说驳议 ························ 39

第一节　古今误说 ·· 40

第二节　早期注解 ·· 43

第三节　重要语词用例 ·· 47

第四节　语法结构与文献辅证 ···································· 50

第四章　"贵身"还是"无身"：《老子》第十三章要旨辩议 ····· 54

第一节　"贵身"、"无身"、"无身"以"贵身" ················ 54

第二节　歧解由来 ·· 59

第三节　"无身"为正解 ·· 63

第五章 老子和庄子哲学中的光明意象释义 ·············· 69

　第一节 道："玄牝"与"玄珠" ·················· 71

　第二节 得道者的内在心境："朝彻"与"袭明" ·········· 74

　第三节 得道者的人格形象："光而不耀"与"发乎天光" ······ 79

第六章 双向度：老子技术哲学思想衍绎 ·············· 86

　第一节 单向度的技术及其进攻性 ················· 87

　第二节 老子：慈弱为用，上善若水 ················ 89

　第三节 双向度的技术：内涵、预设与效应 ············· 95

第七章 从老子的"史官理性"到庄子的"生存智慧" ······· 101

　第一节 老子：清虚自守，以无为用 ··············· 101

　第二节 庄子：缘督为经，虚己游世 ··············· 103

第八章 "无知"与"不知"：从老子到庄子 ··········· 111

　第一节 老子："无知"之治 ·················· 112

　第二节 庄子：知的局限与极限 ················· 117

　第三节 庄子：俗知残损生命本真 ················ 122

　第四节 庄子：圣知行而天下乱 ················· 124

第九章 "阴谋家"：老子何以被诬？ ·············· 127

　第一节 易生歧解的《老子》文本 ················ 128

　第二节 申韩与汉初黄老 ···················· 132

　第三节 黜老：儒家的异端话语 ················· 137

　第四节 现代余响 ······················ 147

第十章 王船山《老子衍》的诠释进路 ············· 151

　第一节 动机：与圣人之道背驰则峻拒之 ············· 151

第二节　思想意图诠释：衍其意 …………………………… 155

第三节　实际功用诠释：求其用 …………………………… 161

第十一章　王船山解老注庄的心志与形式 ……………… 169

第一节　内部性诠释与外部性诠释 ………………………… 169

第二节　重构与颠覆 ………………………………………… 173

第十二章　王船山的老庄异同论 ………………………… 178

第一节　庄高于老而自立一宗 ……………………………… 179

第二节　老庄"未能合圣人之道" ………………………… 183

第三节　儒者之责与遗臣之心 ……………………………… 188

第十三章　老学论争与现代学术方法：詹剑峰《老子其人其书

及其道论》评析 ………………………………… 193

第一节　众说纷纭的老子其人其书其学 …………………… 195

第二节　理论立场、方法及史料 …………………………… 198

附录一　礼与非礼、儒道冲突及其他："箕踞"的思想文化解析 …… 205

第一节　"箕踞"与"跪坐" ……………………………… 205

第二节　人兽之别、夷夏之辨、殷周之异 ………………… 206

第三节　儒道之于礼 ………………………………………… 210

附录二　道家哲学研究漫笔 ……………………………… 221

参考文献 …………………………………………………… 270

后　　记 …………………………………………………… 278

第一章

《老子》与《诗》之关联的语文学考察

  《诗》作为基源性的中国文化经典，在先秦和汉代思想世界都具有广泛深刻的影响。《老子》全书虽未提及《诗》，但这并不意味着二者全无关联。基于语文学的视角，通过考察《老子》文本的演变历程，将不同的《老子》传本与《诗经》相对照，可以发现《诗》的文体形式、修辞手法以及某些特殊语汇不仅在不同时期的《老子》传本中都留下了痕迹，而且这些痕迹在从郭店本到王弼本的演变中还越来越多地出现。这表明《诗》是《老子》文本历史性生成的过程中不可或缺的背景性经典，《老子》不仅在成书之初就已受到《诗》的影响，而且这种影响在此后的文本演变中还愈加深入。

  《诗经》之名确立于汉武帝时期，此前它被称为《诗》或《诗三百》。作为早期经典，《诗》不仅是先秦诸子共享的思想资源，更是那个时代"士以上阶层的最重要的通识教育科目"，习《诗》、诵《诗》则是贵族间"文化交往和语言交往的基本方式和手段"①，故孔子曰："不学诗，无以言。"（《论语·季氏》）关于《诗》对古代学者的深刻影响，清代学者刘开说：

---

① 陈来：《古代思想文化的世界：春秋时代的宗教、伦理与社会思想》，生活·读书·新知三联书店 2002 年版，第 166 页。

"夫古圣贤立言，未有不取资于是《诗》者也。道德之精微，天人之相与；彝伦之所以昭，性情之所以著；显而为政事，幽而为鬼神，于《诗》无不可证。故治学论治，皆莫能外焉。"① 确如刘开所言，先秦诸子著述多引《诗》、论《诗》，其中尤以儒家为甚。从道家学派来看，即便是对推重《诗》的儒家多作激烈批评的《庄子》，书中也不仅数次明确提及《诗》，其思想和文本还与《诗》有着微妙的隐性关联。② 迥异于《庄子》，《老子》全书对《诗》却只字未提③，无论是以褒的方式还是以贬的方式，但这并不意味着二者全无关联。事实上，就老子本人而言，身为主藏书之事的"周守藏室之史"（《史记·老子列传》）或所谓"征藏史"（《庄子·天道》），他必定熟知《诗》，并极有可能在一定程度上受到了《诗》的影响。

先看一条春秋时期史官引《诗》论事的记载。据《左传·昭公三十二年》，赵简子问史墨："季氏出其君，而民服焉，诸侯与之，君死于外，而莫之或罪也。"史墨对曰："社稷无常奉，君臣无常位，自古以然。故《诗》曰：'高岸为谷，深谷为陵。'三后之姓，于今为庶。"史墨所引《诗》句见小雅《十月之交》。从《左传》的这条记载可以看出两点：首先，史官群体不仅熟悉《诗》，而且擅长发掘和运用某些诗句蕴含的哲理，以"断章取义"的方式推类论说现实政治问题；其次，史墨所引《诗》句"高岸为谷，深谷为陵"近通于《老子》的相反相生思想，如第二章所说"高下相倾"。④

此外，《庄子》外篇所载老子与孔子涉及《诗》的两则对话也很值得关注。其一，《天运》篇："孔子谓老聃曰：'丘治《诗》《书》《礼》《乐》《易》《春秋》六经，自以为久矣，孰知其故矣……。'老子曰：

---

① （清）刘开：《读诗说》，转引自张丰乾《可与言诗：中国哲学的本根时代》，商务印书馆 2020 年版，第 49 页。

② 参见邓联合、赵佳佳《〈庄子〉与〈诗〉的显隐关联发微》，《中国哲学史》2022 年第 4 期。

③ 当然，《老子》全书也未明确引述或提及其他早期经典。

④ 若无特别标注，本书所引《老子》皆依王弼本。

'……夫六经，先王之陈迹也，岂其所以迹哉！今子之所言，犹迹也。'"
其二，《天道》篇："孔子西藏书于周室。……往见老聃，而老聃不许，于
是繙十二经以说。老聃中其说，曰：'大谩，愿闻其要。'"这里所说的
"十二经"虽所指不详，且与《天运》篇提及的"六经"极可能都是晚出
的儒家经典总名①，但想必其中包括《诗》，而这两则对话虽皆为真假难
定的寓言，但至少表明一点：在"诋訿孔子之徒，以明老子之术"（《史
记·庄子列传》）的庄子学派看来，老子熟悉《诗》的内容和精神旨趣，
故而贬其为"先王之陈迹"。

基于上述原因，笔者认为，虽然《老子》未曾提及《诗》，但鉴于
《诗》对包括老子在内的先秦诸子以及它在汉代升格为"经"之后对学者
所具有的广泛、持久的影响，如果仔细考察《老子》从郭店本到王弼本的
复杂演变历程，将不同时期的《老子》传本与《诗经》相对照，那么我
们就会发现：《老子》在成书之初就已受到了《诗》的影响，并且这种影
响在此后的文本演变中还愈加深入。

本章拟从语文学的进路探讨《老子》与《诗》的关联，二者的思想
关联暂存而不论。

第一节 文体

关于《老子》的文体，学界曾有不同看法。在 20 世纪的老学论争中，
顾颉刚认为《老子》是赋体，而赋体乃战国末期的新兴文体，故《老子》
应成书于《吕氏春秋》与《淮南子》之间②；冯友兰认为《老子》应成书
于《论语》《孟子》后，非问答体，而是属于战国时期的"简明之'经'

---

① 参见张恒寿《庄子新探》，湖北人民出版社 1983 年版，第 159—160、173 页。
② 参见顾颉刚《从〈吕氏春秋〉推测〈老子〉之成书年代》，《古史辨》，上海古籍
出版社 1982 年版，第 4 册，第 481 页。

体"①；钱穆认为，诗、史、论是古代文体演进的三种先后形态，记言记事之"史体"必晚于诗，论又晚于史，而《老子》之文体乃"论之尤进"者，故应晚出于《孟子》《荀子》后。② 对于这些论断的疏失处，詹剑峰已作出有力辩驳③，兹不赘述。

检讨顾、冯、钱的上述观点可见，三位学者都把《老子》的文体性质与其成书年代这两个不同问题并合讨论，而他们之所以断定《老子》成书较晚，且误认其文体为赋、经或论，一个重要原因在于他们未能得见战国写本的郭店本《老子》④，其所依据的都是较晚的汉魏时期的王弼本。20 世纪 90 年代，郭店本的面世从根本上推翻了各种《老子》晚出说，同时也为我们考察该书的本貌提供了直接的文本依据。老子为春秋晚期的史官，因此，讨论《老子》（尤其是早期传本）的文体特点及其生成背景，较为恰当的方法是把郭店本与春秋时期的史官言论相对照。

史官的一个重要职责是"执古之道，以御今之有"（《老子》第十四章），或推"天道"以明人事，即通过援引过往的社会历史经验和政治教训，或基于他们所洞见的"天道"——宇宙万物的普遍法则，对统治者的行为提出解释、批评或箴谏。从《左传》《国语》所载史官言论可见，其所述多有较为抽象且高度凝练、蕴意精深的断语或格言，这些断语或格言往往是史官针对现实所作的政治和道德话语演绎的前提性法则。例如，《左传》："史佚有言曰：'无始祸，无怙乱，无重怒。'"（《僖公十五年》）"［史墨］对曰：'物生有两、有三、有五、有陪贰。故天有三辰，地有五

---

① 冯友兰：《中国哲学史》，中华书局 1961 年版，上册，第 210 页。

② 参见钱穆《庄老通辨》，生活·读书·新知三联书店 2005 年版，第 102—103 页。

③ 参见詹剑峰《老子其人其书及其道论》，华中师范大学出版社 2006 年版，第 44 页。

④ 关于郭店本《老子》的成书时间，大致有战国早期、战国中期、春秋末期三种说法，参见裘锡圭《郭店〈老子〉简初探》，《道家文化研究》第 17 辑，生活·读书·新知三联书店 1999 年版，第 29—30 页；丁四新《郭店楚墓竹简思想研究》，东方出版社 2000 年版，第 9 页；许抗生《初读郭店竹简〈老子〉》、郭沂《楚简〈老子〉与老子公案》《郭店竹简研究》（《中国哲学》第 20 辑），辽宁教育出版社 1999 年版，第 93、119 页。

行，体有左右，各有妃耦。王有公，诸侯有卿，皆有贰也。'"（《昭公三十二年》）《国语》："史佚有言曰：'动莫若敬，居莫若俭，德莫若让，事莫若咨。'"（《周语》）"史苏朝，告大夫曰：'……伐木不自其本，必复生；塞水不自其源，必复流；灭祸不自其基，必复乱。'"（《晋语》）将史官的这类言论与郭店本乃至王弼本《老子》的大多数篇章相对照，可发现二者的言说风格非常相似，以至于如果把这类史官言论写入《老子》书中，也不会显得扞格不入。其不同在于，郭店本《老子》展开了形而上的深邃思考，并创造性地将"道"树立为独立自存的本体，提出了"有状蚰成，先天地生……未知其名，字之曰道"，"反也者，道动也"，"道恒亡名"（《老子》甲组）[①]等重要思想，因此属于哲学文本，而非史官话语的简单汇编之作。

郭店本《老子》的文本形式虽然总体上可归为与史官话语相类的格言体，但另一方面，其中许多篇句也已不同程度地表现出了诗的特点。一般来说，诗区别于其他文体的特点是抒情化、形象化，且句式规整、注重韵律和修辞。以下首先从句式和韵律两个方面分析《诗》对《老子》的影响。

（一）**句式**。据刘笑敢统计，在《诗经》的 305 篇诗中，有 152 篇是纯粹的四言诗，140 篇以四言为主，杂以三言、五言、六言或七言，只有13 篇是其他形式的杂言诗。也就是说，《诗经》是以四字句为主，并辅以其他变化。[②]

依此来看郭店本《老子》，其句式虽长短错杂不一，但三组简文中像《诗经》那样整齐、连续的四字句也不可谓少。例如，甲组："绝智弃辩，民利百倍；绝巧弃利，盗贼亡有；绝伪弃诈，民复孝慈"；"果而弗伐，果而弗骄，果而弗矜"。乙组："明道如曹，夷道如繲，□道若退。上德如谷，大白如辱……建德如□，□真如愉。大方亡隅，大器曼成，大音祇

---

① 本章所引郭店本《老子》，依据李零《郭店楚简校读记》（北京大学出版社 2002年版）、刘笑敢《老子古今：五种对勘与析评引论》（中国社会科学出版社 2006 年版）。

② 参见刘笑敢《老子：年代新考与思想新诠》，台北：东大图书公司 2005 年版，第 14—15 页。

声，天象亡形"；"大成若缺，其用不敝；大盈若盅，其用不穷。大巧若拙，大成若詘，大直若屈"。丙组："故大道废，安有仁义；六亲不和，安有孝慈；邦家昏□，安有贞臣。"显而易见，在后世的帛书本至王弼本中，整齐、连续的四字句更多，限于篇幅，此不详举。

（二）韵律。古今多有学者发现，《老子》文本的一大特点是入韵。例如，清人吕履恒说："上下五千言，固多韵语。"① 刘师培说："周代之书，其纯用韵文者，舍《易经》、《离骚》而外，莫若《老子》。"② 此外，顾颉刚、胡适、钱穆、陈荣捷等学者也认为《老子》是押韵的。③ 按孙雍长的统计，《老子》全书用韵共计426处，其用韵特点是自由宽缓。④ 朱谦之在其著《老子校释》中除了以附录的形式详列《老子》全书韵例，还特别指出了《老子》用韵与《诗经》之相合者。⑤ 更进一步，刘笑敢通过"穷尽性的统计比较"，发现《老子》的用韵方式更接近于《诗经》而不是《楚辞》，由此他推断"《老子》显然是在《诗经》的风格影响下的产物"⑥。笔者大致赞同前辈学者的这些看法，但认为其中有一点明显的不足：他们在探讨《老子》的韵律特点乃至其与《诗经》的关系时，所考察的对象文本都是王弼本，而郭店本不在其研究视野内。刘笑敢虽然注意到了不同时期《老子》传本的语言差异，但受到研究条件的限制，郭店本同样未被纳入其考察范围，他在分析《老子》与《诗经》的关系时也只是尽可能地引用相对古朴的帛书本，同时偶尔参照王弼本。

---

① 转引自李波《"〈庄〉之妙，得于〈诗〉"：明清〈庄子〉散文评点的诗性审美》，《聊城大学学报》（社会科学版）2013年第2期。

② 转引自谭家健、郑君华《先秦散文纲要》，山西人民出版社1987年版，第91页。

③ 参见顾颉刚《从〈吕氏春秋〉推测〈老子〉之成书年代》、胡适《与冯友兰先生论〈老子〉问题书》，《古史辨》，第4册，第486、418页；钱穆《庄老通辨》，第103页；陈荣捷《中国哲学论集》，"中央研究院"中国文哲研究所1994年版，第180页。

④ 参见孙雍长《〈老子〉用韵研究》，《广州大学学报》2002年第1期。

⑤ 参见朱谦之《老子校释》，中华书局1984年版，第313—332页。

⑥ 刘笑敢：《老子：年代新考与思想新诠》，第一章"从《诗经》《楚辞》看《老子》的年代"。

事实上，即便从郭店本这一迄今所见最早的《老子》文本看，其中许多篇句的韵式已有受到《诗》之影响的显著痕迹。需要说明的是：刘笑敢的研究主要是基于王力《诗经韵读》、朱谦之《老子韵例》等前人成果，从句句入韵、叠句与叠韵、交韵、偶句韵、富韵、合韵等若干方面，详细探讨了《诗经》的韵式对《老子》的影响，笔者将借鉴这一研究进路，简要分析郭店本《老子》的韵律特点。

1. 句句入韵。郭店本《老子》是哲学文本而非诗歌，故其中的句句入韵相应地表现出灵活多样的特点，五句一韵、四句一韵、三句一韵、两句一韵之例都有出现。例如，甲组："孰能浊以静者，将徐清；孰能安以动者，将徐生。保此道者不欲尚盈。"这是五句一韵。再如，甲组："三言以为辨不足，或令之有乎属：视素抱朴，少私寡欲。"丙组："無执，故無失也。慎终若始，则無败事矣。"这两例都是四句一韵。又，乙组："明道如【曹】，夷道如纇，□道若退。上德如谷，大白如辱，广德如不足，建德如□，□真如愉，大方亡隅，大器曼成，大音祇声，天象亡形。"这里先后出现了三句一韵、五句一韵、四句一韵的情况。两句一韵之例更多，如甲组："有状蜎成，先天地生"，"虚而不屈，动而愈出"，"益生曰祥，心使气曰强"；乙组："大盈若盅，其用不穷"，"修之乡，其德乃长"；丙组："执大象，天下往。"

除以上几种句句韵，刘笑敢还特别指出，王弼本《老子》第四十四章的韵式既可以说是句句韵，也可视为句中韵。值得注意的是，该章早已见于郭店本中，且两个版本的文字几乎完全相同："名与身，孰亲？身与货，孰多？持与亡，孰病？甚爱，必大费；厚藏，必多亡。故知足，不辱；知止，不殆；可以长久。"（甲组）依刘氏之说，其中的"身""亲"为真部，"货""多"为歌部，"亡""病""藏"为阳部，"爱""费"为物部，"足""辱"为屋部，"止""殆""久"为之部①，其韵式同时具有句句韵和句中韵的特点。

---

① 参见刘笑敢《老子：年代新考与思想新诠》，第36页。

2. 叠句与叠韵。刘笑敢以王弼本第五十九章为例，认为其中重复的"啬""早服""重积德""无不克""莫知其极"都是带着韵脚的叠句和叠韵，起到承上启下的作用。该章同样见于郭店本乙组，撇开简文中的缺字，二者的文句和韵式几乎完全一致，兹不详引。此外，甲组："未知牝牡之合朘怒，精之至也；终日号而不嗄，和之至也"；"咎莫憯乎欲得，祸莫大乎不知足，知足之为足，此恒足矣"。乙组："人之所畏，亦不可以不畏人。"这三例显然都是重复某个字或某几个字的叠字为韵。

3. 偶句韵。刘笑敢指出，王弼本第九章是典型的偶句韵，其中的"保""守""咎""道"皆为幽部。① 我们看到，该章也已见于郭店本甲组，且其采取的偶句韵式与王弼本完全相同。此外，甲组："人法地，地法天，天法道，道法自然"；"圣人欲不欲，不贵难得之货；教不教，复众之所过"。这两段显然也都是偶句韵。

4. 富韵。所谓富韵是指句末用同一个虚字（例如"之""也""乎"等），虚字前再加一个押韵的字，这样就形成了两个字的韵脚。郭店本中的富韵之例，除了刘笑敢提到的王弼本第十七章已见于丙组外②，甲组还有几例："反也者，道动也；弱也者，道之用也"；"守中，笃也。万物并作，居以须复也"；"金玉盈室，莫能守也；贵富骄，自遗咎也"；"有亡之相生也，难易之相成也，长短之相形也，高下之相盈也……万物作而弗始也，为而弗恃也……夫唯弗居也，是以弗去也"；"其脆也，易判也；其幾也，易散也"。这几例中的"动也"与"用也"、"笃也"与"复也"、"守也"与"咎也"、"生也"与"成也""形也""盈也"、"始也"与"恃也"、"居也"与"去也"、"判也"与"散也"，都分别构成富韵。

刘笑敢认为，《老子》中的句句韵、叠韵、偶句韵、富韵等韵式都明显地同于《诗经》，而笔者的上述考察则表明，郭店本《老子》早已运用了这些同于《诗经》的韵式。这里需要补充的是，除了以上几种韵式，笔者还发

---

① 参见刘笑敢《老子：年代新考与思想新诠》，第42页。
② 郭店本丙组："太上，下知有之；其次，亲誉之；其次，畏之；其次，侮之。"

现，郭店本甲组："豫乎□若冬涉川，犹乎其若畏四邻，严乎其若客，涣乎其若释，屯乎其如朴，坉乎其如浊。"这几句都是以句中处于相同位置的虚字"乎"押韵。① 这种句中用韵的方式在《诗经》中也有先例，如《桑中》："期我乎桑中，要我乎上宫，送我乎淇之上矣。"

晚于郭店本的《老子》各本与《诗经》用韵方式的相同之处更多，鉴于古今学者对此已多有发明，故笔者不再展开讨论。通过以上对郭店本《老子》与《诗经》在句式和韵律两个方面之相同点的比较分析，可知《老子》在成书之初就已受到了《诗》的影响，这种影响导致其中的某些文句已呈现出了诗歌化的特点。

第二节　修辞

正是因为《老子》许多篇句句式规整、讲求韵律，所以任继愈认为《老子》"是以诗的形式写出的"②，朱谦之则说："《老子》为哲学诗，其用韵较《诗经》为自由。"③ 除了用韵，《老子》的许多篇句作为"诗"还运用了拟人、排比、对偶、对比、比喻、顶真、复沓等多种修辞手法，而这些手法也早已常见于《诗经》中。这里仅以顶真和复沓为例，讨论《诗》在修辞方面对《老子》的影响。之所以只选择顶真和复沓，是因为在《诗》《书》《易》等早于《老子》的经典文本中，唯有《诗》运用了这两种修辞手法，《书》《易》中皆不见。

（一）**复沓**。复沓又称复唱、叠章、重章叠句等，是指一首诗由若干章组成，各章主题、结构乃至句法基本相同，只在相应的局部变换少数字

---

① 如果按照刘笑敢的说法，王弼本《老子》第十章所采取的也是以句末虚字"乎"押韵的方式："载营魄抱一，能无离乎？专气致柔，能婴儿乎？涤除玄览，能无疵乎？爱民治国，能无知乎？天门开阖，能无雌乎？明白四达，能无为乎？"

② 任继愈译著：《老子新译》，上海古籍出版社1985年版，第59页。

③ 朱谦之：《老子校释》，第332页。

词，从而形成反复咏唱、跌宕回环的艺术效果。从《诗经》全书来看，复沓是其中最典型尤其是国风运用最普遍的表现手法。运用复沓的诗篇或抒情或叙事，或兼抒情与叙事，各章之间的关系大致有两种：平行和渐进。前者如《草虫》，该诗首章、次章、末章的末句分别为"我心则降""我心则说""我心则夷"，其辞虽异，其情则类，三章平行共鸣。后者如《晨风》，其首章、次章、末章的第四句分别为"忧心钦钦""忧心靡乐""忧心如醉"，其辞前后各异，其情随之愈加强烈，一章甚于一章，正如朱熹所云："未见君子，则忧心靡乐矣。靡乐则忧之甚也。……如醉，则忧又甚矣。"①

　　复沓不见于郭店本《老子》，王弼本却有三章明显运用了平行复沓的手法。第十一章：

> 三十辐共一毂，当其无，有车之用。
> 埏埴以为器，当其无，有器之用。
> 凿户牖以为室，当其无，有室之用。

这三段的思想主旨和理路完全一致，其句法也基本相同，差别仅在于各段的句首以及各段末句中的"车""器""室"三字。再看第二十八章：

> 知其雄，守其雌，为天下谿；为天下谿，常德不离，复归于婴儿。
> 知其白，守其黑，为天下式；为天下式，常德不忒，复归于无极。
> 知其荣，守其辱，为天下谷；为天下谷，常德乃足，复归于朴。

---

① （宋）朱熹：《诗集传》，中华书局 2011 年版，第 100 页。

这三段话的思想主旨、理路和句法结构也完全相同，只有首段的"雄""雌""谿""离""婴儿"在第二段的同样位置分别换为"白""黑""式""忒""无极"，在末段则相应换为"荣""辱""谷""足""朴"。此外，第四十九章："善者，吾善之；不善者，吾亦善之，德善。信者，吾信之；不信者，吾亦信之，德信。"这段文字虽然简短，复沓的特点却是显而易见的。

（二）**顶真**。顶真又称顶针、蝉联、连珠、联语等，是指"用前一句的结尾来做后一句的起头，使邻接的句子头尾蝉联"①，从而形成环环相扣、文气贯通、上递下接、逐层推进的修辞效果。运用顶真手法的文句，用符号表示便是"A→B，B→C……"，其中连接上下句的 B 可以是一个字、词或句子。顶真修辞在《诗经》中的运用虽不像复沓那样普遍，但亦多有其例，笔者统计，国风《行露》《江有汜》《简兮》《相鼠》《中谷有蓷》《葛藟》、大雅《文王》《大明》《緜》《皇矣》《下武》《行苇》《既醉》《假乐》《板》《崧高》、周颂《良耜》、鲁颂《有駜》等，都运用了顶真修辞。具体来看，用一个字连接上下句的，如《既醉》："朋友攸摄，摄以威仪。"用一个词连接上下句的，如《緜》："乃立皋门，皋门有伉。"用一个句子连接上下句的，如《相鼠》："相鼠有皮，人而无仪；人而无仪，不死何为。"

在郭店本《老子》中，甲组、乙组、丙组都有运用顶真修辞的文句：

表 1—1 郭店本《老子》中的顶真句

甲组	……吾强为之名曰大。大曰逝，逝曰【远】，【远】曰反。……人法地，地法天，天法道，道法自然（对应王弼本第二十五章）
	侯王能守之，而万物将自化。化而欲作……夫亦将知足，知足以静……（对应王弼本第三十七章）
	……成功而弗居。夫唯弗居也……（对应王弼本第二章）

---

① 陈望道：《修辞学发凡》，上海教育出版社 2001 年版，第 220 页。

续表

甲组	……始制有<u>名</u>。<u>名</u>亦既有，夫亦将<u>知止</u>。<u>知止</u>所以不殆……（对应王弼本第三十二章）
乙组	治人事天莫若<u>啬</u>。夫唯<u>啬</u>……不克则莫知其<u>极</u>，<u>莫知其极</u>可以<u>有国</u>。<u>有国</u>之母……（对应王弼本第五十九章）①
	……为道者日<u>损</u>。<u>损</u>之又损，以至<u>亡为</u>也。<u>亡为</u>而亡不为。（对应王弼本第四十八章）
丙组	……弗<u>美</u>也。<u>美</u>之，是<u>乐杀人</u>。夫<u>乐〔杀〕</u>……（对应王弼本第四十八章）

在王弼本中，运用顶真手法的篇句更多，除与上表所列相对应的句例，另外还有：

表 1-2 　　　　　　　　王弼本《老子》中的部分顶真句

第一章	此两者同出而异名，同谓之<u>玄</u>。<u>玄</u>之又玄，众妙之门
第三章	使夫智者不敢<u>为</u>也。<u>为</u>无为，则无不治
第六章	谷神不死，是谓<u>玄牝</u>。<u>玄牝</u>之门，是谓天地根
第八章	上善若<u>水</u>。<u>水</u>善利万物而不争
第十六章	夫物芸芸，各复<u>归其根</u>。<u>归根</u>曰静，是谓<u>复命</u>。<u>复命</u>曰常，知常曰明……知<u>常容</u>，<u>容</u>乃公，<u>公</u>乃王，<u>王</u>乃天，<u>天</u>乃道，<u>道</u>乃久
第二十一章	道之为物，惟恍惟<u>惚</u>。<u>惚</u>兮恍兮，其中有象。……<u>其中有精</u>。<u>其精</u>甚真
第二十三章	孰为此者？<u>天地</u>。<u>天地</u>尚不能久……故从事于<u>道者</u>，<u>道者</u>同于道……
第二十八章	……<u>为天下谿</u>；<u>为天下谿</u>……。……<u>为天下式</u>；<u>为天下式</u>……。……<u>为天下谷</u>；<u>为天下谷</u>……
第二十九章	天下神器，不可<u>为</u>也。<u>为</u>者败之……

---

① 刘笑敢把第五十九章的修辞手法称为顶真式的回环，并认为这与《诗经》的特点相一致，而《楚辞》中是没有的。（参见刘笑敢《老子古今：五种对勘与析评引论》，第575—576页）

续表

第三十七章	吾将镇之以无名之朴。无名之朴，夫亦将无欲，不欲以静……
第三十八章	故失道而后德，失德而后仁，失仁而后义，失义而后礼。夫礼者……
第四十章	天下万物生于有，有生于无
第四十二章	道生一，一生二，二生三，三生万物。万物负阴而抱阳……
第五十二章	既得其母，以知其子。既知其子，复守其母
第五十六章	知者不言，言者不知
第七十章	夫惟无知，是以不我知。知我者希……
第七十四章	夫代司杀者杀，是谓代大匠斫。夫代大匠斫者……
第八十一章	信言不美，美言不信。善者不辩，辩者不善。知者不博，博者不知

综括以上两表可见，受到《诗》的影响，《老子》中运用顶真手法的篇章既多有用一个字或一个词连接上下句之例，也不乏用一个句子连接上下句之例。而顶真句例从郭店本到王弼本的愈益增多则表明，在《老子》文本的演变中，《诗》的修辞手法的影响呈现出愈加深入扩大之势。当然，作为哲学著作，《老子》运用顶真手法，绝不只是为了达到某种文学性的修辞效果，更是为了彰明思想环节的上递下接、内在逻辑的逐次推衍，以及理论观念的依序转换、精神主旨的最终凸显。

第三节　语汇

不同于叙事性的散文、说理性的论文以及训诂政令等其他文本形式，诗歌常运用一些特殊的语汇，以抒发某种情感，并达到富于节奏、朗朗上口，从而便于随口诵唱流传的效果，《诗经》中的那些具有情感色彩的语气词和修辞性的大量叠字词即属此类。在这个方面，《诗》对《老子》文本的演变和生成也有显著影响。

（一）**语气词**。《诗经》运用最普遍的语气词是"兮"，共出现300多次，它相当于现代汉语的"啊"或"呀"。对看《老子》：郭店本中不见"兮"字，其中的语气词多用"乎""也"等；《庄子》虽被司马迁认为"其要本归于老子之言"（《史记·庄子列传》），外篇更被王夫之指为"但为老子作训诂"（《庄子解·外篇序》）①，但通观《庄子》全书，"兮"仅于内篇2见——"凤兮凤兮，何如德之衰也"（《人间世》），且与《老子》无关，而外杂篇中那些所谓"为老子作训诂"，因此极有可能援引或转述《老子》文句的《胠箧》《在宥》《天道》《天运》《徐无鬼》等篇，"兮"字却并未出现。受到《诗》的影响，《老子》文本用"兮"字当在《庄子》之后的战国晚期，这一点可以从其时几部受《老子》的影响或阐发其思想的著作所引用或化用的《老子》文句看出来。

具体来说，《韩非子》全书引《老子》有2句出现了"兮"字，分别为"祸兮福之所倚""福兮祸之所伏"（见《解老》）。成书于战国晚期的《文子》②，书中引用或化用《老子》的文句则多见"兮"：

> 忽兮怳兮，不可为象兮；怳兮忽兮，用不詘兮；窈兮冥兮，应化无形兮。（《道原》）
>
> 其全也，敦兮其若朴；其散也，浑兮其若浊。……氾兮若浮云。（《道原》）
>
> 故曰："祸兮福所倚，福兮祸所伏，孰知其极。"（《微明》）
>
> 为天下有容者，"豫兮其若冬涉大川，犹兮其若畏四邻，俨兮其若容，涣兮其若冰之液，敦兮其若朴，混兮其若浊，广兮其若谷"。（《上仁》）

---

① 为节约篇幅，本书引王夫之《庄子解》仅注明篇次，不标注页码。

② 关于《文子》的成书时间，参见裴健智《〈文子〉文本及其思想研究》，博士学位论文，中国人民大学，2021年，第73—85页。

此外，汉初《淮南子》引《老子》也多见"兮"，例如：

> 忽兮恍兮，不可为象兮；恍兮忽兮，用不屈兮；幽兮冥兮，应无形兮。（《原道训》）
>
> 其全也，纯兮若朴；其散也，混兮若浊。……澹兮其若深渊，泛兮其若浮云。（《原道训》）
>
> 故老子曰："窈兮冥兮，其中有精……"（《道应训》）

《文子》《淮南子》引《老子》的上述文句，大致对应王弼本第二十一、十五、二十等章。帛书本中，"兮"皆换为"呵"。北大汉简本中，"兮"或作"旖"，如下经第四十八章、六十二章、七十四章（分别对应王弼本第四章、二十一章、三十四章）；或换为"虖"（乎），如上经第五十八章、下经第六十章（分别对应王弼本第十五章、十七章）；此外，下经第六十一章（对应王弼本第二十章）并用"旖""虖"：

> 芒虖，未央哉……我袙旖未佻……纍旖，台无所归……我愚人之心也，屯屯虖……没旖，其如晦；芒旖，其无所止。

在王弼本《老子》中，帛书本的"呵"、汉简本的"旖"和"虖"全部统一为"兮"，"兮"由此成为全书运用最多的语气词，共出现 25 次之多，即"渊兮似万物之宗。……湛兮似或存"（第四章）；"犹兮若畏四邻，俨兮其若客，涣兮若冰之将释，敦兮其若朴，旷兮其若谷，浑兮其若浊"（第十五章）；"悠兮其贵言"（第十七章）；"荒兮，其未央哉……我独泊兮，其未兆……儽儽兮，若无所归……澹兮其若海，飂兮若无止"（第二十章）；"惚兮恍兮，其中有象；恍兮惚兮，其中有物；窈兮冥兮，其中有精"（第二十一章）；"寂兮寥兮，独立不改"（第二十五章）；"大道氾兮，其可左右"（第三十四章）；"祸兮福之所倚，福兮祸之所伏"（第五十八章）。在晚于汉简本、早于王弼本的河上公本中，相关语例几乎与王弼本完全相同，唯王弼本第四章"渊兮似万物之宗"一句，河上公本作"渊乎似万物之宗"。另外值得注意的是，被许多学者认为其时代应与帛书本大致相当的傅奕本，书中"兮"字出现的情况也与王弼本基本一致。

在王弼本的上述语例中，有两种"兮"字的用法尤其能说明《诗》对王弼本的影响。其一是第二十章的"儽儽兮"，同样的叠字词后加"兮"的用法在《诗经》中颇多见，如"诜诜兮""振振兮""薨薨兮""绳绳兮""揖揖兮""蛰蛰兮"（《螽斯》）、"脱脱兮"（《野有死麕》）、"涣涣兮"（《溱洧》）、"闲闲兮""泄泄兮"（《十亩之间》）、"栾栾兮""博博兮"（《素冠》），等等。其二是第二十一章的"惚兮恍兮""恍兮惚兮""窈兮冥兮"，以及第二十五章的"寂兮寥兮"，这种一个句子（四字句）中有两个"兮"字的用法也多见于《诗经》中，如"绿兮衣兮""絺兮绤兮"（《绿衣》）、"父兮母兮"（《日月》）、"叔兮伯兮""琐兮尾兮"（《旄丘》）、"瑟兮僩兮，赫兮咺兮""宽兮绰兮，猗重较兮"（《淇奥》）、"容兮遂兮"（《芄兰》）、"伯兮朅兮"（《伯兮》），等等。相较于《诗经》，《楚辞》用"兮"虽然更多、更频繁，甚至可谓每言必用"兮"，但一个句子中用两个"兮"的情况却从未出现。基于此，如果再考虑到《楚辞》较少四字句，且其韵律形式与《老子》迥不相类①，那么，我们便只能认为《老子》中"兮"的用例是《诗》影响的结果。

（二）**叠字词**。《诗经》运用了大量的叠字词。仅以《国风·周南》为例，计有"关关"（《关雎》）、"萋萋""喈喈""莫莫"（《葛覃》）、"诜诜""振振""薨薨""绳绳""揖揖""蛰蛰"（《螽斯》）、"夭夭""灼灼""蓁蓁"（《桃夭》），等等。《诗》之所以频繁使用叠字词，是因为这样可以使诗句节律铿锵明快、音调优美，从而便于赋诵传唱。

对看《老子》：与"兮"的用例一样，郭店本没有出现叠字词，《韩

---

① 刘笑敢指出，《楚辞》以六言或七言句为主，在王力《楚辞韵读》所收二十八首《楚辞》中，只有四首四言诗，其句式和韵式都与《老子》差别较大。（参见刘笑敢《老子：年代新考与思想新诠》，第19—23页）

非子》引《老子》亦如此。与此不同，《文子》引《老子》则有："绵绵若存，是谓天地根"（《精诚》）；"不欲碌碌如玉，落落如石"（《符言》）；"其政闷闷，其民淳淳；其政察察，其民缺缺"（《上礼》）。其后的《淮南子》引《老子》："其政闷闷，其民纯纯；其政察察，其民缺缺。"（《道应训》）这里出现了"绵绵""碌碌""落落""闷闷""纯纯""缺缺"等叠字词。在汉代的各种《老子》传本中，叠字词更为多见：

表 1-3　　　　　　　　汉代《老子》传本中的叠字词

帛书本	汉简本	河上公本	王弼本
甲：绵绵呵若存 乙：绵绵呵其若存	第五十章：绵虖若存	第六章：绵绵若存	第六章：绵绵若存
甲：寻寻呵不可名也 乙：寻寻呵不可命也	第五十七章：台台微微不可命	第十四章：绳绳不可名	第十四章：绳绳不可名
甲：天物雲雲 乙：天物【祄】【祄】	第五十九章：天物云云	第十六章：夫物芸芸	第十六章：夫物芸芸
甲：众人熙熙……累呵……蠢蠢呵……鬻……【闉】呵。鬻人蔡蔡，我独【闉】【闉】 乙：众人熙熙……纍呵，伯无所归……潗潗呵。鬻人昭昭，我独若【闉】呵。鬻人蔡蔡，我独闉闉	第六十一章：众人熙熙……纍旖，台无所归……屯屯虖！猷人昭昭，我蜀若昏；猷人計計，我独昏昏	第二十章：众人熙熙……乘乘兮，若无所归。……沌沌兮！俗人昭昭，我独若昏；俗人察察，我独闷闷	第二十章：众人熙熙……儽儽兮，若无所归。……沌沌兮！俗人昭昭，我独昏昏；俗人察察，我独闷闷
甲：不欲若玉，珞 乙：不欲禄禄如玉，硌硌如石	第二章：不欲禄禄如玉	第三十九章：不欲琭琭如玉，落落如石	第三十九章：不欲琭琭如玉，珞珞如石
甲：……之在天下【憷】【憷】 乙：圣人之在天下也，欹欹焉	第十二章：圣人之在天下也，歰歰然	第四十九章：圣人在天下怵怵	第四十九章：圣人在天下歙歙

续表

甲：其正察察，其邦夬夬 乙：其正【闵】【闵】，其民屯屯；其正察察，其……	第二十一章：其正昏昏，其民蒀蒀；其正計計，其国夬夬	第五十八章：其政冈冈，其政醇醇；其政察察，其民缺缺	第五十八章：其政冈冈，其民淳淳；其政察察，其民缺缺
甲：缺此句 乙：天冈【怪】【怪】	第三十七章：天冈怪怪	第七十三章：天网恢恢	第七十三章：天网恢恢
甲：10 乙：15	15	17	18

在《老子》运用的众多叠字词中，"昭昭""绳绳""绵绵"皆出自《诗》："昭昭"见鲁颂《泮水》"其音昭昭"；"绳绳"见周南《螽斯》"宜尔子孙，绳绳兮"以及大雅《抑》"子孙绳绳"；"绵绵"见王风《葛藟》"绵绵葛藟"，大雅《绵》"绵绵瓜瓞"、《常武》"绵绵翼翼"，周颂《载芟》"绵绵其麃"。毋庸置疑，《老子》中的这三个叠字词是其袭取《诗》的语汇的明证。而我们从上述词例统计则可以看出，至迟自战国晚期叠字词始见于《老子》始，《老子》文本在汉代的演变过程中越来越多地使用了叠字词，其结果是相关篇句越来越表现出显著的诗歌化特点。

通过以上对不同时期《老子》传本中"兮"和叠字词的用例分析，笔者推测：在《老子》文本的演变过程中，后世的传承者对其篇句进行了修饰和增益；为达到便于随口吟诵甚或配乐歌唱，从而利于授受流传之目的，修饰者和增益者有意识地运用了叠字词和"兮""呵""猗""虖"等语气词，这显然是受到了《诗》的影响；而在汉代，最终在王弼本形成的时代，叠字词之所以出现更多，"兮"之所以取代"呵""猗""虖"，成为《老子》全书运用最多的语气词，当是因为《诗》早已被官方确立为"经"，所以对学者产生了长久且更为深刻的影响，从而使其在修饰、增益《老子》文本时自觉或不自觉地借鉴了《诗》的语汇特点。

　　除了"兮"和叠字词，《老子》中另外还有一些语汇与《诗》有关系，甚或取自《诗》。略举数例。（1）作为《老子》最重要的概念之一，"无为"已多次出现于郭店本中①，这个词最早见于《诗经》："我生之初，尚无为"（《兔爰》）、"寤寐无为"（《泽陂》），其意虽异，其词则一。②（2）第十章"载营魄抱一"，"载"是语助词，这种用法在《诗经》中极为常见，如"载驱薄薄"（《载驱》）、"八月载绩"（《七月》）、"载驰载驱"（《皇皇者华》），等等。（3）第二十三章"飘风不终朝"，"飘风"出自《诗经》，如"其为飘风"（《何人斯》）、"飘风发发"（《蓼莪》）、"飘风自南"（《卷阿》）。此外，第五十一章，"道生之，德畜之，长之育之，亭之毒之，养之覆之"，对看《诗经·蓼莪》："父兮生我，母兮鞠我。抚我畜我，长我育我，顾我复我。"二者的用语乃至句法都颇为相似。可以说，这些都是《诗》的语汇在《老子》中留下的痕迹。

　　作为中国思想文化的基源性经典，《诗》在先秦时期并非儒家的独享品，而是包括老子在内的诸子百家在进行学术撰作时皆可取鉴的公共资源，其差别只在各家所取各异而已。到了汉代，由于《诗》被官方确立为"经"，借助政治意识形态长期的笼罩性力量，其对学者的熏染又得到了进一步强化。从客观效应来看，《诗》既为其时传播最广泛、影响最深远的经典，所以，无论在思想还是文辞方面，《诗》对于学者的著书立说都具有范文的意义。以上从文体、修辞、语汇三方面梳理的《诗》在《老子》不同时期传本中留下的痕迹，即可视为其范文效应在

---

　　①　"无为"在郭店本甲组和乙组都写作"亡为"，如甲组："是以圣人亡为，故亡败。……道恒亡为也"；乙组："以至亡为也，亡为而亡不为"；丙组作"無为"："圣人無为，故無败也"。刘笑敢援引语言学者的观点说，甲骨文中已有"無"字，但早期表示"有無"之"無"的，主要是"亡"而不是"無"，战国末年"亡"与"無"分家：前者指逃亡、死亡，后者指"有無"之"無"。（参见刘笑敢《老子古今：五种对勘与析评引论》，第618页）

　　②　关于《老子》与《诗经》中"无为"含义的异同，参见王博《老子思想的史官特色》，台北：台湾文津出版社1993年版，第64—65页。

道家经典中的具体显现。而这些痕迹在从早期的郭店本到较晚的王弼本中越来越多的出现，则表明《诗》是《老子》文本历史性生成不可或缺的背景性经典，它不仅影响了《老子》这一道家立宗之作的初貌，而且始终伴随并以独特的方式深度参与了其后不同传本的演变历程。

第二章

《老子》文本两种常见句法释义

  顶真和"……是以圣人……"是《老子》文本常见的两种格式化句法。顶真句法内在蕴含着逻辑因果、时间先后、层级高下三种维度，三者皆凸显了"道"的至上性和普遍性；"……是以圣人……"句法构设了天人叙事和古今叙事，这两种叙事共同具有显著的史官思维特征。综合分析这两种句法可知，由于"道"被树立为世界万物的至上本体和普遍法则，老子把兼具神秘性和经验色彩的史官话语创造性地转换成了除魅化且具有形上维度的哲学话语。

  如上章所述，相较于其他的先秦诸子著作，《老子》的文本特点之一是其思想表达的文体形式是由格言警句组成的句群或所谓哲理诗。从中可以发现，不仅各章文辞高度凝练简洁，而且在许多地方，作者还经常有意识地运用一些相对固定、规整的格式化句法。从表达效果上说，这种文本形式便于学者的记诵授受。若从思想内容看，在书中常见的那些简练、固定的格式化句法背后，实际上深蕴着某些本根性的哲学观念，而作者之所以多次运用这类句法，也绝不只是为了修辞。

  本章不可能逐一检讨《老子》所用的各种句法，而仅拟对其中较为常见的两种进行思想释义，即顶真和"……是以圣人……"。总体来说，前者属于相对抽象的哲学话语，后者则带有史官思维的特征。需要说明的是，本章考察的对象文本是王弼本《老子》，暂不涉及前此诸本。①

第一节　顶真

前文已引用陈望道从修辞学的角度给"顶真"所作的定义，此不重述。

《老子》中运用顶真句法的句群，比较具有典型性的出现于第十六章、二十五章、二十八章、三十二章、三十七章、三十八章、四十二章、四十八章、五十二章、五十九章、六十章。概括起来，这些句群表述的内容大致分为两类：关于"道"的言说，关于"人为"的言说。

先看第一类顶真句群。《老子》：

> 有物混成……字之曰道，强为之名曰大。大曰逝，逝曰远，远曰反。故道大、天大、地大，人亦大。……人法地，地法天，天法道，道法自然。（第二十五章）
> 道生一，一生二，二生三，三生万物。万物负阴而抱阳，冲气以为和。（第四十二章）

这两章中顶真句法的运用显然不是为了达到某种修辞效果，而是有着明确的思想意涵和理论取向。其中，"强为之名曰大……"句始于"道"，最终归结是"反"，老子这句话强调的是"道"具有反向而动，最终复归自身的体性，即所谓"周行不殆"（第二十五章），"反者，道之动"（第四十章）；若依河上公对"道法自然"的解释，"人法地……"句始于

---

① 事实上，郭店本《老子》已经出现了运用顶真修辞的文句，详见本书第一章。

"人"，最终归结是"自然"，它是"道"之体性的重要特点①，同时也是人事活动应当师法的最高准则；"道生一……"句的归结点是"负阴而抱阳"的"万物"，其本原是"生之畜之"（第十章）的"道"。

依此分析并结合《老子》其他章对于"道"的言说，不难推知，上述顶真句的头和尾实际上可以径直串接而与原文义理无违。如果用符号表示这三句话的句式结构，即为"A→B，B→C，C→D，D→E"。撇开中间环节"B，B→C，C→D，D"——"大曰逝，逝曰远"，"地法天，天法道"，"一生二，二生三"，把各句的头尾直接串联，则可得到"A→E"——"道曰反""人法自然（道）""道生万物"。我们看到，即使撇开各自的中间环节，这三个论断也完全可以独自成立，且合乎老子之旨。由此不妨认为，关于"道"，上述顶真句群旨在揭示的其实原本就是这三个堪称老子全部思想之根基的重要观念。

问题是：既然"A→E"可以独自成立，那么，作为中间环节的"B，B→C，C→D，D"是否纯属多余？显然不是。笔者以为，在已然认定"道曰反""道生万物"自成其理的前提下，老子之所以又在"道"与"反"、"道"与"万物"之间分别嵌入相应的中间环节，是为了申明"道"何以"反"、怎样"反"，以及"道"怎样生出"万物"，二者都是按照一定程序渐次展开且前后环节递相衔接的连续过程。所不同者，"道→大→逝→远→反"兼具逻辑的因果层递性和时间的先后性②，这一

————————————

① "道法自然"大致有两种解释。一是把"法"看作动词（效法、师法），故此句意为"道"效法、依顺（万物的）"自然"。另一种是把"法"释为名词（法则、规则），这句话是说"道"的法则和特点是"自然"，即河上公所谓"道性自然"（参见王卡点校《老子道德经河上公章句》，中华书局1993年版，第103页）。

② 张岱年对老子此语的不同阐说，分别揭示了其中蕴含的时间先后和逻辑因果两种维度：其一，"道在域中，即在空间之中"（《中国古典哲学概念范畴要论》，中国社会科学出版社1987年版，第25页），"道曰大……远曰反"描述了宇宙"逝逝不已的无穷的历程"；其二，"大即道，是所以逝之理，由大而有逝，由逝而愈远"，"反是由道而有之动。道亦即反之所以"。（张岱年：《中国哲学大纲》，中国社会科学出版社1982年版，第95、102页）

流程既形上地给出了"道"何以表现出反向而动之性的内在理据，又经验地描述了"其体独立"的道在时空中周遍播布、无所不及的宏大图景①；而"道→一→二→三→万物"虽然是对"道生万物"之过程极为抽象的符号化、模式化的表述，但字里行间却明显更多透显着先后性的时间维度，如刘笑敢所说："道生一……"中的一、二、三不必有确切的对象（元气、阴阳二气、和气、天地人等），这句话只是描述了一个从单一到繁多、从简朴到复杂、从浑沦到具体的过程，我们不必把这个过程具体化为阴阳之气或天地的产生过程，也不应该把它理解为主观境界的观照和完全没有时间性之生成关系的抽象在先。② 冯友兰对"道生一……"的理解最为精当、全面，他认为这几句话既"可以作宇宙形成论的解释，也可以作本体论的解释"③。回过头看，事实上由于逻辑维度和时间维度的共存，老子对"道"因"大"而"逝"、继而"远"、终而"反"之过程的阐说，何尝又不带有宇宙论和本体论的双重意蕴呢？

与此二者不同，"人→地→天→道（自然）"虽然也是一个上递下接的连续序列，但贯穿其中的却既不是先后性的时间线索，亦非因果性的逻辑链条，而是一种逐次提升的律则层级：由切近到玄远，由方便到终极，由形下到形上。在此层级中，道（自然）一方面位于最高端，在"地"和"天"之后出场，另一方面却又实际原已内在于其前的"地"和"天"之中。因此可说，"人→地→天→道（自然）"这一逐级向上归拢的连续序列在突出强调"自然"是道的体性以及人应当师法的最高律则之同时，又暗示我们：形上之道并不悬绝于人，人作为"四大"之一，原本可以通过道在"地"和"天"之中的具体显现，去察悟、把握其"自然"之性。换言之，效法天地万物中恒久的"自然"规律也就是效法道。这正是老子

---

① 王弼注："周行无所不至，故曰'逝'也。远，极也。周行无所不穷极，不偏于一逝，故曰'远'也。不随于所适，其体独立，故曰'反'也。"（楼宇烈校释：《王弼集校释》，中华书局1980年版，上册，第64页）

② 参见刘笑敢《老子古今：五种对勘与析评引论》，第438—442页。

③ 冯友兰：《中国哲学史新编》，人民出版社1998年版，上册，第335页。

在论及圣人应当如何作为的问题时，往往首先谈论"天之道""天地之所以能长且久者"及"万物"之常然的关键原因——下文对此有进一步分析。

逆向地看，"人→地→天→自然（道）"的连续序列还潜含着另一重蕴义："道"之"自然"本性的下贯和显现是有层级性的。也就是说，由"人"而终至于"自然（道）"这一由低到高的序列，可被逆向理解为"道"由高到低的显现层级，即"自然（道）→天→地→人"，其中每个先在环节所显现出的"道"之"自然"性，都要比它在后一环节的显现更信实、本真、恒久。正因此，前一环节才可能成为后一环节的师法对象，由"人"而"地"、而"天"、而"道"才会构成一个逐次抬升的律则序列。

综上，在老子言说"道"的顶真句中蕴有三种维度：逻辑因果、时间先后、层级高下；在律则层级上处于最高端的"道"，既是逻辑维度上的"第一因"，又是时间维度上的初始起点。从思想意涵和文本形式的结合看，这三种维度内在地支撑并贯穿于以上三个顶真句群中，使由各环节前递后接而构成的连续序列成为关于"道"之体性及其绽开过程的清晰表达，而不致流于单纯形式化的修辞方式。

在老子用来言说"人为"的顶真句中，不仅句首与句尾同样可以径直串接，更重要的是，以"道"为依归，上述三种维度依然贯通于其间，甚至某些句例还出现了两种乃至三种维度并存的情况。

例如，以下顶真句所蕴含的便是因果性的逻辑维度：

夫物芸芸，各复归其根。归根曰静，静曰复命。复命曰常，知常曰明……知常容，容乃公，公乃王，王乃天，天乃道，道乃久，没身不殆。（第十六章）

治人事天莫若啬。夫唯啬，是谓早服。早服谓之重积德。重积德则无不克。无不克则莫知其极。莫知其极，可以有国。有国之母，可以长久。（第五十九章）

前一段引文包括两个顶真句。（1）"万物归根→静→复命→常"，这是万物遵循"反者，道之动"的普遍规律，复归自身后所产生的一系列后果。句中"曰"字可解作"而"或"则"①，它所串接的这一连续序列的前后诸环节间分别构成因果关系。老子此处所谓"物"无疑包括了人，因此人也应通过"归根"，渐次达到"静""复命"，而终至于"常"。（2）"知常容→公→王→天→道→久"，这说的是以"知常"为前提，得道者之自身德性、行事风格的次第变化，或者说是把"道"之常则"应用到生活、政治各方面"后所产生的诸多连续性的积极效应。②句中"乃"字意为"于是"或"才能"，如同上句的"曰"字，它在这里起到的也是串联前因与后果的作用。"最后一句'没身不殆'，是从前文'容'、'公'、'王'、'天'、'道'、'久'六句中生发出来的结语"③，是对处于前述因果链条末端的"久"之实质内涵的具体解释，亦即老子为得道者悬设的政治理想。

类似于这两句中的"曰"和"乃"，后一段引文在"重积德→无不克→莫知其极"这一片段出现了"则"字，其作用也在于把其中的三个环节串接为前因与后果。事实上，不唯此一片段，在从"啬"到"长久"整个序列的各环节之间都可用"则"串接，因为"啬→早服→重积德→无不克→莫知其极→有国→长久"同样是一条连续的因果链。

值得注意的是，"知常容……"和"夫唯啬……"这两个顶真句都以得"道"为始、以复归于"道"为终（"天乃道""有国之母"）。这

---

① 蒋锡昌说，"归根曰静……复命曰常"与第二十五章"大曰逝……远曰反"词例一律；陈鼓应认为，"大曰逝……"中的三个"曰"字，可解作"而"或"则"（参见陈鼓应注译《老子今注今译》，商务印书馆2003年版，第136、170页）。据此可推，"归根曰静"一句中的几个"曰"字亦可作如是解。可为佐证者，王弼注："归根则静，故曰'静'。静则复命，故曰'复命'也。复命则得性命之常，故曰'常'也。"（楼宇烈校释：《王弼集校释》，上册，第36页）

② 参见任继愈译著《老子新译》，第94页。

③ 高明：《帛书老子校注》，中华书局1996年版，第304页。

种首尾呼应的文本形式表明，"道"在人对它的应用或在人事活动的显现中，历经诸多环节，仿佛最终完成了一次自身的回还，正如前文笔者所概括的"道曰反"那样。另外，作为一种政治理想，两句末尾提到的"久"和"长久"，又与"道"在其中的"天长地久"（第七章）形成了一致和对应。所以毋宁说，得"道"即可德配天地而长久，显然，把这两个顶真句的头和尾分别直接串联——"知常→久""啬→长久"，即可得出此结论。

再看一个蕴含着层级高下维度的顶真句。第六十章：

> 治大国若烹小鲜。以道莅天下，其鬼不神。非其鬼不神，其神不伤人。非其神不伤人，圣人亦不伤人。夫两不相伤，故德交归焉。

"神"，任继愈、刘笑敢认为是指"鬼"之"神"，即"鬼"的神妙作用，陈鼓应译为高于"鬼怪"的"神祇"。[①] 从后文所谓"两不相伤"看，前说为妥。因为，如果"神"是指"神祇"的话，那么老子就会说"三不相伤"了。解析这段话中的顶真句，一方面我们可说，"以道莅天下"，则"鬼"、"鬼"之"神"以及"圣人"三者都"不伤人"；另一方面，老子虽未否定"鬼"及其"神"，但三者之中，"道"显发于人事活动中的效应，即圣人"不伤人"，显然才是他真正要提出的为政理念，"鬼"及其"神"的"不伤人"只是起到比较性的衬托和铺垫作用。由此，"鬼不神→神不伤人→圣人不伤人"便构成为一个愈加深入、渐次提升的层级。

最后看一个同时内蕴着层级高下、时间先后和逻辑因果三重维度的顶

---

① 参见任继愈译著《老子新译》，第190页；刘笑敢《老子古今：五种对勘与析评引论》，第580页；陈鼓应注译《老子今注今译》，第292页。此外，王弼亦以"神"为"鬼"之"神"，而非异于"鬼"的另一种神秘实体（参见楼宇烈校释《王弼集校释》，上册，第158页）。

真句。第三十八章：

> 上德不德……上德无为而无以为……上仁为之而无以为。上
> 义为之而有以为。上礼为之而莫之应……<u>故失道而后德，失德而</u>
> <u>后仁，失仁而后义，失义而后礼。夫礼者，忠信之薄而乱之首</u>。

由末句看，本章后半段的归结点是批判"礼"。在此之前，老子首先用顶
真句详细描述了由"道"至"礼"的先后环节："失道→德→仁→义→
礼"。对于这一连续序列，我们可以依循三种维度加以重述。（1）从逻辑
因果说，因为"失道"，所以有"仁"；因为"失仁"……所以有"礼"。
在此因果链中，"失道"是"第一因"，"礼"是最终结果。（2）从时间先
后说，人之初是"道"在天下、"上德不德"的"至德之世"①，"德"出
现在"失道"之后，"仁"出现在"失德"之后……具有外在强制性的
"礼"最后出现。（3）从层级高下说，"道"高于"德"，"德"高于
"仁"……"义"高于"礼"。无论哪种维度，"道"和"礼"都分别位
于最先和最末。这就充分说明，"礼"是人们彻底背离"道"的结果，是
"道"在世间销声匿迹的表征，它丝毫不具价值规范性，不足以充当人们
的行为规则。

正因此，老子在对"礼"极力贬抑后，随即斥其为"忠信之薄而乱之
首"。溯其根由，"失道"为本。所以反过来说，为使人们重获忠信之德、
克治天下之乱，唯须依循逻辑因果、时间先后和律则层级三种进路，由低
而高、由今而古、由果而因，舍末归本、向上向前，最终复归至上之
"道"，使其"无为而无不为"的体性下贯并显现于当下的"德""仁"
"义""礼"之中。

---

① "至德之世"见《庄子·马蹄》等篇。

第二节 "……是以圣人……"

不同于顶真，"……是以圣人……"在修辞学中并无意义，但在《老子》中却是常见的句法结构，书中有许多篇章都按照此种结构来组织其前后两部分的文句。这两部分的逻辑关系是："是以圣人"四字之前的内容很显然是作为依据或前提出现的，而出现于四字之后的则是作为结论或结果的圣人在修身和为政方面应当采取的具体举措。

据笔者统计，"是以圣人"四字并用，在《老子》全书的 20 个篇章中共出现了 22 处。除了这 22 处，另外还应看到三点。（1）"是以"或"圣人"在某些章节实际上被省略掉了。例如第六十六章"是以欲上民"句中略去了"圣人"，第五章"圣人不仁"、第八十一章"圣人不积"及"圣人之道，为而不争"句前都略去了"是以"。如果在各句相应位置分别加入这两个词，不仅顺应上下文的语脉，而且符合老子的推理思路。此外，第八章"居善地"句前明显省略了"是以圣人"四字。（2）"是以"有时被以与其同义的"故"字替代，例如第五十七章"故圣人云……"一段。（3）"圣人"有时可替换以"从事于道者"（第二十三章）、"有道者"（第二十四章、三十一章）、"善人者"（第二十七章）、"侯王"（第三十二章、三十七章、三十九章）、"大丈夫"（第三十八章）等，虽称谓各异，但他们都是老子笔下的得道者。如果把这些情况考虑在内，那么，《老子》全书运用"……是以圣人……"句法结构的篇章就更多了。

具体来说，"是以圣人"四字之前的文本内容，即得道者采取某种实际举措的依据或前提，有如下三个方面。第一，天地万物恒久的存在样态和变化规律。以这类内容为前提依据的篇章最多，其中有些篇章着重揭示天地万物的"自然"特质。例如：

> 天地不仁，以万物为刍狗；（是以）圣人不仁，以百姓为刍

狗。天地之间，其犹橐籥乎？虚而不屈，动而愈出。多言数穷，不如守中。（第五章）

天长地久。天地之所以能长且久者，以其不自生，故能长生。是以圣人后其身而身先，外其身而身存。（第七章）

希言自然。故飘风不终朝，骤雨不终日。孰为此者？天地。天地尚不能久，而况于人乎？故从事于道者：道者同于道，德者同于德。（第二十三章）

另有一些篇章描述了天地万物相反相成、反向而动的辩证现象及其规律。例如：

长短相形，高下相倾，音声相和，前后相随。是以圣人处无为之事。（第二章）

江海所以能为百谷王者，以其善下之，故能为百谷王。是以（圣人）欲上民，必以言下之；欲先民，必以身后之。是以圣人处上而民不重，处前而民不害。（第六十六章）

天之道，其犹张弓欤？高者抑之，下者举之，有余者损之，不足者补之。天之道，损有余而补不足……孰能有余以奉天下？唯有道者。是以圣人为而不恃，功成而不处。（第七十七章）

天下莫柔弱于水，而攻坚强者莫之能胜，其无以易之。……是以圣人云：受国之垢，是谓社稷主。受国不祥，是谓天下王。（第七十八章）

此类句例另见于第二十二章、二十六章、六十四章等。在这些结构相同的文本中，通过"是以圣人"四字的串接，老子表达的思想主张是：因为天地万物的存在和变化状况经常是"怎样怎样"的，所以圣人在治国理政时，也应当仿效天地万物的存在方式和变化规律，采取"怎样怎样"的举措。正是在此意义上，钱锺书说："老子所谓'圣人'者，尽人之能事以效天地之行所无事耳。"①

第二，经常发生的客观社会现象以及人类历史活动的经验和教训。以这类内容为前提依据的篇章也较多。例如：

> 五色令人目盲；五音令人耳聋；五味令人口爽；驰骋畋猎令人心发狂；难得之货令人行妨。是以圣人为腹不为目。(第十二章)
>
> 夫唯兵者不祥之器，物或恶之，故有道者不处。(第三十一章)
>
> 天下多忌讳而民弥贫；民多利器，国家滋昏；人多伎巧，奇物滋起；法令滋彰，盗贼多有。故圣人云：我无为而民自化，我好静而民自正。(第五十七章)
>
> 祸兮，福之所倚；福兮，祸之所伏。孰知其极？其无正。正复为奇，善复为妖。人之迷，其日固久！是以圣人方而不割，廉而不刿。(第五十八章)

此类句例另见于第二十四章、七十二章、七十三章、七十九章、八十一章等。统括而言，作为圣人处事的镜鉴，老子拈出的历史经验和政治教训兼包成败得失即正反两个方面，其中尤以反面为多。推其本意，老子希望以此警诫治国者从中汲取经验教训，在当下的政治活动中举措得当，切勿重蹈前世覆辙。

第三，老子直接提出的某种社会政治主张或行为处事原则。例如：

> 不尚贤，使民不争；不贵难得之货，使民不为盗；不见可欲，使民心不乱。是以圣人之治……为无为，则无不治。(第三章)
>
> 善行无辙迹；善言无瑕谪；善数不用筹策……是以圣人常善救人，故无弃人；常善救物，故无弃物。(第二十七章)

---

① 陈鼓应注译：《老子今注今译》，第82页。

> 大成若缺，其用不弊。大盈若冲，其用不穷。……（是以圣人）清净为天下正。（第四十五章）
>
> 不出户，知天下；不窥牖，见天道。……是以圣人不行而知。（第四十七章）

如果把老子在"是以圣人"之前提出的这些主张进行还原，可以说它们作为"术"，皆最终据于"道"，是对"道"之体性的依循。但另一方面，笔者发现，老子并不把"道"之体性及其效验直接置于"是以圣人"之前，以作为治国者行为处事的依据。偶有所见，治国者对"道"的依循也只是假设性的。例如：

> 道常无名。朴虽小，天下莫能臣也。（是以）侯王若能守之，万物将自宾。（第三十二章）
>
> 道常无为而无不为。（是以）侯王若能守之，万物将自化。（第三十七章）

相较于此，在"……是以圣人……"句法中作为前提依据出现的，更多是经验性的天地万物之显象和历史教训，而非关于形上之"道"的本体性言说。就此而论，"是以圣人"前提出的社会政治主张，与其说是由"道"而"术"的转换，不如说是来自老子对天地万物的恒久规律和过往历史教训的洞见和提炼。

必须指出，笔者把以上三个方面分开引介乃是为了行文方便，事实上，"是以圣人"四字前的《老子》原文有时涉及不止一个方面的内容。例如第二十九章：

> 天下神器，不可为也。为者败之，执者失之。故物或行或随，或嘘或吹，或强或羸，或挫或隳。是以圣人去甚、去奢、去泰。

这段话"是以圣人"前的内容既有老子正面直陈的政治主张，又兼有历史经验的总结以及自然现象的描述，三者共同构成"圣人去甚、去奢、去泰"的前提依据。

依前文，如果我们从源头上把老子在"是以圣人"前直陈的政治主张还原为历史经验和天地万物之恒久规律的话，那么，上述所有运用"……是以圣人……"句法结构的文本的内在逻辑理路就可归结为两种：由天及人①、由古而今，这类文本的语义脉络则可称为天人叙事、古今叙事。在这两种叙事模式中，天之显象、古之垂训都是为政者修身处事所应师法的楷则。借用老子的话说，前者可谓法天治人，后者可谓执古御今。②

扩大范围看，即便是《老子》中没有运用"……是以圣人……"句法的某些篇章，我们亦可发现其文辞背后潜隐着的由天及人、由古而今的叙事模式，例如第十五章、二十一章、六十二章、六十五章等。第六十八章不仅浓缩了这两种叙事，还把二者视同为一："……是谓用人之力，是谓配天，古之极。"由此可以说，推天及人、以古鉴今是老子讨论现实政治问题的两种基本进路。

"天"和"古"之所以被奉为圣人举措的直接依据，是因为在老子看来，一方面，与人事活动相比，"道"在宇宙自然之"天"中的显现更信实、更完整，以致天地万物总是呈露出生机盎然、活泼美善之态，如第七十七章所云："天之道，损有余而补不足；人之道则不然：损不足以奉有余。"另一方面，与今世的暴王昏主相比，"大伪"③ 未生的古远之世多有"得一者"（第三十九章）、"贵此道者"（第六十二章）、"善为道者"（第

---

① 冯友兰认为，中国哲学之"天"有五义（《中国哲学史》，上册，第55页）。笔者此处所谓"天"涉指其中三义：与地相对的"物质之天"；"自然之天，乃指自然之运行"；"义理之天，乃谓宇宙之最高原理"。

② 《老子》第五十九章："治人事天莫若啬"；第十四章："执古之道，以御今之有。"

③ 《老子》第十八章："慧智出，有大伪。"

六十五章），这些"不欲以静"而使天下"自定"（第三十七章）的圣人都能"抱一为天下式"（第二十二章），"清净为天下正"（第四十五章），而后世之所以乱象频生，则是由于为政者背离了"道"①，没有像古圣那样循"道"而行，以致私欲勃发、伪巧滥施。

要言之，"道"真切显现于其间的天地万物的存在样态优于人间世，古圣对"道"的领会和践行胜于今人，故天应为人之所法，古应为今之所效，而今人之法天效古，归根结底也就是效法形上之"道"，恰如老子所说："能知古始，是谓道纪"（第十四章），"王乃天，天乃道"（第十六章）。这与笔者前文把顶真句"人法地，地法天，天法道，道法自然"的头和尾直接串联所得到的结论（"人法道"）恰相吻合。据此可知，老子在"是以圣人"四字前后分别开列的圣人所遵从的前提依据、所采取的具体举措，其间构成的实质上是由形上到形下的道术转换叙事，它是《老子》全书的思想主题，天人叙事和古今叙事都是为阐发这一主题所采取的具体文本形式。

换一角度说，作为道术叙事的具体展现，"……是以圣人……"句法结构所包含的天人叙事和古今叙事，经验地给出了形上之"道"在当下生活世界可能的显现方式：空间维度上，它沿着由天而人的路径；时间维度上，它沿着由古而今的路径。处于时空（纵横）交接点上的个体，若欲接引或通达形上之"道"，从而成为当下生活世界中"无为而无不为"的圣者，唯有通过主动把自身纳入天人一体、古今一贯的广大场域中，达至对天地万物之常则的知解和对历史规律的洞明。借司马迁的话说，就是"究天人之际，通古今之变"。

---

① 日本学者福永光司说："以'过去'为'道'之完全实现之至德之世，'现在'为堕落下降之不完全时代，自不完全的'今'复归于完全的'古'"，或"复归于彼古圣之道"，这就是老子的"尚古思想"（参见陈鼓应注译《老子今注今译》，第137—138页）。

第三节 史官话语的哲学转换

从思想发生的角度看，司马迁之所以希望通过"究天人""通古今"而"成一家之言"，老子之所以多次运用天人叙事和古今叙事来申说其社会政治主张，都与他们共同的史官职业实践和思维方式有直接关系。根据王博的考辨，老子担任的"周守藏室之史"当为太史，其执掌范围所涉约略有五：（1）天文历法；（2）礼制；（3）记录历史并藏书；（4）卜筮；（5）祭祀及军事活动。① 五者之中，尤为重要的是老子所掌之"天"和"史"，这两项对其思想的形成和言说方式的深刻影响是决定性的。

太史之掌"史"，一方面是指他们对当下人事活动的历史书写，这种书写常被置于某种亘贯古今的历史经验或价值范式之下；另一方面则是指他们不仅掌管既有史籍，而且常通过援引和解释过往的历史事件及其经验教训，以评价、谏议、指导现实的社会政治活动，此即所谓以古鉴今、继往开来，这一点表现在《老子》中，就是那些基于历史经验的大量格言式的社会政治教训和主张，以及"……是以圣人……"句法结构所包含的古今叙事。

《汉书·艺文志》云："道家者流，盖出于史官，历记成败存亡祸福古今之道，然后知秉要执本，清虚以自守，卑弱以自持，此君人南面之术也。"近乎此，萧萐父认为道家学派具有史官的文化背景，其思想"乃渊源于对历史上'成败、存亡、祸福、古今之道'的研究和总结"②。笔者以为，对于作为道家学派开创者的老子而言，《汉书·艺文志》之说虽不虚，但却只顾及了其执掌范围之"史"的一面，对其掌"天"的一面则有所疏略。而如果仅仅着眼其思想与"史"的关联，那么，老子就不可能从有限的人事活动中抽离出独立自存的形上之"道"，并将其树立为包括

---

① 参见王博《老子思想的史官特色》，第19—32页。
② 萧萐父：《道家·隐者·思想异端》，《江西社会科学》1989年第6期。

人在内的宇宙万物之所宗，而他也就只会是一个精于避祸趋福之术的谏官，其思想最终将难免沦为"君人南面之术"。

事实上，作为道家乃至中国哲学之"最上的概念"①，"道"的发现乃至被挺立为至上本体和最高规律、普遍规范，很大程度上应当归因于老子作为太史与"天"的关联。

太史之掌"天"，具体是指通过星占等天文观测活动，以把握神秘的"天意"，进而指导现实的政治、祭祀、军事等活动，或制定历法、指导农事。② 这一职业实践蕴含的观念预设是：人事活动和天地万物的存在、变化具有共同的规律和规范③，"天"是至上的主宰者，天象运行的规律不仅与人事活动的应然法则相对应，而且从根本上决定着人事活动的方式及其成败④，此即所谓"推天道以明人事"。《老子》中"……是以圣人……"句法结构包含的天人叙事正是这种观念的直接表现。另外，老子之所以认为"道"是"无为"且反向而动的，也主要得自他对天道运行"常自然"（第五十一章）的深切领会，以及对天象变化周期性的消息盈

---

① 金岳霖：《论道》，商务印书馆 1987 年版，第 19 页。

② "史官"常被片面理解为现实历史的书写者和过往历史档案的掌管者，这显然忽略了其执掌"天"的职业活动内容。针对这种片面理解，美国学者侯格睿把司马迁担任的"太史令"翻译为"大占星家"，而不是记录历史事件和管理档案的"大历史学家"，他并且援引贺凯（Charles O. Hucker）的话说："在汉朝早期'大占星家'显然有一些历史职责，但总的来说，他负责观察天体现象和自然界中的不正常行为，解释征兆，负责关于国家重要仪式的占卜和天气预报，以及准备官方历法。"（［美］侯格睿：《青铜与竹简的世界：司马迁对历史的征服》，丁波译，商务印书馆 2022 年版，第 16 页）基于此，"史官思维"应包括"天—人"和"古—今"两个维度，且"天—人"高于"古—今"。如果忽略"天"在史官活动中不可或缺的重要性，就无法准确完整地理解"史官思维"的内涵和特点。

③ 有学者认为，"天人合一"是中国古代天学思想的核心，详可参见江晓原、钮卫星《中国天学史》，上海人民出版社 2005 年版，第 228 页。

④ 李泽厚认为，"史"是"巫"的理性化承续，史官之所以能"赞治"，是因为他们掌握天文、历法，可以"识天象""知天道"或"天意"，从而与人事相连（参见李泽厚《己卯五说》，中国电影出版社 1999 年版，第 48—50 页）。

缺、回环往复之恒久现象的长期观察。

但在老子之前，具有史官思维特色的天人叙事和古今叙事尚不能被归结为由形上到形下的道术叙事。这是因为此前史官所言之"道"仍被笼罩于"天"之下，附属于"天"之道，所以还不是独立自存的至上本体和普遍律则，反向而动亦非"道"之自性，而是因"天"而有、由"天"所显之象。例如，《国语·周语下》："吾非瞽、史，焉知天道？"《左传》："岁五及鹑火，而后陈卒亡，楚克有之，天之道也"（《昭公九年》）；"岁及大梁，蔡复，楚凶，天之道也"（《昭公十一年》）；"天道远，人道迩，非所及也，何以知之？灶焉知天道"（《昭公十八年》）；"齐有彗星，齐侯使禳之。晏子曰：'……天道不谄，不贰其命，若之何禳之'"（《昭公二十六年》）。这些史官话语中的"道"，兼有天体运行的轨迹或轨道、天象变化的规律以及玄不可测的天意等内涵，它既是经验性又是神秘性的。换言之，此时的"道"仍未从"天"的包裹中独立出来，超拔于"天"而成为"天"之所法者，因此尚不是纯粹抽象的最高哲学范畴。

老子的理论贡献在于，一方面通过申明"道"是"天地根"（第六章），"先天地生"（第二十五章），"象帝之先"（第四章），以及"天法道"（第二十五章），不仅使"道"与"天"相剥离，而且使其成为在"天"之上、为"天"所法的最高存在；另一方面，通过强调"道法自然"（第二十五章）、"道常无为"（第三十七章），以及"道冲"（第四章）、"大象无形"（第四十一章）、"道常无名"（第三十二章），"无名，天地之始"（第一章），使"道"在早前因为附属于"天"而具有的神秘性和经验性得以去除净尽，从而成为冲虚为用的形上本体和普遍律则。正如王博所说，老子确立了"道的绝对地位"，即以"兼具本原与法则双重意义"且"高于天"的"道"，否定并取代了"天的至高无上地位"。[①]

回头再看老子用以言说"道"以及"人为"的顶真句，我们发现，蕴含于其中的三种维度无不凸显了"道"的至上性和普遍性：在逻辑维度

---

① 王博：《老子思想的史官特色》，第54页。

上，"道"是"第一因"；在时间维度上，"道"是世界的初始起点，即"天下母"（第二十五章、五十二章）、"物之初"（《庄子·田子方》）；在规则层级上，"道"是天地万物之所法。综括这三点，借《庄子·大宗师》的话说就是："夫道，有情有信，无为无形……自本自根，未有天地，自古以固存；神鬼神帝，生天生地。"① 不可否认，老子尚未完全摆脱宇宙生成论的影响，但他从"天"之中剥离出来的"道"所具有的"有情有信"、"无为无形"、自古固存的特点，及其"神鬼神帝""生天生地"的功能，确乎挺立了它的实在性、抽象性和至上性。

反过来，以逻辑因果、时间先后、层级高下为内在支撑，老子在其所用顶真句中所构设的环环相扣、递次推进的连续序列，又呈露了玄渺至上之"道"向下落实的具体路径，确保了其本体性的在场显现、恒常不爽的实然效验，以及它对天地万物和人事活动的普遍范导作用。

从老子曾经的史官身份来说，由于"天道"或"天意"决定人事，所以"……是以圣人……"句法中基于过往人事之"成败存亡祸福"的古今叙事，归根结底可涵摄于天人叙事之下，虽然二者同属典型的史官话语。在这一点上，老子的开创性在于：由于他奉"无为"而"自然"为天道之常则、人事之基准，源出于史官职业活动的"推天道以明人事"便被赋予了崭新的思想内涵，并上升为道家独特的思维方式。进一步，就老子在其所用顶真句中所挺显的"道"作为本体和法则的至上性，以及它贯通天人古今的普遍性而言，古今叙事和天人叙事又可一并归结为为道术叙事。由此，早先的史官话语就已实质性地转化成了由形上到形下的（政治）哲学话语。

---

① 神鬼神帝，徐复观释为"鬼帝因道而神"（《两汉思想史》第2卷，华东师范大学出版社2001年版，第131页），这种看法是以"道"为高于"鬼"和"帝"的最高存在、最高法则。

第三章

《老子》第三章愚民说驳议

　　古今多有学者认为《老子》第三章倡愚民之说。但通过考察整个老学史可以发现，把本章断为愚民说始于宋儒——特别是朱熹，朱熹对本章的解说在后世产生了深远影响，而宋以前对本章义旨的诠释却并没有愚民思想的痕迹。通过回溯王弼、河上公、严遵等早期学者的注解，结合《老子》全书使用"不争""无知""无欲""不敢"等重要语词的常例，检讨并纠正朱熹对第三章的语法结构以及关键字"使"义的误判，辅以《慎子》《文子》等黄老学有关文献的佐证，可知本章表达的实际是清静无为的政治理念，所谓"愚民"之说乃是后儒为贬黜异端而妄加于老子之污。

　　历来误认为老子倡愚民之说者，多以《老子》第三章、六十五章为据。关于持此论者对第六十五章的误读，朱谦之、高明、陈鼓应、刘笑敢、陈荣捷等多位学者已作出有力的反驳①，而第三章虽然也已有研究者为老子辩诬，但笔者认为其中仍有进一步辨析和澄清之必要。为论述方

---

　　① 参见朱谦之《老子校释》，第264页；高明《帛书老子校注》，第142页；陈鼓应注译《老子今注今译》，第306—307页；刘笑敢《老子古今：五种对勘与析评引论》，第634—637页。

便，兹据王弼《老子注》本，引此章文本如下：

> 不尚贤，使民不争；不贵难得之货，使民不为盗；不见可
> 欲，使民心不乱。① 是以圣人之治，虚其心，实其腹，弱其志，
> 强其骨。常使民无知无欲，使夫智者不敢为也。为无为，则无
> 不治。

第一节　古今误说

从思想史的角度看，批评老子主张愚民之说，实质上是儒家贬拒异端
的黜老话语。回顾儒家黜老的历史可知，正如老子被加诸阴谋权诈之污名
始于以排二氏、彰圣道为务的宋儒那样②，以第三章为据而批评老子主愚
民之说，亦自宋儒始。其中朱熹的看法最具代表性，影响也最大。

《论语·泰伯》云"民可使由之，不可使知之"，朱熹在与弟子论学
时，针对有人提出"王介甫以为'不可使知'，尽圣人愚民之意"，乃直
接反驳道："申韩庄老之说，便是此意。"（《朱子语类》卷三十五）这句
话既是对王安石看法的反驳，也是对老子主愚民说所下的总断语。另一方
面，在具体谈及《老子》第三章所谓"不见可欲，使民心不乱"云云时，
朱熹更进一步指出：

> 老氏之说，非为自家不见可欲，看他上文，皆是使民人如
> 此。如"虚其心"，亦是使他无思无欲；"实其腹"，亦是使他饱
> 满。（《朱子语类》卷七十三）

---

① 王弼本、傅奕本作"使民心不乱"，帛书本作"使民不乱"，汉简本、河上公本、
想尔本作"使心不乱"。
② 参见邓联合《"阴谋家"：老子何以被诬?》，《中国哲学史》2016 年第 1 期。

> 老子之意，是要得使人不见……"圣人之治，虚其心"，是
> 要得人无思无欲；"实其腹"是要得人充饱，"弱其志"是要得
> 人不争，"强其骨"是要得人作劳。(《朱子语类》卷七十三)

细玩其解，可知本章之所以被朱熹断为愚民思想，从语法的角度说，关键
在于他把前半章的"使民不争""使民不为盗"皆理解为使令类的兼语
句①："使"是表示使令意义的动词，且"使"之前省略了这两句话的主
语（圣人），谓语动词"不争""不为盗"所表示的动作则由"使"（致
使）的宾语"民"做出。接下来，朱熹又顺承上两句的语脉，断言"不
见可欲"是同样句式的省略，意谓不是圣人自己而是圣人"使"民众不见
可欲之物。与此相一致，后半章的"虚其心，实其腹，弱其志，强其骨"
以及"使民无知无欲"，也都是省略的兼语式的使动句，四个"其"字都
是指民众而非圣人，句谓圣人"使"民众虚心、实腹、弱志、强骨、无知
无欲。

朱熹对第三章的解读在老学史上产生了极为深远的影响。可以说，后
世但凡认为此章乃愚民之说者，无论对其语法结构的理解，还是对其思想
内涵的负面释义，均未脱出朱熹的解读模式。明太祖朱元璋注《老子》第
三章，虽未必受到朱熹的直接影响，但其解仍与朱子大旨非常相似。例如
他说：

> 不见可欲，使民不乱，大概使民不知贤贵，不知货财之难
> 得，天下安。②
> 使民无知无欲，即前文不尚贤、不贵难得之物，致民不见而

---

① 在古汉语中，所谓兼语句是指一个动宾结构套上一个主谓结构，动宾结构中的宾
语兼主谓结构的主语。其中，使令类的兼语句"多表示由主语所代表的施事一方指派命令
（或致使）受事者发出（或具有）某种动作"。(杨伯峻、何乐士：《古汉语语法及其发
展》，语文出版社2001年版，第588—589页)

② 高专诚：《御注老子》，山西古籍出版社2003年版，第18页。

不贪是也。①

关于"虚其心……强其骨"一句，朱元璋注云：

> 是以圣人常自清薄，不丰其身；使民富，乃实腹也。民富则
> 国之大本固矣。然更不恃民富而国壮，他生事焉。是为实腹弱志
> 强骨也。②

言下之意，圣人应使民众富裕而至于腹实、骨强、"国壮"，同时也务必使民众"弱志"，合起来说便是务必确保百姓"头脑简单，四肢发达"，否则就可能生出事端，危害君国。这种毫不掩饰帝王心态的看法颇为直白独特，但其愚民之旨仍无异于朱熹对本章的解读。

在现代学者中，抱有强烈儒家情怀的钱穆对所谓老子愚民思想的误解极为典型，他基本上沿袭了朱熹的看法，并且仍然带有显著的儒家倾向甚至偏见。钱穆首先认定，老子"所意想之圣人，实欲玩弄天下人皆如小孩，使天下人心皆浑沌，而彼圣者自己，则微妙玄通，深不可识，一些也不浑沌。此实一愚民之圣也"③。进而，他又引述《老子》第三章"是以圣人之治，虚其心……使夫智者不敢为也"一段，认为段中的四个"其"字皆指"民"，意谓"虚其心则无知，弱其志则无欲。……老子之政治理想，夫亦曰如何以善尽吾使民无知无欲之法术而已"。④ 承其师钱穆之说，余英时不仅将老子定位为道家"反智论"于政治领域的"始作俑者"，更对第三章"是以圣人之治，虚其心……使夫智者不敢为也"一段的所谓愚民思想作了深度揣测和详细发挥：

---

① 高专诚：《御注老子》，第 22 页。
② 高专诚：《御注老子》，第 21 页。
③ 钱穆：《庄老通辨》，第 132 页。
④ 钱穆：《庄老通辨》，第 133 页。

老子在此是公开地主张"愚民",因为他深切地了解,人民一旦有了充分的知识就没有办法控制了。老子的"圣人"要人民"实其腹"、"强其骨",这确是很聪明的,因为肚子填不饱必将铤而走险,而体格不健康则不能去打仗或劳动。但是"圣人"却决不许人民有自由的思想("虚其心")和坚定的意志("弱其志"),因为有了这两样精神的武器,人民便不会轻易地奉行"圣人"所订下的政策或路线了。老子的"圣人"不但不要一般人民有知识,甚至也不愿意臣下有太多的知识。所以老子说:"不尚贤,使民不争。"[1]

这段话堪称现代学者对《老子》第三章之所谓愚民思想最周详的阐述,同时也是最严重、最具代表性的误解。除此之外,高亨、任继愈、许抗生、李零、彭富春、罗义俊、董平等人也将本章思想译释为程度不同的愚民说,限于篇幅,兹不详述。[2] 综观这些学者的解读,如笔者前文所言,无论在语法结构还是在文句释义方面,他们的看法无一例外都没有从根本上摆脱朱熹之说的窠臼。

第二节　早期注解

如果我们把考察的触角延伸到宋儒之前就会发现,事实上,更早时期对《老子》第三章的解读并未有愚民思想的痕迹。这一事实表明,将第三

---

[1] 余英时:《文史传统与文化重建》,生活·读书·新知三联书店 2004 年版,第160—161 页。

[2] 参见高亨《老子注译》,清华大学出版社 2010 年版,第 20—21 页;任继愈译著《老子新译》,第 66—67 页;许抗生《帛书老子注译与研究》,浙江人民出版社 1982 年版,第 69页;李零《人往低处走:〈老子〉天下第一》,生活·读书·新知三联书店 2008 年版,第32—33 页;彭富春《论老子》,人民出版社 2014 年版,第 12—13 页;罗义俊《老子译注》,上海古籍出版社 2012 年版,第 12 页;董平《老子研读》,中华书局 2015 年版,第 60 页。

章解读为愚民说乃是一个后起的、酿生于特殊社会文化语境的思想史事件。

先来看王弼注。"不尚贤……使民心不乱"，王注："唯能是任，尚也曷为？唯用是施，贵之何为？尚贤显名，荣过其任，为而常校能相射。贵货过用，贪者竞趣，穿窬探箧，没命而盗。故可欲不见，则心无所乱也。"这段注文的中心是提倡"唯能是任""唯用是施"，反对"荣过其任""贵货过用"。"虚其心……强其骨"，王注："心怀智而腹怀食，虚有智而实无知也；骨无知以干，志生事以乱。"这里描述了心、腹、骨、志的功能或特点，并强调心虚则"有智"，心实则"无知"；更值得重视的是，王弼并未认定句中的四个"其"字是指"民"，这与朱熹的理解很不同。"常使民无知无欲"和"使夫智者不敢为也"两句，王注分别为"守其真"和"知者，谓知为也"，主张持守真朴而反对有为。显而易见，王弼在对《老子》进行"顺向诠释"①——依循对象文本的语意、语脉和内在逻辑的诠释——的过程中，并没有从第三章解读或引申出丝毫的愚民思想。

再来看河上公注。"是以圣人之治"一句，河注云："说圣人治国与治身同也。"以此义为中心，本章全部河上公注阐述的都是圣人的治国与治身之术。"虚其心，实其腹，弱其志，强其骨"四条，其注分别为："除嗜欲，去烦乱"；"怀道抱一，守五神也"；"和柔谦让，不处权也"；"爱精重施，髓满骨坚"。这四种身国兼治之术无疑是对圣人而言的。由此反过来可以推知，河上公注认为原文四"其"字都是指圣人而非民众，这与朱熹的解释迥然相异。本章另外几句常被后人作负面解读的原文，我们从河上公注中也看不出任何愚民说的倾向。例如，"使民不争"，注云"不争功名，返自然也"；"不见可欲"，注云"不邪淫，不惑乱也"；"常使民无知无欲"，注云"返朴守淳"；"使夫智者不敢为也"，注云"思虑深，不轻

---

① 关于"顺向诠释"和"逆向诠释"，参见刘笑敢《诠释与定向：中国哲学研究方法之探究》，商务印书馆 2009 年版，第 135—137 页。

言"。总体来看，河上公注本章，重点讨论的是圣人如何"治己"（治身）而非"治民"的问题，后世所谓愚民说完全无从谈起。①

早于河上公注的严遵《老子指归》的道经部分于后世失传，从现代学者所辑第三章的《老子指归》佚文②来看，这大致是一篇兼有黄老和儒家色彩的思想文本。关于"不尚贤"，严遵的解释是：主臣、圣贤、不肖皆基于他们各自不同的"天生之资"，"此乃自然，非由尚也"。据此，严遵认为"尚贤"乃至"尚礼义""贵货""发扬三五"，必将使人趋而为乱、争而为伪、求而为盗、悦而为邪，从而背离人性的"自然之数"。正确的为政之术是："无爵禄以劝之，而孝慈自起；无刑罚以禁之，则奸邪自止。反真复素，归于元始……翱翔自然，物物而治也。"这是一种因循人性自然的治术，其中并没有刻意愚民之意。严遵又说："虚心以静气，专精以积神。寂然无为，泊然无治。"这句话当是由第三章原文"虚其心""弱其志"引出。照此同样也可以反推，严遵认为"虚其心……强其骨"中的四"其"字乃指君主而非民众——这与河上公的看法一致，而老子此语的本旨则是说君主应自虚其心以"寂然无为"，而绝无愚弄民众之意。

与朱元璋异趣，同样是帝王注《老子》，唐玄宗对第三章的解读③却并不主张愚民。依玄宗注，"不尚贤"是指"使贤不肖各当其分"，"不贵难得之货"是指不贵"性分所无者"，不尚、不贵则"物任其性，事称其能"④，"是无可见之欲，而心不惑乱也"。这些说法显然有魏晋玄学性分思想的痕迹。又，玄宗注"虚其心"云："心不为可欲所乱，则虚矣。道

---

①　值得注意的是，河上公《老子章句》本章题为"安民"，刘笑敢认为这一题名似得《老子》本章思想大旨（参见刘笑敢《老子古今：五种对勘与析评引论》，第116页）。"安民"与"愚民"无疑是两种截然不同的思想。

②　参见樊波成《老子指归校笺》，上海古籍出版社2013年版，第238—239页。

③　参见高专诚《御注老子》，第17—23页。

④　郭象《庄子注·逍遥游》："夫小大虽殊，而放于自得之场，则物任其性，事称其能，各当其分，逍遥一也，岂容胜负于其间哉！"

德内充，则无矜徇，亦如属厌而止，不生贪求"；注"常使民无知无欲"
云："常使民无争尚之知，无贪求之欲也"；注"使夫智者不敢为"云：
"清静化人，尽无知欲，适有知者，令不敢为也。"概观之，玄宗注本章，
所表达的是以性分思想为基础的节欲祛争、清静无为而非愚弄下民的政治
主张。

把第三章原文与王弼、河上公、严遵以及唐玄宗的注解加以比较，可
发现后四者虽然或多或少都援用了《老子》中原本没有的某些语词和理论
概念，从而程度不同地与本章原意不完全一致，但大要而言，他们的注解
和诠释并没有从根本上全然违背甚至像朱熹那样故意曲解老子思想的主
旨，而是在另立己说的同时，尽量贴合、贯彻或阐扬其自然无为的基本政
治理念。

事实上，现代学者试图拨反旧说之谬而对第三章所作的还原式诠释，
以及借此为所谓老子愚民思想所作的辩诬，很大程度上恰恰与王弼、河上
公、严遵等人的早期注解不谋而合。例如，张舜徽认为，"虚其心……强
其骨"中的"四'其'字，皆指人君自己。虚其心，谓少欲也……弱其
志，谓谦抑能下人也"。[1] 陈鼓应说："所谓'无知'，并不是行愚民政策，
乃是消除巧伪的心智。所谓'无欲'，并不是要消除自然的本能，而是消
除贪欲的扩张。"[2] 近乎陈说，刘坤生指出，"常使人无知无欲"并非禁欲
的主张，而是"反对人的贪欲和为满足贪欲而运用巧智伪诈"，"虚心、弱
志，首先都是要剔除人过分的贪念"，"唯有统治者'不见可欲'，民之淳
朴自然之本性方得到保持"。[3] 王中江则认为，对老子来说，尚贤用智是
"有为"，"无为之治"则要求统治者不断做"减法"（如"不尚贤"等），
"做减法的首先是统治者，其次才是百姓"；因此，即便说老子"反智"，

---

① 张舜徽：《周秦道论发微 史学三书平议》，华中师范大学出版社 2005 年版，第
167 页。

② 陈鼓应注译：《老子今注今译》，第 89 页。

③ 刘坤生：《老子解读》，上海古籍出版社 2004 年版，第 15 页。

"这种反智，首先是对统治者而言，其次才是对百姓而言。它主要是要求统治者和百姓都要保持纯朴"。① 曹峰在承认"老子的政治哲学中有愚民成分"的同时，又结合第三章指出，所谓"不尚贤"之"贤"是指"那些会激发人心欲望、导致社会竞争的智者"，"老子并非要人斩断欲根，只是希望人能将欲望控制在合理的范围之内"，"最高明的政治恰恰是减弱、收缩'心'、'志'的政治，使'智者不敢为'，即让意欲一逞心志贤能之士没有用武之地"。② 这些看法都强调本章主旨在于通过克除贪欲、抑制巧伪之智，以持守或回归人性和世风的自然真朴，实现清静无为的政治理想，这与王弼、河上公等人的解读并无二致。从这个意义上说，作为一种辩诬策略，现代学者对本章所作的还原式诠释，实质上可被看作对以王弼注和河上公章句为代表的早期注解的回溯。

第三节　重要语词用例

笔者认为，为剥除宋以后学者妄加于第三章的愚民之污，除了通过回溯早期注解，以呈现其自然无为的初衷和本意，还可以有另外两种辩诬的进路。其一是把本章放在《老子》全书中加以考察，特别是把本章出现的重要语词与它们在其他章中的相关用例进行对照分析，以揭示本章的思想主旨，此即所谓"以老解老"。这些语词包括："虚其心""弱其志""不争""无知""无欲""不敢"。

先看"虚其心"和"弱其志"。"虚"于《老子》全书凡5见，除本章外，比较重要的用例还有第五章："圣人不仁……天地之间，其犹橐籥乎？虚而不屈，动而愈出"；第十六章："致虚极，守静笃。"从第五章、

---

① 王中江：《根源、制度和秩序：从老子到黄老》，中国人民大学出版社2018年版，第243—245页。

② 曹峰：《老子永远不老：〈老子〉研究新解》，中国人民大学出版社2018年版，第196—197页。

十六章的上下句语脉看，其中的两个"虚"字或间接或直接都是针对圣人而言的。扩大范围说，老子及道家的"虚"，本体论上是道的体性，如第四章"道冲，而用之或不盈"，"冲"即"虚"；工夫论上，"虚"则是圣人的心术或心境①，如"致虚极"。"弱"字凡10见，其他章的用例有第十六章："将欲弱之，必固强之……柔弱胜刚强"；第四十六章："弱者，道之用"；第五十五章："骨弱筋柔而握固"；第七十六章："坚强者死之徒，柔弱者生之徒……坚强处下，柔弱处上"；第七十八章："天下莫柔弱于水，而攻坚强者莫之能胜"，等等。在老子思想中，作为基于"道"且效法水和婴儿的术，唯有圣人方可用"弱"。

《老子》其他章中"弱"和"虚"的这些用例，反过来提示我们：第三章的这两个字作为动词，当是指圣人自虚其心、自弱其志。据此，我们还可以进一步推知："虚其心……强其骨"中的四"其"字皆应指圣人而非民众。② 如上所述，河上公、严遵以及张舜徽等人已正确指出了这一点，朱熹认为四"其"字指民众，是因为他并未从《老子》全书出发来理解本章，其说实属断章摘句之误。着眼于《老子》全书，"虚其心""弱其志"的本意是指圣人应内心虚静、意志谦弱，而不是指虚民之心以使其无知愚钝，弱民之志以使其无意抗争；"实其腹"则与第十二章所谓"为腹不为目"相应，指圣人应但求安饱，不可纵情声色犬马。

再来看其他几个重要语词的情况。

（1）"不争"。除本章外，其他用例有第八章："水善利万物而不争③……夫唯不争，故无尤"；第二十二章："夫唯不争，故天下莫能与之争"以及第六十六章："以其不争，故天下莫能与之争"；第六十八章：

---

① 《庄子·人间世》："唯道集虚，虚者，心斋也。"

② 可为辅证者，《老子》第十二章："驰骋畋猎令人心发狂，难得之货令人行妨。是以圣人为腹不为目。"其意与"虚其心，实其腹"形成对应，这种对应也表明第三章的四"其"字应指圣人。另外，第四十九章："圣人常无心，以百姓心为心。"可见老子认为圣人应自虚其心，而不是使民众虚心无知。

③ 帛书本、汉简本作"水善利万物而有争"。

"善用人者为之下，是谓不争之德"；第七十三章："天之道，不争而善胜"；第八十一章："圣人之道，为而不争。"在这些用例中，"不争"是水和"天之道"的特质，而作为老子推崇的"德"或行为方式，社会生活中"不争"的主体则是圣人。

（2）"无知"。其他章的重要用例有第十章："爱民治国，能无知乎"；第七十章："夫惟无知，是以不我知。"另外，与"无知"义近的说法有第四十八章的"为道日损"，第十九章的"绝圣弃智"（王弼本）或"绝智弃辩"（郭店本），第二十章的"绝学无忧"，第六十五章的"不以智治国，国之福"。在老子思想中，这些用例中的"知"以及"智""学"，都是指偏私巧伪之知，所以他反对以此治国。这也就是说，"无知"的主语是圣人或人主。

（3）"无欲"。其他章的用例有第三十四章："大道氾兮……衣养万物而不为主，常无欲，可名于小"；第五十七章："我无欲而民自朴"；第一章："故常无欲，以观其妙。"（依帛书本、汉简本、河上公本、傅奕本）与"无欲"义近，第三十七章："不欲以静，天下将自定"；第六十四章："圣人欲不欲，不贵难得之货"以及第十九章："故令有所属：见素抱朴，少私寡欲。"在这些用例中，老子否定的是人主膨胀的一己私欲，而不是普通民众正常的自然欲求。由此可说，"无欲"是针对人主或圣人而不是针对民众来说的。

（4）"不敢"。其他章的用例有第三十章："以道佐人主者……善有果而已，不敢以取强"；第六十四章："辅万物之自然而不敢为"；第六十七章："我有三宝……三曰不敢为天下先……不敢为天下先，故能成器之长"；第六十九章："用兵有言：吾不敢为主而为客，不敢进寸而退尺"；第七十三章："勇于敢，则杀；勇于不敢，则活。"这些用例中的"不敢"无一例外都指向统治者，老子借此告诫那些拥有至高权力的统治者应自我限制，主动收敛其所作所为。

综上可见，同"虚"和"弱"一样，"不争""无知""无欲""不敢"这几个于《老子》全书常用，并且透显着老子社会政治思想取向的重要的否定性语词①，在其他章中的用例皆针对在上的圣人或人主而言，在下的民众并不是"不争""无知""无欲""不敢"的主语或主体。由此反观第三章，如果像朱熹等古今批评者那样，认为本章中"不争""无知""无欲""不敢"的主体是民众及"智者"，老子希望通过统治者的愚民之术，使民众及"智者"不争、无知、无欲、不敢为，难免就在语词结构和思想内涵上与全书其他章的用例扞格不合了，更遑论愚民乃是残贼违逆民众之"自然"的有为之举，其与老子屈君伸民、"辅万物之自然而不敢为"的政治理念迥然相背。怎样解释或解决其间的矛盾呢？

从《老子》全书使用重要语词的常例及其自然无为思想的统一性出发，笔者认为第三章中"不争""无知""无欲""不敢"的主语应当同样是圣人而非民众，朱熹等批评者之所以认定其主语为民众，从而判定本章为愚民之说，是因为他们对"使民不争""使民不为盗""使民心不乱""使民无知无欲""使夫智者不敢为"这五句话的语法结构的理解有误。这一点，也就涉及了笔者下文将要提出的第二种辩诬进路。

第四节　语法结构与文献辅证

如前所述，朱熹等古今批评者都把"使民不争"等语句看作兼语式的使动句，把"使"当作使令动词，这是他们认定第三章为愚民之说的关键所在，但这样解读的结果，势必导致本章与《老子》全书的其他章在思想理念和重要语词运用方式上的相互矛盾。其实，只要我们摆脱古今各种误说之窠臼，在语法上把"使民不争"等五句话都看作状语后置的句子，把

---

① 陈霞指出，《老子》中"圣人"常与具有规范性的"是以"连用，"是以圣人"后面又常跟"无""不""去""虚"等否定性语词，这种句式结构表达的是老子屈君伸民的政治思想，即他希望统治者克制权力的自负，尽量限制其作为。（《道家哲学引论》，中国社会科学出版社2017年版，第183页）

"使"理解为役使、使用之意，而不是当作使令动词（致使），矛盾即可化解：不仅老子的清静无为思想可贯彻于本章，全书重要语词运用方式的统一性亦可得以维护。

状语后置是古汉语中极为常见的语法现象。在分析第三章"使民不争"等句的语法结构及其思想含义之前，不妨先看几个早期文献中同样出现了"使民"一词的状语后置的句例：

例1：君使民慢，乱将作矣。（《左传·庄公八年》）

例2：使民以劝，绥谤言，足以补官之不善政。（《国语·齐语》）

例3：节用而爱人，使民以时。（《论语·学而》）

例4：君使臣以礼，臣事君以忠。（《论语·八佾》）

例5：其行己也恭，其事上也敬，其养民也惠，其使民也义。（《论语·公冶长》）

例6：出门如见大宾，使民如承大祭。（《论语·颜渊》）

例7：其使民威重于郡守。（《史记·酷吏列传》）

这几个句例中"使"的意思都是役使、使用，后置状语"慢""劝""时""礼""义""如承大祭""威重于郡守"皆是对为政者"使民"方式的修饰或限制。《孟子·尽心上》云"以佚道使民，虽劳不怨"，如果变成状语后置句式，这句话就是"使民以佚道……"。

以上七个例句又可分为两类：例2、3、4都用"以"连接"使民"与后置状语，例1、5、6、7的后置状语前则没有连接词。与后一类句例相同，《老子》第三章"使民不争"等五句实际上也都是没有连接词的状语后置句。这也就是说，"不争""不为盗""心不乱""无知无欲""不敢为"都是对圣人役使或使用民众之方式的修饰和限制。以下按照这种语法结构重新解释这五句话的思想。

（1）"使民不争"是指圣人不与贤者争功，乃至不与民众争利，即以

"不争"的方式"使民"，这与第六十六章"是以欲上民，必以言下之；欲先民，必以身后之……是以天下乐推而不厌，以其不争，故天下莫能与之争"，第六十八章"善用人者为之下，是谓不争之德，是谓用人之力"，第八十一章"圣人不积，既以为人己愈有，既以与人己愈多……圣人之道，为而不争"的思想恰相一致。

（2）"使民不为盗"是指圣人不侵害民众的利益和生存，即以"不为盗"的方式"使民"。因为在老子看来，役使民众的统治者最有可能变成强盗①，正如他所批评的那样，"服文彩，带利剑，厌饮食，才货有余，是谓盗竽"（第五十三章），"民之饥，以其上食税之多"（第七十五章），这些说法与第三章所谓"使民不争"在思想上是正反相通的。

（3）"使民心不乱"是指圣人应致虚守静，即以"心不乱"的方式"使民"。其他章表达类似思想的说法还有第三十七章"不欲以静"、第四十五章"清净为天下正"、第五十七章"我好静而民自正"，等等。

（4）"使民无知无欲"即圣人应去除巧伪之知、节制一己私欲，即以"无知无欲"的方式"使民"。上文已述及其他章对圣人之"无知""无欲"的强调，此不赘论。

（5）"使夫智者不敢为"是指圣人应谦退、居后、处下，不与"智者"争劳争功，即以"不敢为"的方式"使夫智者"。这与"使民不争"的说法有相通之处，后来黄老学由此发展出了主静臣动、主逸臣劳、君无为而臣有为、君谦弱而善用众智的思想。

从老学史来看，战国时期的一些黄老学文献也支持笔者对本章的重新解释，其中最值得注意的是这些文献对"使民不争"的理解和发挥。例如《文子》曰：

> 圣人之法……出令如流水之原，使民于不争之官。（《精诚》）
> 人之性情皆愿贤己而疾不及人，愿贤己则争心生，疾不及人则

---

① 《庄子·胠箧》："圣人不死，大盗不止。"

怨争生。怨争生则心乱而气逆，故古之圣王退争怨，争怨不生则心治而气顺。故曰："不尚贤，使民不争。"（《下德》）

合而观之，这两段话与笔者对"使民不争"之语法结构和思想含义的解释几乎完全一致。再如《慎子·逸文》曰："君之功，莫大使民不争。今立法而行私，是私与法争，其乱甚于无法；立君而尊贤，是贤与君争，其乱甚于无君。"从末句来看，这段话虽然提及"贤与君争"，但所批评的显然是立法行私且与贤者相争的君主。又，《管子·牧民》曰："使民于不争之官者，使各为其所长也。……使民各为其所长，则用备。"意思是牧民之官不可与民争劳，而是应当使民众自作主宰，各自发挥其所长。另外，《淮南子·主术训》，"夫人主之听治也，清明而不暗，虚心而弱志。是故群臣辐凑并进，无愚智贤不肖，莫不尽其能。……是乘众势以为车，御众智以为马"，"众智之所为，无不成也"。这里主张的人主"虚心而弱志""御众智以为马"，也与笔者对"虚其心""弱其志""使夫智者不敢"的解释相一致。

　　《文子》《慎子》等黄老学文献的这些说法，佐证了笔者对第三章之语法结构和思想含义的重新解释。至此，我们可以认为：与《老子》其他章一致，本章表达的仍是清静无为的政治理念，所谓愚民之说实为后世学者出于学派偏见的妄加之污，或断章摘句、望文生义的误解。

第四章

"贵身"还是"无身"：《老子》
第十三章要旨辩议

　　学术界对《老子》第十三章思想要旨的诠释历来颇多争议。现代学者的解读主要有"贵身"说、"无身"说、"无身"以"贵身"说三种。考诸古代老学史，可发现早期道家经典以及汉魏时期的《老子》诠释著作对此章的解读和阐发就已经发生了严重的分歧。详辨此章的文辞结构和叙说理路，可知老子所表达的思想主张应当是：宠同于辱，二者皆为君王因"有身"（执持私我）而招致的大患，故免患之道在于"无身"（消除私我），"无身"则可清静无为而受天下之重付。

第一节　　"贵身"、"无身"、"无身"以"贵身"

　　由于《老子》文辞的简略古奥以及不同历史时期各种抄本的流变衍异，书中某些篇句的思想意涵究竟应当如何理解，学者至今仍聚讼不已，难以达成一致。第十三章即为其中典型的一例，清代魏源曾直言"此章谬解不一"①。

———————

① （清）魏源：《老子本义》，华东师范大学出版社2010年版，第36页。

依王弼《老子注》，此章文本为：

> 宠辱若惊，贵大患若身。何谓宠辱若惊？宠为下，得之若惊，失之若惊，是谓宠辱若惊。何谓贵大患若身？吾所以有大患者，为吾有身，及吾无身，吾有何患？故贵以身为天下，若可寄天下；爱以身为天下，若可托天下。

在现代学者撰写的大量《老子》诠解著作中，陈鼓应先生的《老子今注今译》一书流传较广，影响也较大。陈著将此章今译为：

> 得宠和受辱都感到惊慌失措，重视身体好像重视大患一样。
>
> 什么叫得宠和受辱都感到惊慌失措？得宠仍是下等的，得到恩惠感到心惊不安，失去恩惠也觉惊恐慌乱，这就叫得宠和受辱都感到惊慌失措。
>
> 什么叫重视身体像重视大患一样？我所以有大患，乃是因为我有这个身体，如果没有这个身体，我会有什么大患呢？
>
> 所以能够以贵身的态度去为天下，才可以把天下寄托给他；以爱身的态度去为天下，才可以把天下委托给他。①

细玩陈先生的译文，可发现内中至少有两点值得进一步推敲和商榷。其一，老子既然将"宠辱若惊"与"贵大患若身"两个话题合论于本章，那么，其间应有某种上下贯通的内在思想关联，而陈译则把这两个论题各自分述，从中看不出前后存在着什么贯通性的逻辑线索。其二，更重要的是，陈先生认为"老子从来没有轻身、弃身或忘身的思想，相反的，他却要人贵身"②，进而以"贵身""爱身的态度去为天下"。对照《老子》文

---

① 陈鼓应注译：《老子今注今译》，第123页。
② 陈鼓应注译：《老子今注今译》，第122页。

本，陈先生的这一论断与本章明确主张的"无身"以免患（"及吾无身，吾有何患"）的观点迥然不符。

此外，另一常被研究者忽略的问题亦需引起我们的重视和思考：章尾所谓"故贵以身为天下……若可托天下"，到底是本章全部上文的结语，抑或仅从属于"贵大患若身"这个论题，即只是从"吾所以有大患者……吾有何患"一句推衍出的结语？

考察现代老学史可知，陈先生译解的这几点偏差和含混同样或多或少地存在于其他的研究者那里。而在此章究竟主张"贵身"还是"无身"这一关涉老子思想大旨的问题上，学界则诸说歧出，莫衷一是。要而言之，各种歧见可归为如下三类。

（一）"贵身"说。譬如，20 世纪 30 年代冯友兰先生在两卷本《中国哲学史》中提出，老子所谓"贵以身为天下"的思想实质是"以身为贵于天下"，此即作为道家学派之初起的杨朱的"不以天下大利易其胫一毛"的"轻物重生"之义。[1] 而在其晚年所著《中国哲学史新编》中，冯先生更是称老子"吾所以有大患者……吾有何患"一句为"打穿后壁"之语，"是为我论者的最后结论"。[2] 近通于此，任继愈把"贵以身为天下"和"爱以身为天下"两句分别释为"把天下看轻、把自己看重"和"把天下看轻、爱自己胜过爱天下"。[3] 高明依马王堆帛书《老子》甲乙二本[4]，认为"贵"可释为"重视"，"于"是介词，"用以表示重视自身与重视天下之不同"，而此章强调的则是"为身贵于为天下"，"爱自身胜于爱任何物，胜于爱天下"。[5] 李零也把本章大义概括为"贵身"，他说："身体最重要，比天下都重要"；相应地，"'为身'（伺候身体）"也就比"'为天下'（伺候天下）"还重要；与儒家的"贵修身"相比，老子以及道家的

---

① 冯友兰：《中国哲学史》，上册，第 177 页。

② 冯友兰：《中国哲学史新编》，人民出版社 1998 年版，上册，第 279 页。

③ 任继愈译著：《老子新译》，第 87—88 页。

④ 王弼本"贵以身为天下"，帛书甲乙二本均作"贵为身于为天下"。

⑤ 高明：《帛书老子校注》，第 281 页。

"贵身"却是"贵养生(或摄生、护生)",他们认为治国不过是"养生的延续,治天下是养生家玩剩下的垃圾"。① 又,彭富春认为,此章重在强调"人要珍视身体,使之不出现大患……这就要求人们不要轻身,而要贵身","一个珍视天下如同珍视身体的人……才能治理天下"。②

(二)"无身"说。譬如,在詹剑峰先生看来,"舍己为人"是老子政治观的要义之一,而本章"贵以身为天下……可以托天下"一段则可译解为:"愿意用其生命以为天下人,能如此者才可以天下事寄与他;乐献其生命以为天下人,能如此者才可以天下事付托他。由此可见,担当国家的重任者,必须具备舍己为群的思想和品德。"③ 与此解甚为接近,高亨指出,本章"主要论点是教人不要只顾个人利益……只有大公无私,用尽自己的力量以为天下人,才可以做天下的君长"④;换言之,老子所秉持的是"无我利物主义",其所谓"'以身为天下'者,视其身为天下人也……是无身矣,是无我矣,是无私矣"。⑤ 张松如在比较了冯友兰的"贵身"说和高亨的"无身"说之后,认为"及吾无身"之"无身"应理解为遗忘此身,故冯说为曲解,高说符合老子本旨。另据刘笑敢的评析,张扬明之说亦类似于高亨的"利他主义解释"⑥。

(三)"无身"以"贵身"说。依此说,"贵身"是目的,"无身"是手段、途径或工夫。譬如,蒋锡昌认为,"故贵以身为天下……若可托天下"数语为倒文,当作"故以身为天下贵者,则可以托天下矣;以身为天下爱者,则可以寄天下矣";"以身为天下贵""以身为天下爱"是指以身为天下"最贵之物""最爱之物"。既为"最贵""最爱",故圣人最重治身,清静寡欲,一切声色货利皆无所动于中。也就是说,唯有"无身"才

① 李零:《人往低处走:〈老子〉天下第一》,第59—61页。
② 彭富春:《论老子》,第35页。
③ 詹剑峰:《老子其人其书及其道论》,第302—303页。
④ 高亨:《老子注译》,清华大学出版社2010年版,第31页。
⑤ 刘笑敢:《老子古今:五种对勘与析评引论》,第179—180页;
⑥ 参见刘笑敢《老子古今:五种对勘与析评引论》,第180页。

能实现真正的"贵身"，如此方可受天下之重托。刘笑敢认为蒋说较为稳妥，但仍嫌曲折。在蒋说基础上，刘先生提出本章的关键在于老子所云"无身"与"贵身"中的两个"身"有不同含义：前者是陷溺于世俗利益、祸患纠缠之身，后者是生命之真，即脱离了声色货利的真身。所以，老子的实际主张便是"以'无身'、'忘身'而'贵身'、'爱身'，以放弃私利纠缠之身而成全生命之真身"①。相较于蒋、刘，刘坤生对本章的解读更简明扼要，他认为老子"贵身"的主张是通过"无身"来实现的："无身"是指心灵的虚静清淡、不执着己身，"贵身"即老子及道家所要达到的养生修身之目的。②

统观《老子》全书，并详辨本章文辞和叙说理路，笔者认为以上三说皆有欠妥处，兹分述如下。

（一）"贵身"说与《老子》明确主张的"后其身""外其身"（第七章），"功成身退，天之道"（第九章）以及本章"及吾无身，吾有何患"等说法显然相互矛盾，而把老子视为主张自利主义的"唯我论者"更有悖于其书中多次抨击统治者追逐私利、自是甚高的价值立场。限于篇幅，此处不逐一援引《老子》的相关文句以为证。

（二）如果说以老子为自贵其身的"唯我论者"贬低、曲解了其价值精神，那么"无身"说认为本章旨在倡导"舍己为人""大公无私"，"用尽自己的力量以为天下人"的"无我利物主义"，则未免对老子的政治哲学品格作了过于理想主义的拔高，脱离了其所处的历史语境，更罔顾《老子》相关文本。且不论身处春秋末世的老子有无可能向为政者提出"舍己为人""大公无私"的利他主义的政治主张，从其所谓"是以圣人后其身而身先，外其身而身存。非以其无私邪？故能成其私"（第七章），"欲先民，必以身后之……以其不争，故天下莫能与之争"（第六十六章）之类的说法中，恐怕我们也不应对"身先""身存""成其私""先民""天下

---

① 刘笑敢：《老子古今：五种对勘与析评引论》，第180—181页。

② 参见刘坤生《老子解读》，第63—65页。

莫能与之争"等具有鲜明的政治价值倾向的语词视而不见,以致简单得出老子是"无我"的利他主义者的结论。

(三)"无身"以"贵身"说虽合于《老子》全书思想的本旨,但单就本章而言,无论蒋锡昌还是刘笑敢、刘坤生的解析,皆有曲折迂回之失。蒋说之失在于其对章末两句的文序作了主观改动,这一改动明显缺乏必要的文本依据。刘笑敢和刘坤生的看法则有赖于两个对反之"身"的构设:一为应被摒除的假身,二为应被贵爱的真身。对此,可以追问的是:本章中的"身"字果真有此二义否?笔者认为,遵循文本用语的一致性和文本诠释的内部性原则,我们还是不要轻下断语为宜。

第二节 歧解由来

王弼本《老子》第十三章在写成于战国时期的郭店本中已经出现,撇开少数文字缺损的情况,郭店本与王弼本的内容并无太大出入,足证此章文本之古老。然而,至少从战国时期开始,在早期道家经典以及汉魏时期的《老子》诠释著作中,学者对此章义旨的解读、引申和阐发就已经发生了严重的分歧,并且这种情况一直贯穿了此后的整个老学史,至今仍未消弭。以下的分析将表明,现代学者之间的上述三种观点分歧实属渊源有自。

《庄子·在宥》篇:

> 故君子不得已而临莅天下,莫若无为。无为也而后安其性命之情。故"贵以身于①为天下,则可以托天下;爱以身于为天下,则可以寄天下"。故君子苟能无解其五藏,无擢其聪明;尸居而龙见,渊默而雷声,神动而天随,从容无为而万物炊累焉。吾又

---

① 此引《老子》第十三章,"身"后的两个"于"字,有学者认为是衍文,当删。参见陈鼓应注译《庄子今注今译》,中华书局1983年版,第272页。

何暇治天下哉！

对于所引《老子》文，这段话并没有直接提出"贵身"或"无身"之类的观点。但结合这段话的上下文可知，作者实际是认为君子应"无身"、无我，即去除私欲私智（"无解其五藏，无擢其聪明"），进而无为以治天下。

成书于《庄子》之后的《文子·上仁》篇：

> 能尊生，虽富贵不以养伤身，虽贫贱不以利累形。今受先祖之遗爵，必重失之；生之所重，由来久矣，而轻失之，岂不惑哉！"贵以身治天下，可以寄天下；爱以身治天下，所以托天下矣。"

"尊生"即"贵身"、重形，作者认为形体之身重于先祖遗爵，故须尊之贵之，使其免受因处富贵而厚养之伤，或因处贫贱而逐利之累。不难看出，《文子·上仁》篇和《庄子·在宥》篇虽皆引《老子》第十三章末段，但二者对其领会和引申却相去甚远。另外，汉代《淮南子·道应训》篇中也有与《文子·上仁》篇大致相同的文字①，其思想内容亦大体一致，故不赘论。

再来看《老子》早期诠释著作中的情况。据王德有所辑严遵《老子指归》本章佚文，其云：

> 休心道德，记志神明，和为中主，澹若不生。无计之计，经营天地；无虑之虑，翱翔混冥；存亡变化，不以为异；尊宠卑

---

① 《淮南子·道应训》篇："……大王亶父可谓能保生矣。虽富贵不以养伤身，虽贫贱不以利累形。今受其先人之爵禄，则必重失之；所自来者久矣，而轻失之，岂不惑哉！故老子曰：'贵以身为天下，焉可以托天下；爱以身为天下，焉可以寄天下矣！'"

贱，无所少多。贵大亡于身，故大患不能得，天网不能取也。①

这段话颇有以庄子的"齐物论"等思想解老的意味。其大意是说得道有德者之所以无患，是因为他"贵大亡于身"，即非常注重将存亡变化和尊宠卑贱的干扰全部排除于"身"外，以至于"无计"、"无虑"、虚静中和。可以说，作为一种减法式的精神修养工夫，所谓"大亡于身"亦即老子之"无身"。

与严遵解相比，东汉河上公对本章的诠释甚是错综复杂。首先，其解"吾所以有大患者……吾何有患"一段云：

> 有身则忧其勤劳，念其饥寒，触情从欲，则遇祸患也。使吾
> 无有身体，得道自然，轻举升云，出入无间，与道通神，当有
> 何患？

这是在说"无身"："身"指形体之身，故"有身"则会因为基于肉体的感性欲望之放纵而遭祸患，"无身"则可以免患而"轻举升云，出入无间，与道通神"。此说近似于神仙家。紧接着，其解"故贵以身为天下者，则可寄于天下"② 云：

> 言人君贵其身而贱人，欲为天下主者，则可寄立，不可以
> 久也。

这里明确反对"贵身"，认为"贵身"者不能长久做天下主，只可寄立于一时。与对前段的诠释不同，从"贵其身而贱人"一语看，此处之"身"

---

① 王德有译注：《老子指归译注》，商务印书馆2004年版，第400页。

② 河上公本《老子》第十三章"寄"和"托"后都有"於"（于）字，郭店本、帛书本、傅奕本、北大汉简本、想尔本、王弼本均无此字。

是指与他人相对的自身、自我，故"贵身"也就是负面的自贵自高之意。反乎此，其解"爱以身为天下者，乃可以托于天下"则云：

> 言人君能爱其身，非为己也，乃欲为万民之父母。以此得为
> 天下主者，乃可以托其身于万民之上，长无咎也。

这里主张君王应"爱身"，"爱身"以为民之父母而非为己，则可为天下之主而长无咎。此说有显著的儒家化色彩。总括而言，河上公把"贵以身为天下……"与"爱以身为天下……"两句作全然相反的思想阐发，并且否定具有道家倾向的"贵身"、提倡儒家化的"爱身"，这种阐释方式在老学史上可谓独树一帜，其中似有融通儒道但却抑道扬儒的意蕴。

再来看王弼《老子注》第十三章。其解"及吾无身"一句为"归之自然也"，依王弼注中"自然"一词的用例和含义，这句话的意思当是消除自我中心意识，顺任或因任万物之本性本然，如此则无患。其后的"故贵以身为天下……"和"爱以身为天下……"两句，王弼注分别为：

> 无物可以易其身，故曰贵也。如此乃可以托天下也。
> 无物可以损其身，故曰爱也。如此乃可以寄天下也。

显然，在王弼看来，本章末尾两句表达的是同一个意思，其中的"身"是指与外物相对且不受外物影响的圣人之本然或应然的自我。统括上下文，王弼一方面主张"无身"——消除自是自大的自我中心意识，另一方面又主张"贵身""爱身"——排除外部因素的影响、护卫内在自我的真身，这种诠释可归结为笔者前文概括的"无身"以"贵身"说。

作为早期的道教经典，《老子想尔注》对本章的诠释具有明显的宗教色彩。其解"及我无身，吾有何患"云：

> 吾、我，道也。志欲无身，但欲养神耳……

此处的"身"指与"神"相对的形体之身，"无身"即摆脱各种基于身形但却会伤及自身的情欲而专事养神。这种重精神、轻形体的观念在随后其对"故贵以身于天下"一句的诠释中更有详细的发挥：

> 人但知贪宠有身，必欲好衣美食，广宫室，高台榭，积珍宝，则有为，令百姓劳弊……设如道意，有身不爱，不求荣好，不奢侈饮食，常弊薄羸行；有天下，必无为，守朴素，合道意矣。人但当保身，不当爱身，何谓也？奉道诫，积善成功，积精成神，神成仙寿，以此为身宝矣。贪荣宠，劳精思以求财，美食以恣身，此为爱身者也，不合于道也。

"人但当保身，不当爱身"是这段话的中心。作者反对"爱身"、提倡"保身"的缘由是：所"保"者，精神之真也，故"保身"即是以成仙为终极目标的伦理和精神上的自我修炼；所"爱"者，形体之身也，故"爱身"即是其结果必将祸害百姓的贪婪放纵、穷奢极欲。《老子想尔注》主张的节制肉欲、专务养神的修炼方法，或可说是"无身"以"贵身"说的另一种形态。

细心的读者可以发现，王弼本本章末的"故贵以身为天下……若可托天下"一段，与《庄子》《文子》《淮南子》以及河上公本、想尔本的引述有所不同。造成这些差异的原因究竟是由于各书作者的误写还是故意改动，抑或另有所本，今已难以考证。但可以确定的是，包括王弼注在内，各书作者对老子这段话作出了不同的思想诠释，而前述现代学者的三种不同解读已然肇端于其中。

第三节 "无身"为正解

从诠释学的角度看，《老子》是一个开放的、历史性生成的文本，其思想意涵的敞露和丰富端赖各个时期的学者基于不同方法、价值立场和精神理念的注解、释读和多向度阐发。由此可说，围绕第十三章，古今学者之间的分歧实属正常。这里，笔者将在前人的基础上，依循此章文辞和叙说理路，尝试着提出一种或许更符合老子本意的诠解，虽绝对的思想还原在某种意义上不可能完全做到，但为丰富和深化我们对老子思想的理解计，这项操作仍是必要的，此之谓返本以开新。

首先一个问题涉及对该章思想内容和结构的总体把握。如笔者前文所述，老子既然将"宠辱若惊"① 和"贵大患若身"两个不同话题并置于章首，且在随后对其展开问答式的逐次论说，那么，二者在思想上应有某种贯通性的接续关系。细揣其文理，这种接续关系当为：老子经由对宠辱问题的深度思考，得出了"贵大患若身"的启示。至于本章的总体结构和理路，则可以用其中先后出现、逐次递推的四个概念来提拎，即"宠辱"→"大患"→"身"→"天下"。

具体来说，"贵大患若身"之"若"，当释为"至""及"（河上公注）或"于"（王弼注）。在老子看来，宠和辱皆为值得有国者惊恐以待的"大患"，所以务必高度重视（"贵"），以免二者加于并殃及自身。一般人多以宠为"上"，而老子却贬之为"下"②，视同宠辱。这一异乎俗常

---

① 裘锡圭认为，郭店本与今本第十三章之"驚"（惊）字相当的字，当释读为"榮"（荣）。由此，本章首句即为"宠辱若荣"，而"宠辱"应是与"贵大患"相一致的动宾结构，"宠辱若荣"即是说"像常人宠荣那样宠辱"。其后的"宠为下"也是动宾结构，"为下"即处于下位、为人之下，此句意谓老子不仅不以"为下"为辱，反倒对此高度肯定；进一步，"得之若荣，失之若荣"的意思就是"得'为下'若得荣，失'为下'若失荣"（裘锡圭：《"宠辱若惊"是"宠辱若荣"的误读》，《中华文史论丛》2013 年第 3 期）。笔者认为，且不论"榮"字的释读是否确当，裘说仍显得过于曲折，其可辩驳处有二：第一，"宠辱"未必是与"贵大患"相一致的动宾关系；第二，若换"惊"为"荣"，依裘说，"得之若荣"和"失之若荣"两句的结尾虽同为一"荣"字，但其意却分别为"得荣"与"失荣"，这显然不合文理、相互矛盾。

② 郭店本、帛书本、傅奕本、北大汉简本、想尔本、王弼本均以宠为"下"，各本意思相同而字句略异。独河上公本作"辱为下"，刘笑敢认为这可能是"宠为下"之误。参见刘笑敢《老子古今：五种对勘与析评引论》，第 178 页。

的态度在早于王弼本的几个《老子》版本中表现得较为鲜明。王弼本"何谓宠辱若惊？宠为下"一句，郭店本作"何谓宠辱？宠为下也"，北大汉简本作"何谓宠辱？宠为下，是谓宠辱"，河上公本则作"何谓宠辱"①，三个版本皆不曰"何谓宠辱若惊"，而作"何谓宠辱"（什么叫宠同于辱），其视同宠辱的意蕴较王弼本更为突出。关于老子视同宠辱的因由，严遵用庄子的"齐物论"思想进行解释，所谓"尊宠卑贱，无所少多"；《老子想尔注》的解释是：对荣宠的过度追求有悖于"道"，"道不熹强求尊贵，有宠辄有辱。……必违道求荣，患归若身矣"。王弼则以老解老，用老子的对反律加以解释：

> 宠必有辱，荣必有患，宠辱等，荣患同也，为下。
>
> 大患，荣宠之属也。生之厚，必入死之地，故谓之大患也。
>
> 人迷之于荣宠，返之于身，故曰"大患若身"也。

王弼不仅指出宠与辱相待以存，故不可片面地执宠为"上"，见宠而不见辱，他还特别告诫有国者，若陷溺于荣宠而妄求"生之厚"，则荣宠极可能转化为大患，以至于使其最终自陷死地。王弼此注援取了《老子》第五十章："出生入死。生之徒十又三，死之徒十又三。人之生，动之死地亦十又三。夫何故？以其生生之厚。"比较而言，王弼基于并融贯《老子》不同篇章之思想固有理路的解说明显优于严遵以庄解老的外部性诠释。同样依循王弼所采取的以老解老原则，我们在《老子》文本中还可找到可以佐证第十三章等同宠辱的其他证据。譬如第十七章：

> 太上，下知有之；其次，亲而誉之②；其次，畏之；其次，侮之。

---

① 此外，想尔本作"何谓宠辱为下"。

② 这段话已见于郭店本，唯"亲而誉之"一句少"而"字。

这段话按照民众对君王的不同态度，将其从高到低分为四等。其中的等而下之的"亲而誉"和"侮"，恰与第十三章所说的宠和辱相对应。依老子，相较于"太上，下知有之"，无论君王被民众宠誉还是被诟辱，均属需要惊恐戒惕以待的大患，因为二者都是君王已然违背了无为之道的社会征候。

明乎此，即可知随后老子何以会说"吾所以有大患者，为吾有身，及吾无身，吾有何患"。其中的"身"，古今多有学者误解为身体、身形或肉身。若依此解，则老子所言仅具狭隘的养生义，甚至落为后世道教的神仙思想。事实上，这句话与第七章"后其身""外其身"以及第九章"功成身退"、第六十六章"以身后之"中的"身"是同一个意思。台湾学者陈佩君正确指出，《老子》此类文句中的"身"不是指身体，"而是主体的身份与地位，是一种基于政治社会相对价值标准的主观意识"或"主体自我"。① 质言之，此"身"即处于统治地位的君王难以消除的自是自大、自贵自高的自我意识，或自我中心主义的偏私之我。正是在这种自我意识或私我的内在支配下，君王才会由于可能出自善意的积极有为而被民众宠誉，或由于恶意的胡作非为而被民众诟辱。《老子》第二十九章云："天下神器，不可为也。为者败之，执者失之。"照此，无论君王善意而为，还是恶意妄为，其或晚或早的结果必是殊途同归于覆败。在此意义上，民众之宠誉绝非君王之大幸，而是同于诟辱的大患。

免患的根本之道是"无身"，即彻底消除私我和自我中心意识，"处无为之事，行不言之教"（第二章）。"及吾无身"在迄今所见最早的郭店本中作"及吾亡身"。庞朴先生认为，"亡"（wú）是最早的"无"字，其意思为"'有'的缺失"或"有而后无——先有了，而后没有"。② 如果按照

---

① 陈佩君：《先秦道家的主术与心术：以〈老子〉、〈庄子〉、〈管子〉四篇为核心》，博士学位论文，台湾大学，2008 年，第 70 页。

② 庞朴：《中国文化十一讲》，中华书局 2008 年版，第 81—83 页。

这种说法，君王由遭患到免患也就是一个从"有身"到"无身"的转变过程，致虚守静、见素抱朴的自我修治工夫在其中发挥着关键作用。

紧接着，章末的"贵以身为天下……"和"爱以身为天下……"两句，既是老子对君王之"身"与"天下"的确当关系所作的正面阐说，也是本章的结论。这两句话运用了互文的修辞手法，表达了同样的思想内容。完整地看"贵以身为天下"这句话的结构和文理，"贵"与"以身为天下"之间应当是一种动宾关系。这也就是说，圣王之所"贵"，乃是"以身为天下"，而不是"身"，句中的"为"字显然并不具有在"身"与"天下"之间进行轻重比较的功能。① 由此可知，这里老子丝毫没有"贵身"的意思，前文提到的所谓"贵身"说不仅有悖于《老子》全书的思想大旨，更与本章末段的句法文理不合，有"断句取义"之失。

所谓"以身为天下"，是指把自身视为、作为或等同于天下。老子的这一主张大致有两个含义。

首先，君王主动地把己身向外视同于天下，而不是把天下向内收拢于己身②，实质上意味着其对私我的自觉克制甚至消除，这与上句的"无身"说条理一贯，其所贵在天下而非己身。③ 唐陆希声《道德真经传》卷一："唯能贵用其身为天下、爱用其身为天下者，是贵爱天下，非贵爱其

---

① 关于"爱以身为天下"句，高明说："'爱'字为动词，亦置于句首，即谓以自身为天下之最爱者，如王弼注：'无物可以损其身，故曰"爱"也。'译为今语，则谓爱自身胜于爱任何物，胜于爱天下。"高说仅据帛书甲乙二本前句"贵为身于为天下"类推出，而不合"爱以身为天下"句之文法。参见高明《帛书老子校注》，第281页。

② 二者的根本区别在于：以己身为天下，乃是以天下为重，把己身消融于天下之中；以天下为己身，则是以自我为中心，收摄、消融天下于己身，或以己身君临、笼罩天下。或许可说，前者的实质是"天下主义"，后者是"自我中心主义"。

③ 陈佩君亦持此见，她说："消解君主一己之'身'的主观考量，而后能客观地以'天下'国家政体的整体层面来衡量。这是一个由小我到大我，去私而立公，由君主一己之私的考量，到非一己之私的'歙歙为天下浑其心'（四十九章）的考量之历程，亦即'吾'之由'有身'而'无身'的历程。"陈佩君：《先秦道家的主术与心术：以〈老子〉、〈庄子〉、〈管子〉四篇为核心》，第71—72页。

身也。夫如此，则得失不在己，忧患为不身，似可以大位寄托之。犹不敢使为之主，而况据而有之哉！此大道之行，公天下之意也。"① 此说庶近于老子本意。

其次，既然己身等同于天下，则君王之治身与治天下即为一事，而所谓"啬"（第五十九章）以及"慈""俭""不敢为天下先"（第六十七章）等体现清静无为理念的治天下之术，也就是君王的治身之术。《吕氏春秋·审分览》云："夫治身与治国，一理之术也。"在术的层面，"身"和"国"（天下）正是老子全部思想的两个落实点，《吕氏春秋》与老子的主张如出一辙。

作为对本章思想内容的总括，王弼注的结语是："不以宠辱荣患损易其身，然后乃可以天下付之也。"受天下之重付而"无身"，则君王的权力使用方式必然是自我收敛、自我节制的。由此，君王和天下皆可免于祸患而至于长久，这大概是老子最为期待的理想政治局面。

---

① 《道藏》，文物出版社、上海书店、天津古籍出版社 1988 年版，第 12 册，第 119 页。

第五章

老子和庄子哲学中的光明意象释义

　　用光明意象描述至上本体、理想人物是中西哲学的古老传统和常见现象。老子和庄子用以呈现本体之道和得道者的这类意象，却具有别样的思想风貌和精神意趣。首先，二者在指出道兼具光明与晦暗两个相反特点的同时，更强调其晦暗的一面而弱化其光明的特点，其目的在于确保万物之"自然"的显现和生发免遭最高存在者光芒的强势遮蔽，所谓道与万物"和其光"实际是老子"道法自然"思想的视觉意象表达。其次，通过内视、凝守、虚静等工夫修养，老子和庄子都认为得道者将契会道的光明一面，从而获得光明的心境；所不同者，这种内在光明感在庄子笔下更具神秘色彩和超越精神，在老子那里则透显着自知自明的政治理性品格。最后，与道的晦暗一面相应，老子和庄子都主张得道者应遵循知白守黑、"光而不耀"的行为法则，反对圣人外耀德智的光辉以笼罩百姓、治平天下。在儒道论争的语境中，老庄推崇的敛抑光芒、黯弱自守的"玄德"之圣，实则是对以光辉显耀的尧孔为代表的儒家"明德"之圣的拨反和批评。

　　以光明意象呈显至上本体、理想人物或超凡之人，是古代中西哲学常见的思想现象。众所周知，柏拉图用太阳比喻最高理念"善"，又把现实领域中的人对"善"的认识描述为因徒走出幽暗的洞穴而最终看到太阳的过程。① 受柏拉图影响，古罗马哲学家普罗提诺把最完满的作为"一切之父"的"太一"比作太阳，按他的说法，人的灵魂脱离肉体而与神合一之后，将会"看到自己沐浴在光明之中，充满着灵明事物的光辉，甚至可以说充满了光明本身"②。在中国哲学方面，《尚书·尧典》称尧"光被四表，格于上下"；《诗经·臣工》中，周人祈求至上神赐予丰年曰："明昭上帝，迄用康年"，《说文》："明，照也"，"昭，日明也"。春秋时期，史伯说祝融"淳耀敦大，天明地德，光照四海"（《国语·郑语》）；观射父在谈及"绝地天通"时提到，为巫觋者的必备条件是："其圣能光远宣朗，其明能光照之"（《国语·楚语》）；孔子赞扬尧曰："大哉尧之为君也！……焕乎其有文章！"（《论语·泰伯》）《说文》："焕，火光也。"其后，《中庸》说孔子"祖述尧舜，宪章文武……如日月之代明"；《孟子·尽心下》对"圣"的释义是："……充实而有光辉之谓大，大而化之之谓圣。"另外，《周易·文言·乾》："夫大人者，与天地合其德，与日月合其明"，《牟子理惑论》描述佛的形象曰："顶光照万里……欲行则飞，坐则扬光"，后世颂扬孔子："天不生仲尼，万物如长夜。"

　　显而易见，以上呈现的本体和理想人物皆具有光明盈彻、光芒外耀的特点。不同于此，老子和庄子用以摹状本体之道和理想人物的光明意象却彰显着别样的思想风貌，从而表现出独特的精神意趣。对于这些意象，我们不应因老庄哲学在先秦各派中尤具神秘色彩而将其仅视为某种神秘体验抑或浪漫想象、文学修辞，那样势必疏略其中幽邃的哲学意蕴。

---

　　① 参见［古希腊］柏拉图《理想国》，郭斌和、张竹明译，商务印书馆1986年版，第264—277页。

　　② 北京大学哲学系外国哲学史教研室编译：《西方哲学原著选读》上卷，商务印书馆1981年版，第218页。

第一节 道："玄牝"与"玄珠"

王博曾认为，以月神创生神话为母胎，老子之"道的原型可能是一个能够发光的东西……这个原型就是月亮"。其主要依据是：《老子》第二十一章中"惚""恍"二字的本义原是形容月体变化的晦和望，"惚兮恍兮"与"恍兮惚兮"则分别对应着月亮由晦到望、由望而晦的阶段，由此可见老子对道的形容完全依照了月亮变化的情形。① 严格地说，月亮究竟是不是道的原型，这个问题仍需进一步探讨，不过王氏此说却间接提出了一个洞见：老子的道兼具光明和晦暗两个特点。撇开对"惚""恍"本义的曲折考证不论，事实上，《老子》第十四章"其上不曒，其下不昧"一句已经指出了道既光明又晦暗的特点。《说文》："曒，玉石之白也。"此字于汉简本、敦煌本、想尔本分别作"杲""皎""曒"。《说文》："杲，明也，从日在木上"，"皎，月之白也"，《玉篇》："曒，明也"，显然此三字与"曒"字皆有光明之义。河上公亦释"曒"为"光明"，又释"昧"为"闇冥"。② 而从老子这句话的结构来看，"其上不曒"与"其下不昧"乃是互文，"曒"之光明义与"昧"之晦暗义恰相对应。就文意而言，这句话直接表达的意思是道既不光明也不晦暗，但鉴于老子惯用"正言若反"（第七十八章）的否定句式阐说其思想，故"不曒"实则意谓"晦暗"，"不昧"意谓"光明"。基于此，"道既不光明也不晦暗"换成肯定的表达方式，反而言之就是"道既晦暗又光明"。

由于道兼具晦暗与光明两个特点，而光明与晦暗又相互掩蔽、相互消解，所以当人们试图用感官去捕捉它时，便只能获得模糊不清、若有若无的视觉印象。《老子》书中常用"渊""湛""恍""惚""混"等语词来表述这种特殊的视觉印象，如第四章："渊兮，似万物之宗。……湛兮，

---

① 参见王博《老子思想的史官特色》，第161—165页。
② 参见王卡点校《老子道德经河上公章句》，第53页。

似或存"；第二十五章："有物混成，先天地生……"；第十四章："此三者不可致诘，故混而为一"；第二十一章："道之为物，惟恍惟惚。惚兮恍兮，其中有象；恍兮惚兮，其中有物。"反过来说，"混""渊""恍""惚"等渺茫深远、迷离不定的视觉感受恰恰表明道既光明又晦暗，以至于难于被人们确切认识。道集"曒"和"昧"于一体的这个特点，姑且借第四十一章的话说就是"明道若昧"。①

光明与晦暗相对相反，道却兼而有之，这无疑颇为吊诡。更耐人寻味的是，在这两个对反特点中，老子似乎更强调道的晦暗不明一面。例如，第二十一章："窈兮冥兮，其中有精"；第六章："谷神不死，是谓玄牝"；第一章："无名，天地之始；有名，万物之母。……此两者同出而异名，同谓之玄。玄而又玄，众妙之门"；第五十一章："道生之，德畜之，长之育之……是谓玄德。""窈""冥"意为昏暗，"玄"本义是赤黑色，其色调较为隐晦模糊，故引申义为幽远深奥，如吴澄《道德真经注》释"同谓之玄"曰："玄者，幽昧不可测知之义。"② 比较而言，如果说"窈""冥"之中尚存些许微光的话，那么"玄"则几近昏黑无光了。

任何物体必须能够自身发光或反射光芒，才会成为我们的可视对象。由于道晦暗不明甚至近乎昏黑无光，所以极而言之，我们是无法用眼睛看见它的，如老子曰："视之不见，名曰夷……绳绳不可名，复归于无物。是谓无状之状，无物之象……迎之不见其首，随之不见其后"（第十四章）；"道……视之不足见，听之不足闻"（第三十五章）；"大象无形，道隐无名"（第四十一章）；"道冲，而用之或不盈"（第四章）。万物皆有其形色③，形色借由光明的显耀方可映现，然而道却是幽暗甚至昏黑无光的，

① 《老子》第四十一章："明道若昧，进道若退，夷道若纇。"这里所说的显然都是具体的道，而非本体之道。

② 陈鼓应注译：《老子今注今译》，第77页。

③ 《庄子·达生》："凡有貌象声色者，皆物也，物与物何以相远？……是色而已。"按"是色而已"句，陈景元、奚侗、陈鼓应认为"色"字前脱"形"字，当补入。（参见陈鼓应注译《庄子今注今译》，第469页；崔大华《庄子歧解》，中华书局2012年版，第498页）

其形色无从显现，因此道给人的极端视觉印象便是"夷""隐""冲""无形""无状"，恰如王弼注云："玄者，冥默无有也。"[①] 这就是说，在直接的视觉经验中，道似乎隐没了自身，以至于成了一个不存在之物（"无物"），而这正是其所以"不可名"的重要原因之一。

在《庄子》中，道同样经常呈现为晦暗不明的意象。例如，《在宥》："至道之精，窈窈冥冥；至道之极，昏昏默默。"《知北游》："夫道，窅然难言哉！……夫昭昭生于冥冥，有伦生于无形。"《天地》篇更把道比作"玄珠"，这个喻象的蕴意是：道虽然内在具有或本质上是光明之体（珠），但其外显之象却幽昧莫测（玄）。正因此，《齐物论》篇才会批评说："道昭而不道。"对于幽昧莫测的道，人们当然"目无所见"（《在宥》），"视之无形……于人之论者，谓之冥冥"（《知北游》）。此外，《应帝王》篇的"浑沌之死"寓言也喻示着道是不可用视听等感觉手段去把握的幽暗之物。

同样是至上本体，老子和庄子之"道"与柏拉图的"善"、普罗提诺的"太一"所呈现出的视觉映象可谓迥然相异。那么，老庄为什么要凸显道的晦暗不明的特点呢？

笔者认为，这个问题的答案应从道物关系中寻找。如前所述，事物必须发光，才能显现出其自身固有的形色样貌。推而言之，发光是每一事物呈露其"自然"的存在形态、生成方式而显现为自身的确证和表征。庄子认为："万物莫不然"（《秋水》），"物固有所然，物固有所可；无物不然，无物不可"（《齐物论》）。近乎此，《老子》第五十一章："万物莫不尊道而贵德。道之尊，德之贵，夫莫之命而常自然。"合而观之，一方面是万物固有"所然""所可"，另一方面是道并不指命或干涉万物"自然"，这意味着每一事物都可以通过自身发出独特的光芒而无须仰赖外在光芒的照耀，以呈显其存在样式。不难设想，作为"帝之先"（第四章），"其可左右"（第三十四章）、无所不在的道如果是一个像太阳那样的至上存在者，其显耀的强光势必从外部严重干扰甚至完全湮没万物自身发出的光芒，其结果便会导致

---

① 楼宇烈校释：《王弼集校释》，上册，第2页。

万物固有的"所然""所可"不能如其所是地完整显现出来。概言之，万物自身的存在样式乃至万物"自然"生成的内在秩序，不需要外在的光芒来照亮，任何以照亮世界为指向的光芒只会遮蔽或褫夺万物的"自然"。

鉴于此，老子主张道固然可以发光——"其下不昧"，道与万物的关系也应当是"和其光，同其尘"（第四章）。河上公注此句曰："虽有独见之明，当知暗昧，不当以擢乱人也；当与众庶同垢尘，不当自别殊。"① 撇开河上公注的人格化和政治化因素，其义可谓精当。《说文》："和，相应也。"释德清注："和，混融也。"② 要言之，"和其光"不是说道完全内闭而不对外发光，而是指道所发之光应与"自然"的万物发出的光芒相融一致、和同无别。在此意义上，万物发出的光芒也就是道的光芒，道的光芒具体显现为万物的光芒；或者说，道的光芒借由它生育辅养的千差万别的个体事物的光芒显发出来。由此可以认为，"和其光"实际是老子"道法自然"思想的视觉意象表达。进一步，正因为道的光芒显发为形下的世界中样态各殊的万物的光芒，所以，在视觉上我们便只能感受到万物各自不同的光芒，而道自身看起来却并没有发出丝毫的异样光芒，正如高延第所云："和其光，不自表暴，光而不耀也。"③ 这样一来，"万物恃之而生"（第三十四章）的道似乎就成了敛藏光芒甚或晦暗无光之物。老子和庄子之所以常用"窈""昧""隐""冥""玄""昏"之类的视觉语词描述道，其根由正在于此。

第二节　得道者的内在心境："朝彻"与"袭明"

如上所述，庄子的"玄珠"之喻意味着道虽然表面上晦暗不明，本质

---

① 王卡点校：《老子道德经河上公章句》，第14—15页。

② （明）释德清：《道德经解》，华东师范大学出版社2009年版，第40页。

③ 张舜徽：《周秦道论发微 史学三书平议》，第167—168页。按《老子》第五十八章"光而不耀"中的"耀"字，汉简本、王弼本作"耀"，严遵本、傅奕本作"耀"，帛书乙本作"眺"，河上公本作"曜"。"耀""耀""曜"三字皆有照耀、炫耀之义。

上却是光明之体，老子则说道"上不曒""下不昧"，二者描述道的光明意象虽不尽相同，但却都认为修道者通过采取必要的工夫而最终与道相合之后，将会获得光明的心境，其中庄子的说法尤具代表性。

在《庄子·人间世》篇，孔子告诉颜回："若一志，无听之以耳而听之以心，无听之以心而听之以气。……气也者，虚而待物者也。唯道集虚，虚者，心斋也"，其后又云："瞻彼阒者，虚室生白，吉祥止止。"综合诸家注，"瞻彼阒者"意谓观照自我的空廓之心，"虚室生白"指虚净的内心发出纯白的光明①，这种光明感是修道者"心斋"之后获得的内在精神体验。又，《大宗师》篇女偊回答南伯子葵"道可得学邪"的问题曰：

> 吾犹守而告之，参日而后能外天下；已外天下矣，吾又守之，七日而后能外物；已外物矣，吾又守之，九日而后能外生；已外生矣，而后能朝彻；朝彻，而后能见独。

"朝彻"，成玄英疏："朝，旦也。彻，明也。死生一观，物我兼忘，惠照豁然，如朝阳初启，故谓之'朝彻'也。"② 林希逸云："朝彻者，胸中朗然，如在天平旦澄彻之气也。"③ 王夫之解："如初日之光，通明清爽"，"知至于此，则如日之方曙，洞然自达，独光见耀"（《庄子解·大宗师》）。概括起来，"朝彻"是指修道者疏离尘垢世界和自我身形之后，内心达至的澄澈光明的精神圣域，此过程如同透破黑夜而见到明彻的朝阳，这种内在光明感与《人间世》篇所说的"虚室生白"并无二致。

此外，庄子还常用具有浓厚神话色彩的语言，以日月星辰等光明意象来描述得道者的精神圣域。例如，《齐物论》："乘云气，骑日月，而游乎

---

① 参见陈鼓应注译《庄子今注今译》，第 121 页；曹础基《庄子浅注》，中华书局 2000 年版，第 55 页；崔大华《庄子歧解》，第 143 页。

② （清）郭庆藩：《庄子集释》，中华书局 2004 年版，第 254 页。

③ （宋）林希逸：《南华真经口义》，云南人民出版社 2002 年版，第 106 页。

四海之外"，"旁日月，挟宇宙，为其吻合"；《大宗师》："乘东维，骑箕尾，而比于列星"；《天地》："上神乘光，与形灭亡，此谓照旷"；《在宥》："遂于大明之上矣，至彼至阳之原也"，"吾与日月参光，吾与天地为常"；《田子方》："至人之于德也……若天之自高，地之自厚，日月之自明。"从中可见，日月星辰既是得道者借以超离现实世界而与宇宙天地浑然相合的媒介，同时其作为光明意象又是得道者内在精神圣域的写照。这里之所以强调是"内在精神圣域"，乃因为庄子虽然也以日月等光明意象加诸得道者，但这些得道者的外在人格特征却与前文提到的"光被四表"的尧以及"如日月之代明"的孔子等儒家圣人有着本质的不同（详见下文）。

不可否认，无论"朝彻""虚室生白"，还是"旁日月""与日月参光"等，得道者所臻至的光明莹彻的心境或精神圣域都透显着神秘色彩，这或许是上古神话和巫文化对庄子的潜在影响所致。① 美国学者罗浩在讨论早期道家的神秘主义时，曾援引丹尼尔·布朗对南亚宗教若干修行阶段的分析，其中一个阶段是："将意念集中在一个外部或内部的对象上，减少各种心理活动内容，最终将心理活动化解为简单一致的意识，这经常与光联系在一起。"② 依此来看庄子对得道者精神圣域的描述：道是其心灵内在观照的对象，"虚而待物"的"心斋"以及"朝彻"之前的"外天下""外物""外生"都是为了约减心理活动内容，清除可能遮蔽道的所有外在性经验，与"虚"和"外"等否定性工夫对反的是"一志"和"守"，即精神专注于道，最终得到的则是内在光明之境。

除了凝神于道，庄子认为修道者还需否弃视觉官能，以摒除外部世界的光明的干扰。例如，《养生主》："臣以神遇而不以目视，官知止而神欲

---

① 参见邓联合《庄子哲学精神的渊源与酿生》，光明日报出版社 2011 年版，第 50—52 页。

② ［美］罗浩：《原道：〈内业〉与道家神秘主义的基础》，邢文、严明等译，学苑出版社 2009 年版，第 105 页。

行"；《大宗师》："忘其肝胆，遗其耳目……芒然彷徨乎尘垢之外"，"堕肢体，黜聪明，离形去知，同于大通"。另外，《庄子》中还描述了许多非常人物，如《德充符》篇的"伯昏无人"、《列御寇》篇的"伯昏瞀人"、《天地》篇的"象罔"① 以及《大宗师》篇女偊提及的"玄冥"，从名字来看，他们也都已否弃了对外部事物的视觉之"明"。而在"呆若木鸡"寓言中，鸡之所以被认为尚未可斗，则是因其"犹应向景""犹疾视而盛气"（《达生》），也就是说它仍然用其视觉于外物，故仍受到外部光影的干扰。"凡外重者内拙"（《达生》），在否弃以外部事物为对象的视觉的同时，庄子强调修道者应由外视转为内视，"徇耳目内通而外于心知"（《人间世》），如此方可免受外部世界光明的干扰，内守于道而"虚室生白"。

不难看出，修道者通过由外而内的视觉转向所获得的光明感与作为道之喻象的"玄珠"的光明之体恰相契会。类似的内在光明感在后世哲学中仍时有提及，尤其是在宋明时期的心学传统中。所不同者，庄子之道的光明之体在心学中换成了"心体"。兹略举两例。其一，宋儒杨简听陆象山论"本心"后，"忽觉此心澄然清明……洒然如有物脱去，此心益明"②。其二，阳明弟子聂双江"闲久静坐，忽见此心真体，光明莹彻，万物皆备。乃喜曰：'此未发之中也……。'"③ 陈来把心学的这类神秘体验向前溯源至孟子的"万物皆备于我"思想，同时又认为禅宗和道教对此也有重要影响。④ 事实上，由前文所论可知，无论是心学主张的虚静、内视、凝守等工夫，还是就这些工夫的实践者获得的内在光明感而言，庄子的"心斋""朝彻"之说皆可谓肇其端者。

郑开指出，包括心学在内的儒家传统中的神秘体验在根本上"脱胎于

---

①　林疑独曰："唯离形去智，黜聪明，忘言说，谓之象罔。"（崔大华：《庄子歧解》，第 364 页）

②　（清）黄宗羲：《宋元学案》，中华书局 1986 年版，第 2466 页。

③　（清）黄宗羲：《明儒学案》，中华书局 2008 年版，第 370 页。

④　参见陈来《有无之境：王阳明哲学的精神》，人民出版社 1991 年版，第 390—413 页。

古代宗教生活的基本经验"，儒家的心性论哲学则是对宗教经验进行创造性转化的结晶。① 顺此而论，如果说心学的神秘体验是对作为道德生活根基的良知本心的淬炼、领会和自觉，那么，庄子笔下得道者的内在光明感则挺显了个体超越俗常的精神圣域，同时也是其疏离于尘垢世界的本我人格的澄明和体证，内中固然不乏玄秘莫测的成分，但却是个体精神生活不可或缺的内容。

表面上看，老子似乎并未像庄子那样具体论及得道者的光明心境，不过我们仍然可以从他对"明"的反复申说中略窥其意。《老子》全书"明"字出现十余次，其中至少三例与道相关，即"知常曰明"（第十六、五十五章）、"见小曰明"（第五十二章）、"是谓袭明"（第二十七章）。我们知道，老子多以"常"和"小"说道，前者如"常道""常名"（第一章）以及"道常无名"（第三十二章）、"道常无为而无不为"（第三十七章）等，后者如"朴虽小，天下莫能臣也"（第三十二章），"衣养万物而不为主，常无欲，可名于小"（第三十四章），由此可见"知常"与"见小"都是得道的表现。"袭明"，帛书甲乙本分别作"愧明""曳明"，《说文》："愧，习也"，高明认为"愧""曳""习"三字古音相同，"习"与"袭"古代通用。② 至于"袭明"之义，刘坤生释为"因循大道之光明"③，河上公注曰："是谓袭明大道。"④ 奚侗说："'袭'，因也。……'袭明'谓因顺常道。"陈鼓应说："'袭'，承袭，有保持或含藏的意思。'明'是指了解道的智慧。"⑤ 综括"常"和"小"的上述句例以及诸家对"袭明"的解释，可知《老子》中"明"的一个重要含义便是圣人得道后的光明或澄明心境。从工夫

---

① 参见郑开《中国古代哲学中的神秘主义》，《中国社会科学报》2018 年 3 月 27 日。

② 参见刘笑敢《老子古今：五种对勘与析评引论》，第 307 页；张舜徽《周秦道论发微 史学三书平议》，第 195 页；高明《帛书老子校注》，第 365 页。

③ 刘坤生：《老子解读》，第 145 页。

④ 王卡点校：《老子道德经河上公章句》，第 110 页。

⑤ 陈鼓应注译：《老子今注今译》，第 180 页。此外，《老子》第五十二章所说的"习常"也是指承袭、因循常道或大道。

论的角度说，这种心境乃是圣人“涤除玄览”（第十章）或“致虚极，守静笃”（第十六章）的结果。

由于老子哲学以现实政治为旨归，所以不同于庄子的描述，圣人得道之“明”在老子笔下不仅较少神秘色彩，而且与政治实践密切相关，例如第十章：“明白四达，能无为乎？”第三十六章：“……将欲夺之，必固与之。是谓微明。”就老子思想的旨趣来说，圣人之“明”绝不只是光明澄澈的内在心境抑或神秘体验，而更是一种以实践为指向的清虚谦弱、自明自持的政治理性。

第三节　得道者的人格形象：“光而不燿”与“发乎天光”

按老子的思想逻辑，得道者作为道的现实化身，必然同时承袭道既光明又晦暗的特点。因此我们看到，相应于对道的晦暗一面的强调，老子指出得道者虽有内在之“明”，其行为处事却需遵循“明道若昧”（第四十一章），“知其白，守其黑”（第二十八章）的原则①，其外在的人格形象特征则是“被褐怀玉”（第七十章）、“光而不燿”（第五十八章）。由于玉有光泽而为人所贵，石坚实无光而为人所贱，所以，第三十九章又把得道者内有其“明”而外敛其光的形象比喻为“不欲琭琭如玉，珞珞如石”。这种含敛光芒、黯弱自守的人格形象与本章开篇提到的“充实而有光辉”的尧和孔子迥然相异。

在《中庸》赞孔子“如日月之代明”句后，朱熹注曰：“此言圣人之

① 另外，《老子》第四十一章：“大白若辱。”“辱”，傅奕本、范应元本作“䵋”。《玉篇》：“䵋，垢黑也。”朱谦之、陈鼓应认为，“䵋”为“辱”之古文，“辱”为“䵋”之假。照此，“辱”即有黑义，与白对立，故曰“大白若辱”（参见朱谦之《老子校释》，第169页；陈鼓应注译《老子今注今译》，第230页），其义与“知其白，守其黑”相通。

德。"① 依此注，孔子之所以如日月高居万物之上并发出光辉、普照世界，乃是基于其内在之德，这种光辉外耀的"德"也就是《大学》所说的"明德"。在此意义上，我们可把尧、孔子以及《周易·文言·乾》提到的"与天地合其德，与日月合其明"的"大人"由己身向外投射的光辉称为"明德"之光。与光辉外耀的"明德"相反，老子称许的圣人所具有的则是与幽昧的"玄牝"相一致的"玄德"。② 正如道既"皦"且"昧"那样，"玄德"绝非一团漆黑，"光而不耀"也不是说得道者不应或不能发出光辉。《说文》："耀，照也，从火。"一物必须发出强烈的光芒，方能照耀其他只能发出弱光或不发光的事物。因此，"光而不耀"实际是对"玄德"之圣发光方式的规定和限制：首先，其所发之光不应是炫目炽烈、夺人夺物的强光；其次，其发光不应以照耀他人他物乃至照彻整个世界为目的。要言之，得道者须自我含敛、自我节制，他只应发出柔和慈弱的光辉。

"孔德之容，惟道是从"（第二十一章）。从视觉形象看，由于得道者发出的是柔弱之光，"玄德"表现在其外在容色上的显著特征便是："深不可识。……敦兮其若朴，旷兮其若谷，混兮其若浊"（第十五章）；"玄德"转化为得道者的精神状态，即："沌沌兮！俗人昭昭，我独昏昏；俗人察察，我独闷闷"（第二十章）；进一步，"玄德"落实为得道者的政治实践以及由此产生的社会效应则是："其政闷闷，其民淳淳。"（第五十八章）概括起来，老子推重的"玄德"之圣是光辉黯淡、敦朴韬晦之人，其治下的社会是民众各安其事、风气淳实而非圣辉高照、民皆仰望的世界。

笔者前文把道与万物的关系表述为"和其光"，事实上，这句话同样可用来指称"光而不耀"的"玄德"之圣与百姓的关系，这是因为在老子哲学中，"道—物"与"圣人—百姓"这两种关系是同构的。如上所述，道与万物"和其光"实质上是老子"道法自然"思想的视觉表达。

---

① （宋）朱熹：《四书章句集注》，中华书局 1983 年版，第 37 页。

② 郑开也注意到，作为道家政治哲学的核心概念，老子的"玄德"与儒家的"明德"针锋相对。（参见《道家政治哲学发微》，北京大学出版社 2019 年版，第 14—18 页）

与此相应，圣人与百姓"和其光"则是指高居上位的人君不应炫耀其一己之光辉，以达到笼罩百姓、治平天下之目的，而是应当"无常心①，以百姓心为心"（第四十九章），从而依循、因顺百姓之"自然"。具体来说，既然"百姓皆谓我自然"（第十七章），故圣人应自敛其光而顺任百姓自我生发，如第五十七章云："我无为而民自化，我好静而民自正，我无事而民自富，我无欲而民自朴"，第三十二章："民莫之令而自均。"由于民之"自正""自朴""自均"皆是民之"自然"，而并非圣人之光辉普照、德智广施"使然"，因此，老子反对从外部把某种生存方式、秩序和规范加诸百姓。

不妨把与百姓"和其光"的圣人与儒家的尧作一比较。《尚书·尧典》开篇在盛赞尧"钦明文思安安，允恭克让，光被四表，格于上下"后，紧接着又说他"克明俊德，以亲九族。九族既睦，平章百姓。百姓昭明，协和万邦，黎民于变时雍"。按《尧典》的叙述逻辑，家国天下之所以具有和睦协洽的秩序、民众之所以欣悦安乐，皆是尧由内而外投射其一己之光辉，即推扩和运用其德智于上下四方的结果。德国哲学家恩斯特·卡西尔指出，在几乎所有的创世神话中，创世的过程都与光明破晓的过程融合为一体，"光明获胜是世界及世界秩序的起源"②。《尧典》开篇的这段叙述不啻一则典型的人文创世神话：作为光源，尧的光辉由近而远普照家国天下的过程，也就是他开启或赋予世界以秩序和价值，进而惠泽天下百姓群生的过程。可以想象，在此过程中，处于天下的中心且是天下唯一光源的尧，他发出的一定是无比强烈以至于无远弗届的光辉，这与老子推崇的"光而不耀"的"玄德"之圣大异其趣。

从根本上说，老子主张圣人应含敛光芒、黯弱自处，实质上是告诫人君应恪守权力的自我节制原则③，切勿干扰或强力支配百姓的生存方式，

---

① 严遵本、河上公本、王弼本、傅奕本作"无常心"，帛书乙本、汉简本作"恒无心"。

② ［德］恩斯特·卡西尔：《神话思维》，黄龙保、周振选译，中国社会科学出版社1992年版，第107页。

③ 参见王博《权力的自我节制：对老子哲学的一种解读》，《哲学研究》2010年第6期。

即便其所作所为确是出于仁德圣智，也终将构成对百姓之"自然"的湮蔽乃至伤害。老子更意识到，人君之所以总是炫耀其德智的光辉以笼罩百姓，使百姓"亲而誉之"（第十七章），归根结底是由于其内心难脱自是、自大、自伐、自矜的积习，这个偏狭独尊之"自"正是人君对外炫耀德智之光的终极光源和原动力。鉴于此，除了"光而不耀"并与百姓"和其光"，老子还提出圣人需"用其光，复归其明"（第五十二章），以限制人君极易膨胀的自我意识。这句话的大意是，圣人对外发光的同时，其内心应始终持守虚静澄湛的见道之"明"，从而谦弱敛抑，"终不为大"（第六十三章），"自知不自见"（第七十二章）。老子曰："不自见，故明"（第二十二章），又说："自知者明。"（第三十三章）显然，内守"自知"、外不"自见"都是圣人见道之"明"的表现。从视觉效果看，以谦弱敛抑的自我意识为终极光源，圣人发出的自然将会是与百姓"和其光"的慈柔光辉，而只有这种光辉才能"辅万物之自然而不敢为"（第六十四章）。

如果说老子提出"光而不耀"的得道者形象，实际是对尧之类的强施德智、外耀光辉的圣人的警惕和拨反，那么，庄子则在此基础上对以尧和孔子为代表的儒家圣人，从政治哲学和处世哲学两个方面进行了深刻反思和批判。

先看政治哲学的批判。在《逍遥游》篇"尧让天下于许由"寓言中，庄子把尧的德治比作爝火之光："日月出矣，而爝火不息，其于光也，不亦难乎！"与日月相比，爝火之光不仅微不足道，而且对于天下百姓也纯属多余，因为百姓在天地自然中原本可以自立自足，而无需尧的光辉普照，故该寓言把居于帝位的尧贬称为徒有虚名之"尸"。除了批评尧之德治的有限性和非必要性，庄子进一步认为，要求百姓"必躬服仁义而明言是非"（《大宗师》）① 的尧还具有潜在的危险性。《齐物论》：

---

① 《庄子·大宗师》："意而子见许由，许由曰：'尧何以资汝？'意而子曰：'尧谓我：汝必躬服仁义而明言是非。'"

　　昔者尧问于舜曰："我欲伐宗、脍、胥敖，南面而不释然。其故何也？"舜曰："夫三子者，犹存乎蓬艾之间。若不释然，何哉？昔者十日并出，万物皆照，而况德之进乎日者乎！"

这里把尧比作"德之进乎日者"，意谓其"明德"光辉之炽烈甚于十日并出。宗、脍、胥敖皆是蕞尔小国，尧却仍对它们"不释然"，这种"不释然"实为尧基于"德性的自负"而萌生的扩张冲动，其武力攻伐之目的则是要强推德治于"蛮野"之地。吊诡的是：武力攻伐与尧之德已完全背离，遑论随之而来的灾难性后果。《淮南子·本经训》："尧之时，十日并出，焦禾稼，杀草木，而民无所食。猰貐、凿齿、九婴、大风、封豨、修蛇皆为民害。"据此，"十日并出，万物皆照"已然造成严重灾难，而庄子更痛切地指出，尧既为"德之进乎日者"，其光辉照耀的后果必将更惨烈。这是因为尧强推德治于天下的举措本质上"不过是道德与武力的互为利用，规训与惩罚的相互纠缠"，故其炽烈甚于十日的光辉不仅将使小国之君"身为刑戮""国为虚厉"（《人间世》）[1]，更将使其百姓失去固有的生活空间和生存方式，而他们所代表的朴野文化在尧之"明德"光辉的灼烧中也终将化为灰烬。[2]

　　再看处世哲学的反思。我们知道，孔子周游列国旨在求明君以行仁义，但结果却是他不仅四处碰壁，甚至还几番身陷凶险之境。对此，庄子解释说："子其意者饰知以惊愚，修身以明污，昭昭乎如揭日月而行，故不免也。"（《山木》）这段话不无嘲讽地把孔子描述为德智凌驾于俗众之上、俨然与日月同光的形象，他外耀德智的光辉本是为了照亮和教化愚者、污者，但正如"直木先伐，甘井先竭"（《山木》）那样，孔子也难免陷入招祸自害的"逆淘汰"困境。究其因由，这是一个连圣人也只能勉强

---

　　① 《庄子·人间世》："昔者尧攻丛、枝、胥敖，禹攻有扈，国为虚厉，身为刑戮，其用兵不止，其求实无已。"这段话与《齐物论》"十日并出"章构成互文关系。

　　② 王玉彬：《〈庄子·齐物论〉"十日并出"章辨正》，《中国哲学史》2015 年第 4 期。

自保的黑暗世界，所以庄子借接舆之口说："已乎已乎，临人以德。"（《人间世》）否则，"强以仁义绳墨之言术暴人之前者，是以人恶有其美也，命之曰菑人。菑人者，人必反菑之"（《人间世》）。

除了政治领域的应世之道，庄子在谈及日常生活中普通人的交往方式时，同样反对个体向外发出可能笼罩他人、收摄交往对象的德智之光。《列御寇》："夫内诚不解，形谍成光，以外镇人心，使人轻乎贵老。"意思是说个体如果固执其德智于内①，必然外耀光辉以镇服人心，使人不由自主地仰视发光者，而对高贵和年老的人却反倒轻视。由此可知，庄子之所以反对以德智的光辉照耀他人，是因为这种光辉会对他人造成精神上的逼迫和征服效应，所以极可能一变而为以支配和控制他人为目的的权力之光。换言之，旨在照亮、教化他人的德智之光与旨在征服、宰制他人的权力之光没有本质的区别，其间不过一步之遥。

迥异于光辉显耀的儒家圣人，庄子称许的得道者的形象特点是"葆光"，即含敛光辉、不以德智临人，这与老子所说的"光而不耀"意思相同。此外，庄子又提出："宇泰定者，发乎天光。发乎天光者，人见其人，物见其物。"（《庚桑楚》）"宇泰定者"即心灵宁定的得道者，"发乎天光"与《齐物论》所说的"照之于天"相通，"天光"指能够照见并包容、顺任差异不齐的"自然"万物的光辉。正如"天"涵怀万殊那样，以"天光"观照万物，不是要把每一个体都形塑为发光者预设的统一规格，以便将其嵌入以发光者为中心的整齐秩序中，而是要使千差万别的人和物都如其所是、如其所欲地显现、生发为其自身。

"葆光"与"发乎天光"体现在政治领域，即是虚静无为、"顺物自然"（《应帝王》）的政治哲学；落实在处世方面，则是个体虽有盛德，但却块然愚朴、"纯纯常常"（《山木》）的处身之道。由于"葆光"之人不以教化者自高，不炫耀德智的光辉而使俗众产生压迫感，所以他既可远患

---

① "内诚不解"，成玄英释："自觉内心实智，未能悬解。"陆树芝释："内有实德固结于中，如冰冻不解，则中不能虚也。"（崔大华：《庄子歧解》，第 802 页）

自存于乱世，又可在与俗众的日常交往中表现出特殊的亲和感，用《德充符》篇的话说就是："德不形者，物不能离也。"

　　光明崇拜是极为古远、普遍的社会文化现象，人类对本体、真理、道德、偶像以及某种历史愿景的信念莫不与此有着或近或远的关系。如同我们在柏拉图哲学中看到的那样，以太阳为中心的光明崇拜本质上是一元主义的信仰图式，其中大都蕴含着一个貌似可期的承诺：黑暗必然消尽，光明终将无所不及。然而，站在老庄哲学的立场看，如果任由最高存在者的光芒笼罩一切，以至于湮蔽了万物"自然"的活力和光芒，使万物各殊的存在样式不能得以充分显现、生发，那么一元的世界必将成为现实——这样的世界虽然光洁透亮、规范整齐，但却一定会因缺少必要的差异性、多样性而丧失持久存续的生机和价值。从这个意义上说，老庄哲学中的光明意象，特别是其中对至上之道和得道者之晦暗一面的凸显，不仅在中国哲学语境中与儒家构成相反、互补的对话性关系，而且因其对一元主义的光明崇拜叙事的纠偏和消解，在世界哲学之林中亦可谓卓然不凡。一言以蔽之，通过揭显本体和理想人物的另一面相，老庄哲学为万物生发、社会治理、个体安顿敞开了另一种可能。

第六章

双向度：老子技术哲学思想衍绎

　　技术是人类的本质特征之一。作为人类既有的行为和生存方式，技术的本性是单向度的。近代工业革命以来，单向度的技术进一步表现出没有节制和限度的进攻性、侵害性。而在老子提出的慈弱为用、辅而不为等思想主张中，却蕴含着一种双向度的技术理念，其内涵是通过辅助、护养他人他物，在使对象得以自主成长、自然生成的同时，实现主体的预期目标。这种技术理念与作为人类文明深层逻辑的"返还法则"相一致。为了人类的持久生存，我们应当汲取老子的思想智慧，转变对世界的理解方式和处置方式，充分照顾他者的自在本性和生存欲求。

20世纪以来，在被有意无意妄加的反智、反文明的污名之下，老子思想亦曾被严重地误解为是反技术的，误解者拈出的最关键"罪证"是《老子》第八十章："小国寡民，使有什伯人之器而不用，使民重死而不远徙。虽有舟舆，无所乘之；虽有甲兵，无所陈之。使人复结绳而用之。……邻国相望，鸡犬之声相闻，民至老死，不相往来。"对于这一章的主旨，胡适批评老子是"想把一切交通的利器，守卫的甲兵，代人工的机械，行远传久的文字……制度文物，全行毁除，要使人类依旧回到那无知无欲老死不相往来的乌托邦"①。近乎此，任继愈认为："这一章集中表达了老子的复古的社会历史观。……要回到远古蒙昧时期结绳而用的时代去。"② 无须赘言，这些看法都是基于以技术进步为根底的历史叙事，仅停留于表面文字对老子思想的误解。

众所周知，亚里士多德把知识分为三种：纯粹的理论知识、实践知识、以实用为目的的技术知识。本章笔者将撤除上述各种误解和偏见，借由技术哲学的观念和方法，通过解读《老子》文本及其蕴含的实践智慧，尝试着从中衍绎出一种"双向度"的技术理念，这种技术理念与亚里士多德所指的技术知识以及近代以来人类的技术行为方式均大异其趣。

第一节　单向度的技术及其进攻性

技术是人的本质特征之一，"人类的技术史随着人类本身开始"③。如果按照亚里士多德的说法——技术是人类为达至某种实用目的而采取的改变"质料"对象之现状的实践活动，那么，无论其施加的对象是物还是人，毫无疑问，技术在本性上都是单向度的。这是因为技术活动是否开展、怎样开展、为何开展，无不取决于技术主体，而作为对象的某物或某人是否被纳入技术活动中，他（它）们将被以何种方式处置，亦皆取决于主体而非作为对象的某物或某人。换句话说，技术施加于对象，这一事件或过程并非出于对象自身之自主自发，而是技术主体从其外部强行施与的结果。与此相应，技术活动所要达到的最终目标，某物或某人经由某种被处置的方式而最终发生的改变，同样仅仅服务且从属于主体，而不服务、不从属于对象。要言之，在主体施加其预设目的于对象的技术开展过程

---

① 胡道静主编：《十家论老》，上海人民出版社 2006 年版，第 15 页。

② 任继愈译著：《老子新译》，第 232 页。

③ ［法］布鲁诺·雅科米：《技术史》，蔓菁译，北京大学出版社 2000 年版，第12 页。

中，后者总是处于被动、从属的地位。

作为天地万物中独具灵明之心的高级生命样式，人类总是出于自己的目的、按照自己的方式去处置他人他物。由此可以说，单向度的技术活动是人之为人者，也是人类持续生存之必需。然而，如果从相反的对象立场看，他物或他人被纳入主体的技术活动中、所受到的某种处置以及最后发生的某种改变，却并不一定符合其自身的存在本性和生存欲求。从老子思想的角度说，凡是不符合对象之自在本性和欲求的活动方式，均属违逆其"自然"的"有为"之举，而"有为"则意味着主体的肆意妄为、争而不利①，其结果只会造成对他物或他人的粗暴干涉和无端伤害。

客观而言，大至宇宙天地中的任何物种，小至任何物种中的任一个体，都有最大限度地扩张其自身的本能，人类也不例外。但人类相较于其他生命体的特异性在于，他是具有发达的理智能力、明确的自我意识，且其扩张本能可以通过技术手段来实现的强势物种。于是我们看到，人类通过技术活动维护并持续改善其生存状况、扩张自身的历史，也就是作为对象的他物不断受到人类干扰和伤害的历史。

对这种伤害可能构成限制的因素有两个。其一，我们怎样理解他物：一座山林被尊仰为众神栖聚的神圣场域，或者被明明白白地划定为石材、矿产、木料、动物资源（皮毛肉）的供应地，它因此而遭受的处置显然是不同的。其二，我们用何种手段和方式处置他物：在石斧、棍棒、弓箭、梭镖之下，或者在伐木机、森林火车、炸药、落叶剂、配有光学瞄准器的猎枪之下，这座山林中的动物和植物所遭受的命运之差异是不言而喻的。合而言之，如果天地自然尚未祛魅，他物被视为有灵者，并且人类的技术手段还处于低水平上，那么，自然物所遭受的人类伤害必然是审慎而又有节制、有限度的。

偏偏，近代以来人类理解宇宙天地的方式、处置自然万物的手段都发生了革命性的变化。一方面，从自然界唯一的解释者、立法者、主宰者的

---

① 《老子》第八十一章："天之道，利而不害；圣人之道，为而不争。"

角度看，人是"万物的灵长"，万物都是为人类而存在的资源，其价值之有无和大小取决于人类的需要和裁断。另一方面，在工业革命所催生的各种动力能源、机械工具、化学制剂等技术物品的强大武装下，人类可以空前"自由"地对自然万物加以规划、征服、支配、改造和利用。于是，人类长久以来所持的对自然宇宙的敬畏、静观和沉思，就一变而为出于赤裸裸的功利目的之拷问、逼迫和虐害。

由此，天然具有单向度性质的技术在现代世界就表现出了空前野蛮的进攻性和侵略性——姑且借一句政治豪言说，就是所谓"战天斗地"乃至"改天换地"。更其甚者，对自然物的审慎而有节制、有限度的取用，迄今已逐渐演变为肆无忌惮、没有止境的任意挥霍，乃至"赶尽杀绝"。令人悲哀的是，时至今日，我们仍未看到现代技术极度张扬的进攻性和侵略性发生根本的改变。

第二节　老子：慈弱为用，上善若水

迥异于野蛮强悍的现代技术，在老子的理想期待中，最佳的技术活动方式绝无丝毫的逼迫性、进攻性和侵略性；恰恰相反，我们在与他物和他人的交互关系中，总是应当遵守慈柔、卑弱、后退、谦下、守雌、冲虚、不争、给予而不是强取豪夺的自我行为律则。

以这种行为律则为中心，以下我们首先引述《老子》中的相关文本，然后再作分析和申论。

关于柔弱、守雌，老子说：

> 专气致柔，能婴儿乎？……天门开阖，能为雌乎？明白四达，能无为乎？生之畜之，生而不有，为而不恃，长而不宰，是谓玄德。（第十章）
> 知其雄，守其雌，为天下谿。（第二十八章）

天下之至柔，驰骋天下之至坚。……吾是以知无为之有益。（第四十三章）

合德之厚，比于赤子。……骨弱筋柔而握固。（第五十五章）

将欲夺之，必固与之，是谓微明，柔弱胜刚强。（第三十六章）

弱者，道之用。（第四十章）

坚强者死之徒，柔弱者生之徒。……坚强处下，柔弱处上。（第七十六章）

天下莫柔弱于水，而攻坚强者莫之能胜，其无以易之。弱之胜强，柔之胜刚……（第七十八章）

关于不争、退后、处下，老子说：

是以圣人后其身而身先，外其身而身存。（第七章）

吾不敢为主而为客，不敢进寸而退尺。（第六十九章）

夫唯不争，故天下莫能与之争。（第二十二章）

江海所以能为百谷王者，以其善下之，故能为百谷王。是以欲上民，必以言下之；欲先民，必以身后之。……以其不争，故天下莫能与之争。（第六十六章）

天之道，利而不害；圣人之道，为而不争。（第八十一章）

关于冲虚，老子说：

道冲，而用之或不盈。渊兮，似万物之宗。挫其锐，解其纷……（第四章）

天地之间，其犹橐籥乎？虚而不屈，动而愈出。（第五章）

致虚极，守静笃。万物并作，吾以观复。夫物芸芸，各复归其根。（第十六章）

第六十七章既推崇"慈"为"三宝"之首，同时又提到了不争、退后：

> 天下皆谓我道大……我有三宝，持而保之：一曰慈，二曰俭，三曰不敢为天下先。慈，故能勇；俭，故能广；不敢为天下先，故能成器之长。今舍慈且勇，舍俭且广，舍后且先，死矣。夫慈，以战则胜，以守则固。天将救之，以慈卫之。

怎样理解老子的这些思想主张？《汉书·艺文志》认为，道家出于史官，其大旨是"秉要执本，清虚以自守，卑弱以自持，此君人南面之术也"。此说虽指"道家者流"，但当以老子之学为本。在儒道互黜的传统思想格局中，老子所主张的慈弱为用、谦退不争常被后世儒家指斥为人主的阴谋术，或无德小人的巧诈取利之术，所谓以柔克刚、以弱胜强、以退为进、以不争为争，等等。例如，宋代朱熹批评道：

> 老子之学只要退步柔伏，不与你争。……让你在高处，他只要在卑下处，全不与你争。他这工夫极难。常见画本老子便是这般气象，笑嘻嘻地，便是个退步占便宜底人。（《朱子语类》卷一百二十五）
> 老氏之学最忍，它闲时似个虚无卑弱底人，莫教紧要处发出来，更教你枝梧不住。（《朱子语类》卷一百二十五）

在朱熹看来，老子的谦柔、卑弱和不争，实际是小人营私逐利所采取的虚伪的欺骗性手段。撇开朱熹的儒家偏见，公允地说，这类指责只是片面地截取了老子思想中"术"的一面及其后世流弊，而有意疏略了其总体大旨，并且罔顾其由"道"而"术"的内在思想理路。

那么，老子之所以主张用卑弱、慈柔的方式待物待人，其目的究竟是什么？其思想根源究竟何在？难道像许多学者所说的，这是他受到南方楚文化的熏陶乃至受到水的形性之启发的产物？还是他有激于征战不休的动荡社会现实所发出的极端偏颇言论？抑或是他为反驳当时某些有为之君以及孔子之类的士人试图挽救天下的政治主张和进取豪情而故立的反对之词？应当说，这些外部性的看法或许皆有一定道理，但恐未及老子思想之本旨。

笔者认为，遵循老子思想的内在逻辑，他之所以主张慈弱为用，可从三个方面进行解释。

首先，从形上的层面看，其立论依据是道与物的关系。老子认为，作为本体的道是创生天地万物的伟大母亲，即所谓"玄牝"（第六章），而天地万物则是道所生养的子民或儿女，如第二十五章所云："有物混成，先天地生。……可以为天下母。吾不知其名，字之曰道。"第五十一章云："道生之，德畜之，物形之……"

无须进行复杂的哲学思辨，仅据人之常情即可推知：一个母亲自然会以充满爱意的欣赏眼光和慈柔的方式打量、养护她的儿女，她当然也会用包容的充满期待的心情放他们到宽松无拘的广阔天地中去，希望他们按照各自的意愿，最大限度地将其潜质和天性展露出来，从而各自成就活泼饱满的理想生命样式。

秉持此种深切的"终极情怀"，老子提出，处置万物的最佳方式就是母亲对待她的儿女那样的慈柔方式，而其关键则在于处物者首先要放弃偏狭片面的自我中心意识，把自身当作万物的资养者、护卫者，并始终在内心充盈着作为一个母亲的爱怜和温情。对于老子来说，若要养成这种母亲般的情怀，必须体道、法道并依道而行。老子说：

> 绝学无忧。……众人皆有以，而我独顽似鄙。我独异于人，而贵食母。（第二十章）
>
> 天下有始，以为天下母。既得其母，以知其子。既知其子，复守其母。（第五十二章）

这两段引文的意思其实是相通的。关于"贵食母"，河上公注："食，用也。母，道也。我独贵用道也。"① 劳健说："'食'音嗣，养也。'母'谓本也。……'贵食母'与'复守其母'，同是崇本之旨，'食母''守母'，乃所以为道。"② 无论怎样解释，老子的大意都是说"我"应当贵道、守道，以摆脱狭隘的自私自利情结，克除片面的工具性、功利性的知识（绝学），以母亲养护儿女之道待物待人。

这种理想的待物待人方式落到实处，其要点就是第二十五章结尾所说的"道法自然"：道虽为万物之母，但对于万物却并无占有意识和主宰意识，她也不会把自己的意志强加给万物，更不可能出于某种私意私欲而强迫、剥夺、侵害她的儿女；相反，道总是无私无欲地让万物各自依其本性、本意、本欲，自由地成长。如果说道也有她的私意私欲的话，那么，其最大之"私"就是希望天地间的万物以自然而然、自在自得的方式，自是其所是，并各济其私、各遂其生。

其次，在形而下的层面上，从老子的道论思想中，我们可以合乎逻辑地推出：既然万物皆为道所创生，那么万物之间也就是同胞关系，它们拥有共同的生命本源；进而，既然万物万民皆为吾之同胞，那么，作为待人待物者，"吾"（老子所说的圣人）当然不会用自认高贵优越的眼光去贬视他人他物，而自然会以同胞间息息相通的亲情和爱意去对待他人他物。

落实为具体的行为准则，在这种平等共生的关系格局中，关爱、退让、谦柔、辅助而不是相争、相害便成为同胞间交互活动方式的唯一选择，而催逼、侵占、强迫、掠夺、践踏、戕害、扼杀则绝无可能，因为这些皆大悖于同胞亲情。

最后，从矛盾对立、变化发展的辩证角度说，"反者，道之动"（第四章）：万物万事不仅皆有其对立面，并且随着时间的流迁，大小、上下、先后、虚实、进退、强弱、刚柔等，凡相反相成者，都必然向其对立面转化，而某一事物由生到死的整个存在过程也不过是这种转化从萌端至最后

---

① 王卡点校：《老子道德经河上公章句》，第 82 页。
② 陈鼓应注译：《老子今注今译》，第 154 页。

完成的过程。既然如此，那么，为达至大、上、先、实、进、强、刚的未来目标，当下我们无疑应该持守小、下、虚、退、弱、柔，以俟其变，此即所谓"弱者，道之用"（第四章）。不妨认为，老子把事物之间相反相成、反向而动的客观辩证关系，直接转化成了主体实现其预期目标的实践活动方式和行为准则。

在老子心目中，天地万物间集上述三方面于一身，最能体现慈弱为用之妙的事物莫过于水。因为，水作用于万物的方式既兼有母子间和同胞间的温情关爱、辅而不争的特点，又能达到以柔克刚的客观效用。所以，老子不仅对水之德大加颂扬，并且以水喻道。例如：

> 上善若水。水善利万物而不争，处众人之所恶，故几于道。居善地，心善渊，与善仁，言善信，正善治，事善能，动善时。夫唯不争，故无尤。（第八章）
>
> 大道氾兮，其可左右。万物恃之而生而不辞，功成不名有，衣养万物而不为主，常无欲，可名于小；万物归焉而不为主，可名为大。以其终不自为大，故能成其大。（第三十四章）

老子崇尚的水，一方面柔弱无形、宁静无欲、渊深能容、利而不伤、无所不及、趋下不争，它虽然滋养着自然万物，从而堪称生命之源，但却没有丝毫的占有冲动和功利意识；另一方面，无形之水还能随物赋形、因势而动、以柔克刚。水的这些特点都是道的"无为而无不为"（第三十七章）之性的鲜活体现，同时也是老子理想中最佳的待物待人方式。正因此，水才会被老子奉为至善的象征。美国学者艾兰对老子思想中的水之"就下""柔弱、屈顺与不争""无常形"等"德性"曾有精彩论述，限于篇幅，兹不详引。①

---

① 参见［美］艾兰《水之道与德之端：中国早期哲学思想的本喻》，张海晏译，商务印书馆 2010 年版，第 52—62 页。

第三节　双向度的技术：内涵、预设与效应

正如水之以柔克刚、不争而"无尤"那样，在《老子》文本中，由于得道之圣人采取的行为方式与其这种行为方式所产生的最终效应存在着表面性的巨大反差，而前者又对行为主体最终达至的客观效应似乎具有某种"欺骗性"的反向掩饰作用，例如"不争"之于"争"、"无私"之于"私"、"不自为大"之于"成其大"，所以也难怪后世儒家径直斥之为机巧诡诈之术。① 但儒家的失当之处在于，其批评只涉及老子思想中低层次的"术"的一面，而未及最根本的"道"的层面。

事实上，道和术在老子那里是不可分割的体用关系，正如"弱者，道之用"这句话所揭示的那样，守弱持柔作为术是对于道的运用，这种行为方式依循了道的"无为"之性。而在道的本体视域中，无论以母亲对于其子女的方式，还是以同胞间的平等共生之关系模式去待物待人，慈弱为用都绝非以自我为中心，进而凭借欺骗手段以剥夺、侵占他人他物，最终济其一己之私的诈术。毋宁说，这是一种同时兼顾自我和他者，并尤其注重"为人和为己的统一"②，从而通过辅助他人他物，在使对象得以自主生长、自我养成的同时，实现主体的目标期许的行为方式。笔者把这种行为方式简括为"利他→利己"——"利他"的行为最终形成了"利己"的客观效应，以区别于以自我为中心的"自利……→利他"的行为理念。③

老子之所以强调慈柔、卑弱、退后、谦抑、处下、不争，究其深意，是因为他看到由于人们难以摆脱私欲、私意、私智，以致主体对他人他物

---

① 参见本书第九章"'阴谋家'：老子何以被诬？"。

② 参见王博《权力的自我节制：对老子哲学的一种解读》，《哲学研究》2010 年第 6 期。

③ "……→"表示以自我为中心的主体实现"自利"的行为，可能但不必然产生"利他"的效应。

的任何处置和施与——即便其动机确是善良的，皆难免不合乎对象自身的本性、本意、本欲，于是，主体的所作所为落在对象之上，最终便常常失之于粗暴的强制、扭曲、伤害、豪夺。

反之，按照老子提倡的慈弱为用、辅而不为的行为理念，主体绝不能将其私欲、私意、私智强行施加于作为他者的对象，而是应当基于对象本身的自然自在之性，想方设法使其得以自生、自成。毋庸讳言，在此过程中，主体希望达至的并非只有对象之"私"，而全无其自身之"私"。进一步说，老子并未完全否定主体之"私"的合理性，他真正要强调的是：主体之"私"的实现恰恰必须通过养护、辅助而不是强行侵掠对象的方式。甚或可以说，主体之"私"的实现必须通过并最终体现为对象之"私"的自我实现和自我确证。为此，老子特别指出，他物他人之生存欲求如果不能得以实现，那么，处置他人他物的主体的欲求亦将无从谈起。一言以蔽之，对象欲求之满足是主体欲求之满足必不可少的前提条件。当然，我们还可以据此进一步推衍：主体欲求和对象欲求的满足是双向互动、互为前提、同步实现的关系。王夫之晚年注《庄子》时有云："不予物以逍遥者，未有能逍遥者也。……任物各得，安往而不适其游哉！"（《庄子解·逍遥游》）意思是说，君王若要逍遥，必须首先使民众得以逍遥，否则"既以伤人，还以自伤"（《庄子解·逍遥游》）。晋代的郭象也曾表达过类似看法："己与天下，相因而成者也"（《庄子注·在宥》），"百姓既危，至人亦无以为安也"（《庄子注·列御寇》）。不难看出，这种政治思想的内在逻辑与老子主张的行为理念几乎完全一致。

由此进一步推衍：依循老子构想的行为方式，最后得遂的既有主体之"私"，又有对象之"私"，二者之间是交互助益、双向共赢的正比关系。撇开其思想作为"君人南面之术"所具有的不可避免的历史局限性，笔者认为，老子提倡的主体处置他物他人的这种行为方式所蕴含的技术理念是"双向度"的，其中充分照顾了技术对象的自在本性及其生存欲求的实现。

　　历史地看，关涉自我与他人的双边互动关系的"返还法则"是人类社会的古老基因，也是人类由自然状态进入文明状态的深层逻辑，其要义是：你希望别人怎样对待你，你就应当怎样对待别人，即"以其人之道还治其人之身"①。在老子主张的双向度的技术理念中，一方面是主体辅助对象实现其"私"，另一方面是对象之"私"的实现反过来又导致了主体之"私"的实现，这一交互过程的深层逻辑不正是所谓"返还法则"吗？

　　回顾前文，我们看到老子提出了一系列对立的行为方式：柔弱—刚强、慈—勇、不争—争、退—进、居下—处上、后退—前进、辅而不为（或无为）—有为，等等。各种对立之中，老子无一例外地都强调并选择了前者。与此完全不同，单向度的现代技术活动所遵循的行为理念则属于后一系列（刚强、勇、争、进、有为），故其外在特点就是显著的逼迫性、进攻性和侵略性。基于双向度的行为理念，老子认为，任何仅从主体出发而罔顾对象之本性欲求的单向度且具有进攻性的技术行为皆属"有为"，它们不仅构成对他物他人的伤害，而且主体的行为亦必将失败，其最终结局必然适得其反。他说：

　　　　为者败之，执者失之。（第六十四章）
　　　　无为而无不为。取天下常以无事，及其有事，不足以取天下。（第四十八章）
　　　　以道佐人主者，不以兵强天下，其事好还。（第三十章）
　　　　夫代大匠斫，希有不伤其手者矣。（第七十四章）

相较于此，切实可行且真正有效的行为方式是恪守道的"无为"法则，排除狭隘粗蛮的占有冲动和功利意识，务求做到"无欲"、"无事"、守慈用弱。若能如此，则万物将"自化"，民众亦将"自化"且"自正""自富"

---

　　① 桑本谦：《法律简史：人类制度文明的深层逻辑》，生活·读书·新知三联书店2022年版，第285—287页。

"自朴"，最终"天下将自定"（第三十七章、五十七章）。质言之，最佳的技术活动方式是"不为而成"（第四十七章），或"为无为，则无不治"（第三章）。

对于生活在现代技术世界的人类而言，老子提倡的慈弱为用理念似乎非常陌生。两种技术理念除了外在显现出的进攻性与非进攻性的特点迥然相异之外，更根本的差异在于它们的前提预设即对世界万物的理解不同。在现代技术所建构的场景中，人类是世界的"主人"，一切都服从、服务于我们，一切都是"我们说了算"，所有的自然物——无论有生命还是无生命的，皆属"异类"。而对于"异类"，我们完全可以依据自己的需要，"想怎么样就怎么样"。但是按照老子的道论思想，自然万物不仅不是与我们无关的"异类"，反倒是我们的"同类"，因为包括人类在内的一切事物原有共同的生命本源，其间是平等共生且情感相通的同胞关系，恰如《庄子·齐物论》所说："天地与我并生，而万物与我为一。"因此，在道的思想视域中，我们只是万物的共生者、相伴者、养护者，而用母亲般的或同胞般的充满亲情和温情的慈柔方式去关爱、辅助万物，便应是我们唯一的选择。纵然为了实现人类一己的生存利益，我们也不能采取挤压、剥夺、伤害万物的粗暴手段，而是应当通过充分照顾万物的自在本性并设法让万物的生存欲求也得到满足的方式。更何况，人类利益的最大满足恰恰存在于人与自然万物的共生共荣之中。不言而喻，在人类转变其既有的单向度的技术活动方式之前，首先应转变我们对世界万物的理解方式，即破除人类的自我中心主义或自我优越论。

必须强调的是，老子思想中蕴含的双向度的技术理念绝不仅仅适用于人类处置自然万物的技术活动。事实上，就其本意而言，老子重点申述的是以"人"为对象的社会实践智慧，而其批评矛头真正指向的，则是那种为济其一己之私（尤其是奉自我为至上的君主）而不择手段地残害民众的政治暴行。据此以观工业革命以来的社会历史，我们发现，对于人类自身来说，现代技术的最可怕一面即展露于社会生活领域：以自我为中心，把他者——其他个人、其他社群、其他民族、其他国家、其他文明——视为异类，这些异类可以被称作反常之徒、未开化者、非理性主义者、试图颠覆现政权者、危险社区、恐怖分子以及野蛮民族、恐怖国家、落后文明等，进而那些所谓的正常人、文明人、文明国家按照自我意志、为了自我利益，理直气壮地对异类进行教化、整饬、改造、驯服、强制、驱赶乃至于消灭，其最终目的则是要塑造出一个符合自我意志和自我利益、整齐一律、绝无反常和意外的生活秩序。在这个充满进攻性的单向度过程中，他者的生存状态和生存欲求完全不在技术主体的考虑之中。针对现代史上已然发生的规模不等的种种社会灾难和人间惨剧，虽然因为古老而显得陌生，因为玄远而显得不切实际，因为过于温情而似乎愚不可及，老子思想中所蕴含的双向度的技术理念，尤其是他所崇尚的慈弱为用、辅而不为的社会技术法则，确乎可以使我们领受到一种深邃至极的人道情怀和温厚宽宏的人性光辉。

从技术实践目的的角度看，除了切近的现实目标，老子之所以主张慈弱为用，其实还有更为深远的考虑。他说：

> 天长地久。天地之所以能长且久者，以其不自生，故能长生。是以圣人后其身而身先……。（第七章）
>
> 孰能安以久？动之徐生。保此道者不欲盈。夫唯不盈，故能蔽而新成。（第十五章）
>
> 致虚极，守静笃。……知常容，容乃公，公乃王，王乃天，天乃道，道乃久，没身不殆。（第十六章）
>
> 多藏必厚亡。知足不辱，知止不殆，可以长久。（第四十四章）
>
> 治人事天莫若啬。……有国之母，可以长久。是谓深根固柢、长生久视之道。（第五十九章）

由此可见，无论对于某一个体还是对于一个国家，老子为其构设的理想目标都是其生存发展的"天长地久"，或所谓"长治久安"①，而绝非一事之得、一时之利。无论待物还是待人，兼顾自我和他者的双向度的慈弱为用，都是达至此目标的唯一可取的实践方式；相反，凡伤物伤人之举，终必使其自伤。这一点，迥然相异于现代技术所具有的仅仅满足技术主体一己之利的偏私性和只顾主体一事一时之需的短期性。为人类的长久生存计，老子倡扬的双向度技术理念无疑值得我们认真汲取。

---

① 王博指出，"追求长久"是老子哲学关切的基本问题。具言之，"老子首先设定（发现）了一个长久之物——常道……这个长久之道产生了万物，是万物的母亲；而万物则可以通过效法道，来达致长久"。（《老子思想的史官特色》，第196—198页）

第七章

从老子的"史官理性"到
庄子的"生存智慧"

　　基于史官"历记成败存亡祸福古今之道"的理性精神，老子
倡言致虚守静、以无为用。受其影响，庄子提出了缘督为经、循
虚因顺的思想主张。二者的不同在于，庄子的主张只是险难时世
中个体迫不得已采取的避祸存身方式，而在老子思想中，虚无为
用则落实为最终获致某种政治利益的君人南面之术。

　　按照司马迁的记载，老子为"周守藏室之史"，《庄子·天道》则说
老子为"周之征藏史"，晋皇甫谧《高士传》又称其"为周柱下史"。无
论哪种说法，记录历史并保藏历史和政治文献都是老子作为史官的职责之
一。基于长期的职业实践，老子思想具有显著的史官特色。司马迁认为，
庄子是老子之学的继承者，其思想"本归于老子之言"，旨在彰明"老子
之术"（《史记·庄子列传》）。此说虽大可商榷，因为很难说庄子著书是
为了阐发老子之学，老子之学也未必是庄子思想最重要的来源，但老子的
那些带有显著史官特色的思想观念确乎对庄子产生了深刻影响，其表现之
一是在个体的处世哲学方面。

第一节　老子：清虚自守，以无为用

　　任继愈曾指出，作为中国古代辩证法系统的开创者之一，身为史官的

老子通过概括当时的社会现象和自然现象，发现"事物都向着它的相反的方向变去"；有鉴于此，为"保存自己的利益"，其辩证法思想落到社会政治实践即"术"的层面，便具有了"以柔胜刚、以退为进"的特点。① 事实上，对于老子思想的辩证特点与其史官身份之间的关系，《汉书·艺文志》已有明示："道家者流，盖出于史官，历记成败存亡祸福古今之道，然后知秉要执本，清虚以自守，卑弱以自持。"此前，《史记·太史公自序》在述评各家要旨时，则从"术"的角度把道家的这种特点概括为"以虚无为本，以因循为用"，"不为物先，不为物后"。与此相近，《庄子·天下》篇更早已指出，"人皆取先，己独取后……人皆取实，己独取虚"是老子之学的重要特点。

针对老子基于历史经验之洞见的辩证思想，朱熹在论及《老子》第四十章"反者，道之动；弱者，道之用"一语时曾说："老子说话都是这样意思。缘他看得天下事变熟了，都于反处做起。……其势必至于忍心无情，视天下之人皆如土偶尔。其心都冷冰冰地了，便是杀人也不恤。"（《朱子语类》卷一百二十五）显而易见，朱熹这里直接把老子的所谓"反处做起"之术归因于其史官的职业实践，即"缘他看得天下事变熟了"。近代以来，学者对于老子思想与其史官身份之间的关系仍多有注意。例如，章太炎说："老聃为柱下史，多识故事……著五千言，以为后世阴谋者法。"② 傅斯年认为，老子"以其职业多识前言往行"，故"五千文非玄谈者，乃世事深刻归纳"，其所论者不外道术和权谋，而道术实为"权谋之扩充"。③

按照这种理解进路，20 世纪 80 年代李泽厚进一步提出，"《老子》哲学层的辩证法正只是他的政治层社会层的军事政治历史社会思想的提升罢了"，该书主张的尚柔、守雌、用弱，从本质上说也"不是明晰思辨的概

---

① 参见任继愈译著《老子新译》，第 46—49、55 页。
② 章太炎：《訄书》，辽宁人民出版社 1994 年版，第 20 页。
③ 《傅斯年全集》第 2 卷，湖南教育出版社 2003 年版，第 286—287 页。

念辩证法，而是维护生存的生活辩证法"，其中的"二分法直观思维方式"虽根源于军事斗争，但当老子将其由军事辩证法扩展为政治辩证法之后，便毋宁说它"是在较为久远的历史把握中获得和应用，从而具有静观的外在特征，好像是冷眼旁观似的"①。与此相通，陈来认为，由于通晓家国兴亡之变，春秋时期的史官逐渐发展出一种高度重视历史经验、"冷静旁观"的理性精神，其实质是"以国家功利主义为中心"，"完全现实的对历史辩证法的认可"。② 在此意义上，老子的辩证思想可以说是春秋时期形成的史官理性的哲学结晶。

综合以上学者所论，史官理性在老子思想中的具体表现是：以对古今人事吉凶之道的深彻认知为前提，采取"反处做起"的政术，以达到避祸趋福、维护家国利益之目的。至于老子其人是否冰冷无情，古今学者的批评又是否偏离了老子悬设的形上之道的终极视域，以至于疏略了其中的价值维度，而只涉及浅表的"术"的层面，并非本章要讨论的问题。本章关注的是：这种在政治实践中显发为人主南面之术的史官理性，对庄子主张的个体于乱世之中的"生存智慧"有何影响？

第二节　庄子：缘督为经，虚己游世

王夫之《庄子·外篇总解》云："内篇虽与老子相近，而别为一宗，以脱卸其矫激权诈之失。"也就是说，有无巧诈思想是区分老子与庄子之学的重要依据，而纯正的庄学是绝不包含这类内容的。之所以有此说，或许是王夫之太倾心并欲改铸庄学"以通君子之道"（《庄子通·叙》）。事实上，即使在被他断定是庄子亲笔的《庄子》内篇中，

―――――――――

① 李泽厚：《中国古代思想史论》，人民出版社 1985 年版，第 85、90、93、96 页。
② 陈来：《古代思想文化的世界：春秋时代的宗教、伦理与社会思想》，第 75—78 页。

我们仍可发现老子式的机巧之术，只是这些机巧之术已由人主的统治术转换成了险恶境遇中个体不得已的避祸存身之术。

在《庄子·养生主》篇的"庖丁解牛"寓言中，庖丁自述其技艺之诀窍说：

> 依乎天理，批大郤，导大窾，因其固然。……彼节者有间，而刀刃者无厚；以无厚入有间，恢恢乎其于游刃必有余地矣，是以十九年而刀刃若新发于硎。

结合庄子对士人命运的深切关注，在此寓言中，牛的复杂身体结构实际喻示着险恶的社会政治环境，庖丁所用的解牛尖刀喻指士人的生命，而刀游走于牛的筋骨肉之间则象征着士人身处险恶的庙堂政治中，并与错综复杂的各种人和事面对面地打交道。① 由此，庖丁的存刀之道实为士人的存身之道。在庖丁看来，唯有"以无厚入有间"，方可在解牛时"批大郤，导大窾，因其固然"，而丝毫不会伤及刀刃。这种以无为用、无为因顺的思想，《老子》早已提出："有之以为利，无之以为用"（第十一章）；"无有入无间，吾是以知无为之有益"（第四十三章）。显然，庄子提出的"以无厚入有间"的存身方式，是对老子以无为用之术的借鉴和转换。

从"庖丁解牛"寓言的上下文来看，其本旨可以概括为《养生主》开篇的一段话：

> 为善无近名，为恶无近刑。缘督以为经，可以保身，可以全生……

何谓"缘督"？王夫之解释说："督如人身之督脉，居中而行于虚。善不近

---

① 参见陈鼓应注译《庄子今注今译》，第93页。

名，恶不近刑，不凝滞而与物推移，所谓缘督也。"① 此外，张默生云：
"'督'既有中空之义，则'缘督以为经'，即是凡事当处之以虚，作为养
生的常法。"② 这种虚无为用、不与世忤的处世方式，如果归结到老子思想
中，即所谓"致虚极，守静笃"（第十六章）。

　　作为避祸自保之术，何以"虚"？答案就在庖丁解牛完毕"善刀而藏
之"这个似乎漫不经心的动作中。庄子借此表达的言外之意是：既然"今
处昏上乱相之间"，"处势不便"（《山木》），所以个体不妨通过藏身而虚
的方式以求避患自保，恰如《庚桑楚》篇所云："夫全其形生之人，藏其
身也。"藏身不是自灭其身，而是指个体主动收敛自己外露的锋芒，顺应
世事，让自己遁迹于他人或俗众之中，既不为大善，也不为大恶。在儒家
看来，这种机权保身之术无疑丧失了士君子应有的操守，所以朱熹骂曰，
"［庄子］乃欲以其依违苟且之两间为中之所在而循之"，"其揣摩精巧，
校计深切，则又非世俗乡愿之所及，是乃贼德之尤者"（《朱文公文集》
卷六十七《养生主说》）。而对"缘督以为经"与老子"虚无为本"之术
之间的关系，王夫之《老子衍》云：

　　　庄子曰："为善无近名，为恶无近刑，缘督以为经"，是又庄
　　之为老释矣。（《自序》）③

在《周易内传·系辞上》中，王夫之又说："王弼、何晏师老庄之机械以
避祸而瓦全之术，其与圣人知必极高明、礼必尽精微之道，天地悬隔。"
这显然是把庄子和老子一并视作机巧之徒了。

　　这种"循虚而行"的避祸术，用《山木》篇的话说便是"人能虚己

---

　　①　此为王夫之《章灵赋》的自注，见《船山全书》，岳麓书社2011年版，第15册，
第195页。本书所引《船山全书》均为岳麓书社2011年版，下引此书不再标注版本信息。
　　②　崔大华：《庄子歧解》，第113页。
　　③　为节约篇幅，本书引王夫之《老子衍》仅注明章次，不标注页码。

以游世，其孰能害之"，或如《列御寇》篇所谓"虚而敖游"。从《庄子》全书看，最集中反映庄子的处世思想的文本，当数《人间世》篇。该篇对主上之暴虐叵测、士人可能遭遇的种种险难，以及在不同境况下可采取的应对自保之方皆有详述。可以说，整个《人间世》篇所讨论的都是循虚因顺的处世术。其中近通于"以无厚入有间"和"缘督以为经"者，有如下几处。

（1）在第一个故事中，孔子有"虚而待物"一语，此语在本体论层面乃指道或气之性，而用作处世之术，则是劝说颜回彻底放弃其心中的固有立场，把自己虚掉、忘掉，从而以全无特操、顺其自然的方式对付卫君，即所谓"入游其樊而无感其名，入则鸣，不入则止。无门无毒，一宅而寓于不得已"；接下来孔子所说的"绝迹易，无行地难"云云，又很像是对《老子》第二十七章"善行无辙迹，善言无瑕谪"一句的引申和发挥。

（2）在第二个故事中，孔子告诫叶公子高，为君主出使应"行事之情而忘其身"，处世应"乘物以游心，托不得已以养中"，这两句话合起来的意思便是"虚而待物"，"虚己以游世"。

（3）在第三个故事中，蘧伯玉建议颜阖与卫太子打交道时，应"彼且为婴儿，亦与之为婴儿；彼且为无町畦，亦与之为无町畦……"。这种"随便到底"的"滑头主义"①，其思想实质也正是毫无自我立场的"缘督以为经"或"虚而待物"。

（4）该篇后半部分重点申述"人皆知有用之用，而莫知无用之用"的生存智慧，并指出个体借此可以"养其身，终其天年"，这种乱世自保之术，说到底同样是提醒士人务必自弃才智、自敛锋芒，藏身而虚，以"无用"的在世姿态求得自保之"大用"。

除《养生主》和《人间世》外，内篇的其他章节以及外杂篇对循虚因顺的处世术亦多有不同角度的阐说和发挥。例如，《德充符》篇哀骀它的

---

① 郭沫若：《十批判书》，东方出版社1996年版，第188—189页。

"和而不唱";《庚桑楚》篇老子所谓"与物委蛇，而同其波";《至乐》篇之"忠谏不听，蹲循勿争";《则阳》篇之"其于人也，乐物之通而保己焉";《外物》篇之"唯至人乃能游于世而不僻，顺人而不失己";等等。

值得注意的是，在论及处世问题时，外杂篇还出现了一些直接援取或转述《老子》原文的说法。例如，《缮性》篇云："不当时命而大穷乎天下，则深根宁极而待；此存身之道也。"这里显然袭取了《老子》第五十九章的观点："治人事天莫若啬……无不克则莫知其极。莫知其极，可以有国。有国之母，可以长久。是谓深根固柢，长生久视之道。"又如《山木》篇：

> 进不敢为前，退不敢为后……是以免于患。直木先伐，甘井先竭……昔吾闻之大成之人曰："自伐者无功，功成者堕，名成者亏。"孰能去功与名而还与众人……不为功名；是故无责于人，人亦无责焉。

再来看与此相通的《老子》的一些主张：

> 不敢为天下先，故能成器之长……舍后且先，死矣。（第六十七章）
> 自是者不彰，自伐者无功，自矜者不长。（第二十四章）
> 功成而弗居。（第二章）
> 功成身退，天之道。（第九章）
> 功成不名有。（第三十四章）

从二者的文本相似性可见，在先与后、功名与祸患、己身与众人等问题上，前引《山木》篇提出的避害自保之道直接借鉴并融汇了《老子》的理论观点，其主旨仍在申说循虚因顺。基于此，王夫之《庄子·外篇总解》的判断可以说是部分正确的，即："外篇则但为老子作训诂，而不能探化理于玄微。"

另可补充的是，庄子在处世问题上非常强调"戒"和"慎"，此二字尤多见于《人间世》篇：

> 戒之，慎之，正汝身也哉！
>
> 戒之！慎之！积伐而美者以犯之，几矣。
>
> 美成在久，恶成不及改，可不慎与！
>
> 意有所至而爱有所亡，可不慎邪！

此外，《达生》《山木》《徐无鬼》篇对戒慎处世之术亦有论及。而刘向《说苑·敬慎》篇载："孔子之周，观于太庙。左陛之前，有金人焉。三缄其口，而铭其背曰……"郑良树认为，老子与这篇《金人铭》的"关系非常密切"，他可能不仅引用了其中的铭文，在思想上还深受其影响。① 笔者在此要指出的是，《金人铭》虽然篇幅简短，但"戒""慎"二字却多次出现，例如："古之慎言人也，戒之哉！戒之哉！……安乐必戒，无行所悔。……诚不能慎之，祸之根也。……戒之哉！戒之哉！"而在《老子》中，虽然"慎"仅一见②，"戒"字更未出现，但五千言却同样充满着浓重的戒慎忧患意识，而正如陈鼓应所论，老子笔下得道者的一个重要容态特征也恰恰是"慎重、戒惕"③。如果说《金人铭》是老子思想源头之一的话，那么我们就可看到，由《金人铭》而至于《老子》，再至于《庄子》，其间存在着一脉相承的戒慎意识，庄子的循虚而行之术则是基于这种意识的避祸处身方式。

对于庄子"缘督以为经""虚己以游世"的生存智慧，王夫之在《庄

---

① 参见郑良树《〈金人铭〉与〈老子〉》，《诸子著作年代考》，北京图书馆出版社2001年版。

② 《老子》第六十四章："慎终如始，则无败事。"

③ 陈鼓应注译：《老子今注今译》，第132页。

子解》和《庄子通》之外的其他著述中多有批评。例如：

> 如庄子说许多汗漫道理，显与礼悖，而摆脱陷溺之迹，以自
> 居于声色货利不到之境。到底推他意思，不过要潇洒活泛，到处
> 讨便宜。缘他人欲落在淡泊一边……①
>
> 庄子直恁说得轻爽快利，风流脱洒；总是一个"机"字，看
> 著有难处便躲闪……看他说大鹏也不逍遥，斥鷃也不逍遥，则兵
> 农礼乐、春风沂水了无著手处，谓之不凝滞于物。②

对于庄子而言，所谓"有难处便躲闪""到处讨便宜""不凝滞于物"，实
际上就是"以无厚入有间"的"虚而待物""虚而敖游"。从王夫之斥庄
子以"机"字来看，老庄在其心目中实为"一路货色"。

但若撇开儒家偏见，客观审视老子和庄子的机巧之术，那么我们就会
发现，二者虽皆主张以无为用、循虚因顺，其背后的思想实质却旨趣大
异。其一，老子之术的主体是高居上位的人君或为政者，庄子之术的践行
者则是主上逼迫压制下的普通士人乃至微贱个体。其二，老子之术本质上
是人主的政术，而庄子之术则是普通个体的乱世生存方式。其三，老子虽
主张"致虚极""后其身""不敢为天下先"，但其术归根结底是人主为获
致某种政治利益而主动采取的行为方式；相反，庄子之术则是个体在"方
今之时，仅免刑焉"（《人间世》）的生存境况中，不得已而被迫采取的应
世方式，其目的仅在于苟全性命于乱世。这一点，用前引王夫之的话说，
便是庄子"自居于声色货利不到之境……人欲落在淡泊一边"。郭沫若对
此曾有"同情的理解"，他认为庄子希望"苟全性命于乱世而游戏人间"，
"本来是悲愤的极端，然而却也成了油滑的开始"，但其滑头处世哲学与老
子之术的区别在于，庄子"并不想知雄守雌，先予后取，运用权谋诈术以

---

① （清）王夫之：《读四书大全说》，中华书局1975年版，下册，第376页。
② （清）王夫之：《读四书大全说》，下册，第372页。

企图损人利己"，这是因为"庄周书，无论《内篇》、《外篇》，都把术数的那一套是扬弃了的"，老子则相反。①

没有证据表明庄子曾具体参与过现实政治或深度卷入某种政治旋涡，也没有证据说明他因此曾受到过什么严重的仕途挫折和身心伤害。然而，对于政治生活的复杂叵测以及士人生命可能遭遇的种种险难，庄子的认知和揭示却可谓深刻精准、洞若观火。结合上文分析，我们可以认为，庄子的这种生存理性极可能受到了老子用以把握"成败存亡祸福古今之道"的史官理性的影响，但同时须知，以无为用、循虚因顺对于庄子来说，只是险难时世中个体不得已而为之的避祸存身术，而在老子思想中，却是人主为维护其利益所采取的政治实践方式。

---

① 郭沫若：《十批判书》，第188—189页。

第八章

"无知"与"不知"：从老子到庄子

老子和庄子皆有"无知""不知"之说，其中蕴含着深刻的知识批判思想。老子认为，人主之所知有限，且其所知只是一己之私智，故不应加诸百姓，否则必将戕害百姓之"自然"。相较于老子，庄子的知识批判思想更为丰富。在认识论方面，庄子认为本体之道不可知，客观事物不可确知、不可尽知；另一方面，主体也不能真切认识事物，加之作为认识工具的语言不能使人有效认知，故人们现有的知识都不是"真知"。在生命哲学方面，庄子认为知识的运用和人的求知活动必然破坏人的生命本真。在社会政治方面，庄子指出君主以智治国、创设礼法，结果只会是祸乱百姓和天下。由此，庄子主张唯有放弃对俗学俗知的追求和运用，才能获得"真知"，而求"真知"的过程也就是弃除俗知而达于"无知""不知"的过程。

早期思想世界中，多有哲人对人之所知持审慎态度。例如，古希腊的苏格拉底不仅"意识到自己确实一无所知"，而且认为"人的智慧没有多少价值，或者根本没有价值"①，所以人们必须知道并且承认自

---

① ［古希腊］柏拉图：《申辩篇》，载北京大学哲学系外国哲学史教研室编译《西方哲学原著选读》，商务印书馆1981年版，上册，第67、68页。

已无知，才能从各种意见中摆脱出来。中国先秦时期，孔子曾坦言："吾有知乎哉？无知也。有鄙夫问于我，空空如也。我叩其两端而竭焉。"（《论语·子罕》）又说："知之为知之，不知为不知，是知也。"（《论语·为政》）与孔子相比，老子、庄子更深刻地意识到了人之所知已有和应有的限制，并围绕此问题进行了广泛而深入的反思和批判。概言之，老子的思考集中在社会政治领域，庄子则从多个方面全方位地展开了其知识批判思想。

第一节　老子："无知"之治

就总体思想旨趣来说，老子之学是君人南面之术，故其对知识的反思乃以统治者为中心。如本书第三章所述，古今学界不少人指斥老子提倡反智和愚民思想，笔者对此已作出反驳。事实上，与其认为老子提倡愚民之说，毋宁说老子主张"愚君""愚圣"。

先来看老子理想中的统治者即圣人的形象特点。第二十章：

> 绝学无忧。……众人皆有余，而我独若遗。我愚人之心也哉，沌沌乎！俗人昭昭，我独昏昏；俗人察察，我独闷闷。……众人皆有以，而我独顽似鄙。

与"昭昭""察察"的有知之俗众相比，"沌沌""昏昏"的"我"显然是一个无知愚鄙之圣。不少学者曾把本章首句"绝学无忧"与第十九章所说的"绝圣弃智""绝巧弃利"联系起来，并批评老子主张反智、愚民。其实，从第二十章的文本脉络和内在语境来看，"绝学"的主语以及第十九章"绝圣弃智""绝巧"的主语，都应当是"我"，即得道之圣。依老子，唯有"绝学"乃至"绝圣弃智""绝巧"，"我"才能有"愚人之心"，进而在"有余""有以"的众人面前显得"独若遗"且

"独顽似鄙"，"如婴儿之未孩"（第二十章），或如第十九章所谓"见素抱朴"。

这种无知浑朴之圣的形象，《老子》其他章也有描述，如第十五章："敦兮，其若朴……混兮，其若浊。"之所以强调无知浑朴是圣人最重要的人格特点，是因为按照老子的思想逻辑，本体之道乃是"混成"之物①，圣人既然是得道者，所以必然承袭了道的混沌特征。又，第三十二章："道常无名。朴虽小，天下莫能臣也"；第二十八章："朴散则为器。"道既为散而为器的"无名之朴"（第三十七章），按同样的逻辑理路，得道之圣无疑应该"见素抱朴"或"复归于朴"（第二十八章）。

在政治活动中，愚朴之圣的为政方式当然是"无知"之治。老子说：

> 圣人之治，虚其心……常使民无知无欲。（第三章）
> 爱民治国，能无知乎？（第十章）
> 圣人在天下歙歙，为天下浑其心。（第四十九章）
> 民之难治，以其智多。故以智治国，国之贼；不以智治国，国之福。（第六十五章）

如同前文笔者对第三章"虚其心"句、"常使民无知无欲"句所作的语义辨析那样，第十章"无知"、第四十九章"浑其心"的主语都是"爱国治民"的圣人，这几句话都不是建议君王采取愚民之术，以使民众"无知""浑其心"，而是指君王应自浑或自虚其心，使他自己"无知"。为此，君王应通过"涤除玄览"（第十章）、"致虚极，守静笃"（第十六章）的自我修养，以养成"无知"浑朴的圣人品格。唯有如此，方可"不以智治国"而造福于国民，否则必然"以智治国"而造祸于百姓——这里的两个"智"以及同章"以其智多"句的"智"，都是指君王之智，而非民众之

---

① 《老子》第二十五章："有物混成，先天地生。……吾不知其名，字之曰道。"

智。换言之，老子反对君王将其"智"施诸民众。

这种"不以智治国"的主张与早期中国的政治传统显然是抵牾的。《尚书》记载，帝尧"聪明文思，光宅天下"（《尧典》），舜"濬哲文明，温恭允塞"（《舜典》），二人都是拥有超凡智慧的圣王。另据考证，"圣"原指耳聪善听者，后逐渐引申为心智聪慧、通达众事之人①，如清段玉裁《经韵楼集》卷四："凡心所能通曰圣。天道者，凡阴阳五行，日星历数，吉凶祸福，以至于天人性命之理。……于明乎天道则曰圣。"② 基于此，智者为圣为王、圣王以其智为政，乃天经地义之则，老子为什么竟然主张圣人应当行"无知"之政呢？答案或许有两条。

首先，老子认为圣人之知实际上是非常有限的。他说：

> 视之不见，名曰夷；听之不闻，名曰希；搏之不得，名曰微。此三者不可致诘。（第十四章）
>
> 道之出口……视之不足见，听之不足闻。（第三十五章）
>
> 道可道，非常道。（第一章）

这里的道无论是指宇宙万物的本体、最高规律，还是指终极真理，老子都认为圣人难以获得关于道的整全完备之知——事实上，虽然"道—物"与"圣人—百姓"是同构关系，社会历史中从来没有、将来也不会有与道完全合一的圆成之圣，这是因为人的视听思虑之能总是有限的。无论付出怎样的努力，结果也只能是"其出弥远，其知弥少"（第四十七章），现实世界中的所谓圣人不可能是至上之道的绝对完美的化身。另外，从前引第二十章"众人皆有余，而我独若遗"和"众人皆有以，而我独顽似鄙"两句看，即便是得道之"我"（圣人），其一

---

① 参见王丰先《春秋时代的孔子形象》，载《儒家典籍与思想研究》第 1 辑，北京大学出版社 2009 年版。

② （清）段玉裁：《经韵楼集》，上海古籍出版社 2008 年版，第 82 页。

己之知与众人之知相比，也不是更多、更高明，而是更少、更浅陋且总有欠缺。①

基于此，老子认为那些能言善辩、夸夸其谈之徒，一定不是真正的得道者，正所谓"知者不言，言者不知"（第五十六章），"知者不博，博者不知"（第八十一章）。第七十一章：

> 知不知，上；不知知，病。夫惟病病，是以不病。圣人不病，以其病病，是以不病。

意思是真正的得道之圣应当自觉其无知，或者说对其所知之不足具有清醒的自知。老子又说："知人者智，自知者明"（第三十三章），"圣人自知不自见"（第七十二章），"不自见，故明；不自是，故彰"（第二十二章）。只有这样，圣人才能在政治实践中时刻保持敬畏戒慎之心，不逾越其所知所能的限度，以达至长治久安，即："使我介然有知，行于大道，唯施是畏"（第五十三章），"知止不殆，可以长久"（第四十四章）。历史和现实一再彰明，如果统治者自是自负、自大自狂，僭越其所知所能的界限，妄图凭借其有限的知与能实现对社会事务的绝对管控，结果必然是事与愿违：轻则徒劳无功，重则造成巨大的社会灾难，诚如老子所言："以智治国，国之贼。"

老子对圣人所知有限的强调及其"知不知，上"的思想，后来被黄老道家继承，并进一步发展为自虚以用众智的人主术。例如，《淮南子》主张人主应祛智除故，"无思虑，无设储"，"不以智见誉"，这是因为"天

---

① 由老子的圣人之知有限的思想，可以引出现代社会政治哲学的一个重要理念：不存在全知全能的管理者或治理者，管治者个人的所知所能总是有限的，所以他不可能完备无失地掌控始终具有无限性的社会事务。用王夫之的话说："一人之身，其能尽万类之知能、得失、生死之数乎？而既全有于己，则遗一物而不可。能此者不能彼，能清者不能浊，能广者不能狭。"（《庄子解·在宥》）"知固有所穷，意固不能尽物。以己之所乐，立言制法而断制天下，以人入天，能无贼天下乎！"（《庄子解·徐无鬼》）

下之物博"而人主之"智浅"，所以"独任其智，失必多矣。故好智，穷术也"（《诠言训》）。鉴于此，人主唯有"清明而不暗，虚心而弱志"，方能"乘众势""御众智"，从而使"群臣辐凑并进，无愚智贤不肖，莫不尽其能"（《主术训》）。

其次，对于圣人来说，"无知"是实现"无为"的必然要求。在《老子》文本中，"无知"与"无为"不仅构词方式相类，而且其间还存在着前后贯通的内在关系。且看《老子》第三章、十章、四十八章：这几章都是先言"无知"（"涤除玄览……能无知乎""虚其心……常使民无知无欲"，"为道日损，损之又损"），后言"无为"（"能无为乎""为无为""以至于无为"）。三章共同的叙述逻辑表明："无为"以"无知"为前提条件，圣人必须先"无知"，而后方能无为而治。反之，"有知"则势必"有为"而乱。究其根由，这是因为在《老子》的思想语境中，人主之知只是其以自我为中心的一己之私智，它很容易与原本缺少制约的权力结合在一起，并被强行加诸民众。① 果真如此，即便人主之私智确非谬见，甚至其施用确是出于某种善意，也会构成残损百姓之"自然"的暴力。

由此我们看到，《老子》多次使用"不自×"的语词，告诫人主务必消解自我中心意识，如第二十二章："不自见，故明；不自是，故彰；不自伐，故有功；不自矜，故长。"反过来说就是："自见者不明，自是者不彰，自伐者无功，自矜者不长。"就其本意来说，老子主张圣人"无知"的主旨，并不是要人主绝弃全部智慧，而是希望人主根除偏执的自我中心意识，切勿将其自是自大的私智强加于百姓。王夫之《庄子解·徐无鬼》有云："自圣自贤，必将临人。"而在老子看来，但凡"自圣自贤"以临人者，终将招致民众的厌弃，恰如第二十四章所云："其在道也，曰余食赘行，物或恶之，故有道者不处。"

---

① 历史和现实中，这种结合几乎必然发生。在此情况下，一方面，权力会扭曲人主的私智；另一方面，人主的私智又会使人主没有制约的权力愈加膨胀而至于为所欲为。

第二节 庄子：知的局限与极限

相较于老子，庄子的知识批判思想更为丰富、深刻，这首先表现为他从多个角度将人们的知识区分为不同层次。例如，《逍遥游》："小知不及大知"；《齐物论》："大知闲闲，小知间间。"这是把知分为"大"与"小"。《列御寇》："小夫之知，不离苞苴竿牍，敝精神乎蹇浅……彼至人者，归精神乎无始而甘冥乎无何有之乡。……悲哉乎！汝为知在毫毛，而不知大宁！"这是将知分为"小夫"之知与"至人"之知。《大宗师》："夫知有所待而后当，其所待者特未定也……且有真人而后有真知。"这是将知分为"有所待"之知与无所待之"真知"。

在这些区分中，"无知""不知"无疑是高层次的"大知""真知"。庄子明确说："故知止其所不知，至矣。"（《齐物论》）意思是知而至于"不知"乃为至知。《人间世》中，庄子从山木因其用而遭斧斤之祸的实例，发出了"人皆知有用之用，而莫知无用之用也"的感慨。循着此处"无用"实为大用的思路和意趣，不难得出"无知"方为"大知"的结论。唯其如此，"大知""真知"反而类似于无知："则其解之也似不解之者，其知之也似不知之也，不知而后知之。"（《徐无鬼》）可见，"无知"不仅是"真知"的表征，而且是达于"真知"的关键环节："人皆尊其知之所知，而莫知恃其知之所不知而后知，可不谓大疑乎？"（《则阳》）

针对庄子所作的知识区分，需要细加讨论的问题是：庄子为什么否定知？何为"无知"？为什么说"无知""不知"是"真知"或"大知"？以这些问题为中心，下文将从认识论、生命哲学和社会政治哲学三个方面，解读庄子的知识批判思想。

在认识论方面，庄子不仅指出了认知活动所受到的种种主观和客观条件的限制，而且揭示了人们的认识所能达到、不可逾越的最终极限。

首先，从本体的角度看，认知活动最终要把握的道是不可知的。道的特点是"视之无形，听之无声，于人之论者，谓之冥冥"。所以，"道不可闻，闻而非也；道不可见，见而非也；道不可言，言而非也"（《知北游》）。正因此，当南伯子葵问得道的女偊"道可得学邪"时，对方直接回答："恶！恶可！"（《大宗师》）如果不识道的不可知的本性，强学强知，就会如《天地》篇所述黄帝遗失"玄珠"那样，索之而终无所获。唯有抛开感觉，弃除心智，以达于"无知"、无心之境，才可以得道，而体悟道、得"真知"的过程，也就是一个忘物我、去智识的过程。智识消尽而达于"无知"，也就是无心得"真知"之时。所以庄子说："彼其真是也，以其不知也；此其似之也，以其忘之也；予与若终不近也，以其知之也。"（《知北游》）

其次，从经验性的认知活动中的客体即具体事物的角度看，人们的认识也面临着种种困难。

第一，事物存在的无限性与人之生命存在的有限性之间的矛盾，决定了人不可能穷尽性地认识事物。庄子说："物，量无穷，时无止，分无常，终始无故。"（《秋水》）所谓"量无穷""时无止"即是指事物在空间和时间中存在的两种无限性。与之相对，人的生命却是有限的，在人生之前、之后都是无尽的永恒："其生之时，不若未生之时。以其至小求穷其至大之域，是故迷乱而不能自得也。"归结到知识方面就是："计人之所知，不若其所不知。"（《秋水》）难怪庄子感叹道："吾生也有涯，而知也无涯。以有涯随无涯，殆已。"（《养生主》）面对事物不可被尽知的客观境况，正确的选择应当是"知不可奈何而安之若命"（《德充符》），即安顺于此困境，不强行求知，庄子认为"唯有德者"和"达命情者"能如此。[1]

第二，事物存在的无穷变易性和事物之间关系的相对性，使人们不可能获得对事物的确定性的认识。关于事物的变易性，庄子认为万物无不"方生方死，方死方生"（《齐物论》）。事物不断生成毁坏的流变特性使人

---

[1] 《庄子·德充符》："知不可奈何而安之若命，唯有德者能之。"《庄子·达生》："达生之情者，不务生之所无以为；达命之情者，不务知之所无奈何。"

们难以获得确定之知：今日所是，明日可能为非；今日所非，又焉能保证明日不为是？关于事物之间关系的相对性，庄子认为事物是互为彼此的，"彼出于是，是亦因彼"；事物之间的是非关系也是相对的，即"因是因非，因非因是"。这两方面结合起来导致的必然结果是"彼亦一是非，此亦一是非"，这样一来，万事万物就只能自是其是、自非其非，而没有什么共同标准了。例如毛嫱、西施，人以为美，但鱼见而潜、鸟见而飞、鹿见而遁，"四者孰知天下之正色哉？"这一事实说明，事物之间关系的相对性使人们不能获得对事物的确切认识。面对事物不可确知的难题，庄子的解决方法是"照之以天"（《齐物论》），即顺应万物各自之本然，以"齐物"的眼光看待并涵容万物，如此则事物莫不皆然皆可、皆是皆非。从认识论的角度说，这几乎等于放弃了对事物的以基于某种标准的分辨为前提的认知活动。

第三，由于宇宙初始时有一个万物未曾形成的阶段，这就决定了人们对事物的认识是有极限的。庄子说："古之人，其知有所至矣。恶乎至？有以为未始有物者，至矣，尽矣，不可以加矣。"（《齐物论》）既然知有绝对不可逾越的极限、不可触及的未知之域，明智的做法便是不要试图超越极限去探知其外的未知世界，而是要将知止于不可知之处，这与"六合之外，圣人存而不论"（《齐物论》）的道理是一样的。

再次，从认知活动的主体具有的种种局限性来看，人们不可能如其所是地获得对事物的真切认识。主体受到的局限可分为客观和主观两个方面：

从客观方面说，人在天地间的存在是极为渺小的，"犹小石小木之在大山也"（《秋水》）。因此，人从自己的一隅出发去认识广大无边的世界，便难免会产生以自我为中心的一隅"小知"，并自以为是，扬扬自得。结果就会如河伯因秋水之盛而"以天下之美为尽在己"一样，必将"见笑于大方之家"。河伯可笑的原因就在于，这种一隅"小知"根本不是对宇宙总相的真切认识。所以，庄子充满鄙夷地说："且夫知不知论极妙之言而自适一时之利者，是非陷井之蛙欤？"以"小知"为"大知""真知"，

"是直用管窥天，用锥指地，不亦小乎"！（《秋水》）

从主观局限性的角度看，在认知活动之前，人人都已先行地具有了判断是非真伪的标准，即"成心"，这使得人们不可能认识事物纯粹的本然。庄子说："夫随其成心而师之，谁独且无师乎？奚必知代而心自取者有之？愚者与有焉。"（《齐物论》）由于"成心"及其作用不可能消除，主体便会在认知活动中彰显自我之是非，造作一己之私见，其不可避免的结果便是造成对事物认识的混乱矛盾和价值判断的相对多变，而认知活动真正要把握的事物之本然便在由此造成的不休争执中愈加被人们疏远了。可见，"成心"是"道之所以亏"的根本原因。对此，庄子的解决方法是"莫若以明"（《齐物论》），即涤除心中的主观是非和私爱，以清静虚明之心去观照万物，从而让万事万物之本然真相自身在此心中呈现出来。作为一种破邪去蔽以显正的方法，"莫若以明"实质上就是以"无知"之心去求"真知"，唯有借由"无知"，方能最终得到"真知"。

复次，从认识工具的角度看，语言作为人类认识活动中必不可少的工具，并不能帮助人们有效地认知事物。庄子说："可以言论者，物之粗也；可以意致者，物之精也。"（《秋水》）这是说，语言仅可借以描述和议论事物较为显著的外在象状，而构成事物的那些细小精微的内在成分则只能靠心意去领会。但问题的关键在于"意"与"言"是断裂的，正如庄子所说："意之所随者，不可以言传。"（《天道》）所以，即使人们凭着心意领会了事物的内在精微，也不可能用语言把它表达出来。归结到根本上就是，如果人们在认识活动中试图凭借语言去状述、议论事物，则只能获得对于事物表面的粗浅认识，而不能深入透析事物本质的内在精微。再进一步看，此处的"粗"与"精"，还仍然局限于有形迹的层面："夫精粗者，期于有形者也。"（《秋水》）庄子认为，在事物的有形之象背后还有"无形者"的存在。我们不妨把"有形者"理解为事物的物质性存在，把"无形者"理解为事物的本体或规律（例如道）。"无形者"不仅是事物中最为本质的方面，而且也是人们最终希望认知的因素。但是，我们依靠语言却无法把握"无形者"，因为不仅语言即使是心意也对其无能为力，"言之所不能论，意之所不能致者，不期精粗焉"（《秋水》）。所以，"道物之极，言默不足以载"（《则阳》）。这里的"默"即是一种没有言、只有意的心神状态。难怪庄子说："言之所尽，知之所至，极物而已。"（《则阳》）欲凭借语言去"极道"则绝无可能。

根据对语言局限性的判断，庄子认为，书和辩这两种重要的语言形式，在人们的认知活动中也是全无效用的。针对时人以为书承载了道或传达了圣人之意的看法，庄子指出，书不过是语言，而语言并不能表达道之精义。另外，由于意与言是断裂的，所以书也不能传达圣人之意。圣人既死，则其所遗之书尽为糟粕也，因此读书无助于求真知。关于辩，庄子认为其产生的原因是：既然人人都只能从自己先行具有的"成心"出发，不同观点之间的争论就在所难免了。庄子断定，辩不是求知之正途："骈于辩者，累瓦结绳窜句捶辞，游心于坚白同异之间，而敝跬誉无用之言非乎？……故此皆多骈旁枝之道，而非天下之至正也。"（《骈拇》）之所以不是"至正"，一方面是由于辩本有缺陷，如"桓团、公孙龙，辩者之徒，饰人之心，易人之意，能胜人之口，不能服人之心，辩者之囿也"（《天下》）；另一方面，辩也绝对辩论不出真理，如二家之辩，究竟"孰正于其情，孰偏于其理"（《则阳》），庄子认为无论辩的哪一方取胜，都不能说明他掌握了真理，因为无论在辩论的双方之间还是之外，都不存在可以最终裁定是非的绝对标准。① 辩不仅不出"真知"，反而会使大道与真言一并湮没于浮华之词中，所以庄子主张"辩不若默"（《知北游》）。当众人群起而辩时，"圣人怀之"（《齐物论》）。"怀"即是以澄净清明之心去容纳、体认事理，如此方不致因太过执着于言辞之辩而疏远了"真知"。

最后，考察人们现有的知识形式，庄子认为它们都不是"真知"。例如，《人间世》中借孔子之口说："若一志，无听之以耳而听之以心，无听之以心而听之以气。耳止于听，心止于符。气也者，虚而待物者也。"这

---

① 关于这一点，庄子有极为精彩的论述，详参《齐物论》："既使我与若辩矣，若胜我，我不若胜……然则我与若与人俱不能相知也，而待彼也邪？"

里实质上讲了从低到高的三种知识：基于感官的感性知识、基于"心"智的智性知识、基于无心之"心"的"真知"。在庄子看来，人们日常所有的感性和智性知识不仅不是"真知"，反而是求"真知"之障碍，所以必须去除二者，使"心"空虚"无知"，方能得大"道"，此之谓"心斋"，"心斋"是"无知"和"真知"的有机统一。在《大宗师》中，庄子根据人们的认知对象又区分了三种知识："知天之所为者""知人之所为者"，以及既知"天"又知"人"之所为者。三者或可达到"至"或"盛"的高度，"虽然，有患。夫知有所待而后当，其所待者特未定也"。意谓这三种知识都是有所依待的，而其所依待的"天"或"人"又都是变动不居、无法确定的，于是，"庸讵知吾所谓天之非人乎？所谓人之非天乎？"所以，此三种"天"与"人"相分之知皆非"真知"。庄子认为，唯"真人"才能有"真知"，而成为"真人"的条件是"不以心损道，不以人助天"，"天与人不相胜"。不难看出，庄子超越了"天"与"人"的相分之知，又绕到"心斋""坐忘"，而至于"无知"以求"真知"的路径去了。

第三节　庄子：俗知残损生命本真

在庄子的人生理想中，个体应保持生命的本真状态，既不驰心于外物，也不外为物役，从而逍遥而游于天地之间。基于此，他认为人的生命本真与知识是相互对立的，知识和人的求知活动必然损害人的天然本性，所以必须摒弃知识并停止认知。《德充符》："圣人有所游，而知为孽……圣人不谋，恶用智？"这是庄子的"无知""不知"思想在生命哲学层面的基本观点。以下从五个方面对此进行解析。

第一，外物刺激而得的感性知识会使人丧失本性。庄子说："且夫失性有五，一曰五色乱目，使目不明；二曰五声乱耳，使耳不聪；三曰五臭薰鼻，困惾中颡；四曰五味浊口，使口厉爽；五曰取舍滑心，使性飞扬。此五者，皆生之害也。"（《天地》）五者害生的原因，一方面是外物作用于人的耳目鼻口而产生的声色臭味等感性知识，会使这些感官丧失或钝化其原本聪、明等的自然本性和能力；另一方面更由于感性知识在使感官"失性"之后，会进一步促使感官去追逐外在物欲而导致"失性"愈远，所以必须拒斥感性之知。

第二，"俗学""俗思"蒙蔽人的本性，扰乱人的真情。《缮性》："缮性于俗学以求复其初，滑欲于俗思以求致其明，谓之蔽蒙之民。"这是说当人原本清净澄明的性情因纵欲而"丧己于物"后，凭借世俗的学问和思想并不能帮助人恢复本性，反倒会使人更受其蒙蔽。唯一的方法是"知与恬交相养"，即"以恬养知""以知养恬"。"恬"指清明恬静的心境，"知"指得于心而不外用于物的"真知"。"恬与知交相养"的工夫与上文所讲的为得"真知"须先成为"真人"的修养工夫是一致的。

第三，"机械"与"机事"损坏人之纯洁空明的心性。庄子说："有机械者必有机事，有机事者必有机心。机心存于胸中，则纯白不备；纯白不备，则神生不定；神生不定者，道之所不载也。"（《天地》）这里的"机械"是指人为了求得生存方便，依据知识而制作的物质手段或工具，"机事"则是指运用"机械"谋求方便甚或私利的活动。这段话的理路是：当人们因使用"机械"而得到利益和方便后，就会进一步去追逐更巧妙的"机械"，以谋得更大的利益，这是一个恶性循环。其直接的结果是：人的心性必将在此循环中陷于无休止的"机事"并为外物所役使。所以庄子说："功利机巧，必忘夫人之心。"面对"用力甚寡而见功多"的"机械"，只要能做到"羞而不为"（《天地》）、有而不用，则"机心"将不存于胸中。

第四，强知败性。庄子说："知止乎其所不能知，至矣；若有不即是者，天钧败之。"（《庚桑楚》）依成玄英的解释，"天钧"即指人的自然本性。[1] 既然人的知识是有极限的，那么如果能将智慧停止在极限处，也就是"至知"了。若越出极限，强行探知人不能知的世界，则是不安

_____

[1] 参见陈鼓应注译《庄子今注今译》，第606页。

"命"，这只会使人迷惑倦怠而败坏其清静的本性。

第五，唯有"无知""不知"，个体方能葆有或复归生命的本然。庄子说："古之行身者，不以辩饰知，不以知穷天下，不以知穷德，危然处其所而返其性已，又何为哉？"（《缮性》）又说：万物"各复其根而不知……若彼知之，乃是离之"（《在宥》）。并且唯有"无知"，个体方能无所挂碍地游于天地之间，"巧者劳而知者忧，无能者无所求，饱食而遨游，泛若不系之舟，虚而遨游者也"（《列御寇》）。

视人的生命本真与知识为不可调和的矛盾，进而主张"绝学去智"，庄子的这一思想主张似乎颇为极端，但在知识不断进步并给人类带来巨大生存方便的今天，我们却可以借此反思：人类怎样才能克服为知识所迫、为物欲所役的困境，追求一种本真自然的理想生命样式？

第四节　庄子：圣知行而天下乱

如前所述，老子认为人主以其智治国是国之贼，故圣人应"绝圣弃智"，从而"无知无欲"以待民众。庄子的"无知""不知"思想表现在政治领域，同样把批判的矛头指向人主，他痛斥统治者用其知于治国理政，因为人主此举名为治天下，而实则乱之。

外篇《胠箧》："上诚好知而无道，则天下大乱矣"，历史和现实一再证明，"天下每每大乱，罪在于好知"。原因在于君王"好知"而有为，扰乱了百姓原本自然淳朴的生存方式，如弓箭、机关使天空中的飞鸟不能自由飞翔一样。另外，当人们运用智巧谋得利益后，又会愈加恣肆扩张以求大利，因此争斗撕扯便在所难免："名也者，相轧也；知也者，争之器也。二者凶器，非所以尽行也。"（《人间世》）人与人之间尤其是上下相争的结果是社会群体的严重撕裂，"贤者伏处大山湛岩之下，而万乘之君忧慄乎庙堂之上"。鉴于此，人主若能"无知"无为以临天下，则百姓自可安乐，所谓"绝圣弃知而天下大治"（《在宥》）。很显然，庄子的这个思想来自老子。

在庄子看来，智者、圣者创设礼法的目的，本是防盗制贼，结果却反被盗贼窃用而为其护身逐利的名器，使其凭此而肆意妄为，祸乱天下，所以庄子说："然则向之所谓知者，不乃为大盗积者也？"（《胠箧》）此处的"知者"实际上是指那些创设仁义礼法的圣贤君王，"大盗"是指窃国之贼。窃国者虽然行祸国害民之实，却仍可凭借圣者、智者创设的礼法，不仅安然而"守其盗贼之身"，甚至还俨然获得了某种政治合法性，从而可能贵为王侯。故庄子乃有回荡千古的激愤之言："圣人生而大盗起。掊击圣人，纵舍盗贼，而天下始治矣。……圣人已死，则大盗不起，天下平而无故矣。"（《胠箧》）反之，圣智不绝，则大盗不止，祸乱不息。

作为庄子向往的社会理想，"至德之世"的主上与下民同乎"无知"，其中虽然没有圣智礼法，人人都只是依其本真而率性以为，结果却是百姓安生、天下得治：

> 至德之世，不尚贤，不使能，上如标枝，民如野鹿，端正而不知以为义，相爱而不知以为仁，实而不知以为忠，当而不知以为信，蠢动而相使，不以为赐。是故行而无迹，事而无传。（《天地》）
>
> 夫至德之世……恶乎知君子小人哉！同乎无知，其德不离；同乎无欲，是谓素朴；素朴而民性得矣。（《马蹄》）

道家对民众自治自善的能力充满了信心，这一点迥异于儒家提倡的教化、规训以及法家强调的管控、役使。庄子认为，无须所谓圣贤的引导、君王的支配，民众自发的行为举止自然而然就会导致和谐有序的社会生活，这是因为民性天然良善且知是知非，根本无须外在权威的引领或整饬。不仅每一个体均可自然自得，由普通个体构成的社会群体也可以自治自善，任何出自圣贤之智的仁义礼法只会残损民众的淳朴天性，败坏社会生活的固有秩序。王夫之注解《庄子》说：

夫民，则无不确乎能其事者……忘乎所以然而能自确，害自知远，利自知就。鸟鼠岂待我之出经式义，而始能避患哉！物确然者不昧矣。(《庄子解·应帝王》)

民未尝不自知爱也，而乌用吾爱？有所爱者，必有所伤。(《庄子解·天地》)

鸟兽自成其群，草木自长其类，各相为体而不淆杂。(《庄子解·马蹄》)

显而易见，王夫之的这些说法都来自庄子。

从以上分析可以看出，庄子所展开的全方位的知识批判，尤其是他对人类知识的限度和对知识与生命品质之关系的反思，都远远超越了老子聚焦于政治领域的"无知""不知"之思，其所达到的理论深度和高度在先秦思想世界可谓"一骑绝尘"。

对于老子和庄子的"无知""不知"思想，我们不应仅从表面文字出发，粗率武断地给它扣上一顶反智、反文明乃至反历史的帽子。在知识暴涨、技术高速发展、社会政治生活中规训和控制无所不在的今天，老子和庄子的那些看似极端反常的思想可以引发我们深度思考的问题是：政治的理性化难道一定会形成人性化的社会效应？除了知识和技术，人性的品质是否也应是判断历史进步与否不可或缺的尺度？人类知识的进步及其应用的限度何在？如此等等。关于这些问题，老子和庄子的看法虽不无失当之处，但他们对于普通个体自然自得之天赋和社会大众自治自善之潜能的信念，对于人类之生命本真的崇尚，对于人类认知能力的怀疑以及对人类认识之极限的洞见，穿过漫长而幽暗的历史隧洞，仍在现代乃至后现代世界的天空中闪耀着夺目的思想光辉。

第九章

"阴谋家"：老子何以被诬？

　　老子之学常被儒家批评为阴谋诡诈之术，王船山更斥老子为"持机械变诈以徼幸之祖"。深入考察这一思想文化现象，可发现老子的"阴谋家"形象是历史地、"累层地造成"的，其演变经历了一个从无到有，乃至逐渐清晰、完整、丰满的漫长复杂过程。首先，《老子》全书言之极简且"微妙难识"的思想表达方式容易遭到后世的误解或故意曲解；其次，《韩非子》《淮南子》把老子的某些思想朝阴谋术的方向进行诠释，司马迁将老子与申韩合传并指认后者的刑名法术之学归本于黄老，班固所作汉志把《太公》等书列入道家，客观上都为后世将老子之学视为与申韩一系的权谋诡诈之术提供了口实和进行思想拼接的历史线索；最后，考察老学史可知，在儒家的异端话语中，由汉至唐，阴谋权诈之污名并没有被加诸老子，以此污名黜老始于以排二氏、彰儒家圣道为务的理学勃兴的宋代，其中尤以程颐、朱熹以及明清之际的王船山等人贡力甚巨。由于儒家塑造的作为"阴谋家"的老子形象影响深远、深入人心，以至于到了 20 世纪，仍不乏学者自觉或不自觉地把老子思想视作机谋巧诈之术。

　　在所有的误解和负面评价中，"阴谋家"堪称老子身后不幸得到的最大污名。① 追根溯源，其所以被诬固然与《老子》文本的某些表达方式有一定关系，但就思想本旨而言，老子之学绝非阴谋术，老子其人亦绝非阴谋论者。从思想史的角度看，毋宁说，这一污名乃是老子之学在复杂曲折的衍变流传及其与儒家思想的相互激荡中历史地形成的。对此，陈荣捷、陈鼓应等学者曾概要指出了其间的若干因由，以为老子辩诬。② 但鉴于既有的辩诬之论甚是简略，且只涉及这一问题的几个方面而非全部，加之学界对此又多习焉不察或较少注意，所以，关于老子之"阴谋家"污名的历史由来问题尚有进一步澄清、检讨之必要。本章将在汲取前人成果的基础上，全面梳理、深入剖析这一思想史现象。

第一节　易生歧解的《老子》文本

在古代，以"阴谋家"之污名抨击老子的主要是后世的儒家学者。从他们的立场说，指认老子之学为机谋诡诈之术绝不是凭空捏造，而是因为其书中原有支持这一污名的内证。综括来看，后儒经常援以为据的所谓内证大致有《老子》的如下一些说法：

> 是以圣人后其身而身先，外其身而身存。非以其无私邪？故能成其私。（第七章）
> 夫唯不争，故天下莫能与之争。（第二十二章）
> 知其雄，守其雌，为天下谿……知其白，守其黑，为天下式。（第二十八章）

① 明人刘凤《严君平道德指归序》述及后世对老子之学的各种附会曲解，其首条便是"以柔弱胜刚强而为兵权之谲者，取彼险武附于诈谋"。（王德有译注：《老子指归译注》，第441页）

② 参见陈荣捷《朱学论集》，华东师范大学出版社2007年版，第65—71页；陈鼓应注译《老子今注今译》，第15—18页。

以其终不自为大，故能成其大。（第三十四章）

将欲歙之，必固张之；将欲弱之，必固强之；将欲废之，必固兴之；将欲夺之，必固与之。是谓微明。柔弱胜刚强。（第三十六章）

反者，道之动；弱者，道之用。（第四十章）

以其不争，故天下莫能与之争。（第六十六章）

天下莫柔弱于水，而攻坚强者莫之能胜。（第七十八章）

老子的这些思想常被儒家批评为权诈机巧的阴谋术。之所以如此，当与这些思想的独特表达方式有直接关系。显而易见，上述文本包含着一系列可以相互转化的对反范畴或观念：雌雄、黑白、张歙、与夺、柔弱与刚强、后其身与身先、不自为大与成其大、无私与成其私、不争与莫能与之争，等等。怎样理解其间对立转化之关系的实质呢？客观地说，这确是一个易生歧见的问题，而对此问题的回答又在很大程度上决定着我们对老子之"阴谋家"污名的是非判断。

笔者的看法是：对此问题的解答不应断章取义，仅着眼于前引文本，而是须从老子思想的全部内容和总体特征出发。具体来说，上述诸范畴之间的对立转化关系涉指两个层面。

第一，正如天地自然中普遍存在着对立转化现象那样，这种关系是作为史官的老子所揭示的社会历史规律。既为规律，它无疑就是客观的或"自然"的。换言之，在社会生活及其演变中，原本存在着各种事物和力量的对立转化，老子所做的只是"秉笔直书"，如实将此类现象不加价值判断地描述出来而已。这也就意味着，由雌而雄、由张而歙、由与而夺、由柔弱而刚强、由无私而成其私、由不争而莫能与之争等诸如此类的转化都是外在的客观现实，转化的过程都是"自然史"性质的，其间并无老子本人的私见和私意，当然更没有丝毫的阴谋术考量。

第二，"反者，道之动"兼涉天道和人道，落实到政治层面而为君人南面之"术"，老子据以告诫君王应依道而行，遵循"弱者，道之用"的原则去治国理政。在此意义上，前述对反范畴之间的转化关系是指得道者采取的政治实践方式及其将会产生的客观社会效应。老子之所以强调为政以弱而不以强、以与而不以夺、以无私而不以有私，是因为唯有如此，方符应于天地自然和社会历史之常则，上合天道、下合人道，所以必将产生积极、久远的政治效应，正所谓"为无为，则无不治"（第三章），或"无为而无不为"（第四十八章）。这本是老子基于其对"天人之际"和"古今之变"的深彻省察而向为政者提出的箴谏之言，但在老子思想的历史流传中，这种政治理念却很容易遭到后世的无意误解甚或故意曲解，儒家以机权阴谋之名指斥老子即属此类。

详而言之，在前述诸范畴中，雌、黑、张、与、柔弱、后其身、不自为大、无私、不争等皆是为政者所采取的具体手段，雄、白、歙、夺、刚强、身先、成其大、成其私、莫能与之争等则是各种手段最终导致的社会政治效应。但由于《老子》言之过简且"微妙难识"①，两组对反范畴之间原本属于手段和客观效应的关系，却可能会被误解者或批评者颠倒过来，并将其扭转为内在动机或主观目的与为满足动机、实现目的而刻意采取的相应手段的关系。譬如，为满足成其私的动机而采取无私的手段，为达到莫能与之争的目的而采取不争的手段，动机是身先而手段却是后其身，等等。进一步，由于两组范畴各自都是前后对反的，而老子对二者间的手段与其客观效应的转化关系所作的又是几乎不带任何价值色彩的纯现象性的描述②，以至于这种关系一旦被颠倒过来并被纳入动机与手段的框架中理解，老子力倡的为政理念便会不可避免地表现出阴谋性或机权巧诈的特点。因为，从内在动机和外在手段的关系角度看，为政者表面上采取的雌弱、给予、无私等手段，与其意在雄强、夺取、成其私等内在动机或

---

① 《史记·老子韩非列传》："老子所贵道、虚、无，因应变化于无为，故著书辞称微妙难识。"

② 借用何炳棣的话说，老子的这种表达方式体现了一种完全撇开道德是非（amoral）的"非常彻底的行为主义观点"。（《有关〈孙子〉〈老子〉的三篇考证》，"中央研究院"近代史研究所 2002 年版，第 32 页）

主观目的恰恰相反，所以如果施行这些手段，客观上既可对他人（尤其是敌手）构成误导、造成错觉乃至有效欺骗，又可以借此掩盖其潜在动机或真实目的。后文我们将会看到，儒家对老子之诡诈机权的责难正是循此进路展开的。

毋庸置疑，这种动机或目的与手段的理解进路背离了老子思想的本旨。细究其里可发现，即便责难者希望循此进路把老子塑造为"阴谋家"，仍至少另需两个关乎价值立场的前提预设：首先，为政者是无道之徒，其内心揣藏着不可示人的私利私欲，所以才要采取虚假的欺骗手段；其次，老子不仅不批判，反倒主动向无道的为政者贡献计策（阴谋术），以助其取利逞欲。显然，这两条都与老子思想的价值品格不合。且看他对主政者逐利营私的批评："甚爱必大费，多藏必厚亡"（第四十四章）；"祸莫大于不知足，咎莫大于欲得"（第六十六章）；"服文彩，带利剑，厌饮食，才货有余，是谓盗夸，非道也哉"（第五十三章）；"民之饥，以其上食税之多，是以饥"（第七十五章）；"天之道，损有余而补不足；人之道则不然，损不足以奉有余"（第七十七章）。反乎此，作为老子的言说对象，其理想中的为政者则是有道的圣人："圣人常无心，以百姓心为心"（第四十九章）；"圣人欲不欲，不贵难得之货"（第六十四章）；"孰能有余以奉天下？唯有道者"（第七十七章）；"圣人不积，既以为人，己愈有；既以与人，己愈多。天之道，利而不害；圣人之道，为而不争"（第八十一章）。据此，如果说老子以权诈之术助无道之主逐利济私，显然与实不符，有失公允。

必须申明的是：笔者对老子的"阴谋家"污名进行文本澄清，并不等于否认其思想实质是君人南面之术。事实上，作为一种政治哲学，正如高亨、王博等学者所言，老子说话的对象始终是君王，而其思想的中心则是君王的权力使用问题。关于这个问题，与儒、墨、法等家相比，老子的深刻独到之处在于，他不仅批评君王独断专行、扩张放纵，更洞察到社会政治中"为人和为己的统一"，即君王只有"给万物和百姓空间"，才能使自己获得"更大的空间"。因此，在权力的使用方式上，"柔弱的态度要好过刚强的态度，无为的做法要胜过有为的做法"。① 从这个角度说，所谓柔弱谦退、与而不夺、无私无为实际上都是君王自我收敛、自我节制的权力使用方式，而并非诡诈机巧的阴谋术。

第二节　申韩与汉初黄老

以"阴谋家"之名斥老虽多出自后儒，但最先将老子之学往阴谋术的方向诠释的，却是战国时期的韩非。正是由于这个原因，老子之"阴谋家"污名在儒家的异端批判话语中的出现以至于坐实，韩非无疑难辞其咎。

《韩非子》的《解老》《喻老》二篇是对老子思想的选择性诠释和阐发，而在《喻老》篇以事释老或以事证老的叙述体例中，我们很容易感受到渗透于其间的权诈阴谋之气息。最典型的是如下几例：

> 越王入宦于吴，而观之伐齐以弊吴。吴兵既胜齐人于艾陵，张之江、济，强之于黄池，故可制于五湖。故曰："将欲翕之，必固张之；将欲弱之，必固强之。"晋献公将欲袭虞，遗之以璧马；知伯将袭仇由，遗之以广车。故曰："将欲取之，必固与之。"起事于无形，而要大功于天下，"是谓微明"。处小弱而重自卑，谓"损弱胜强"也。
>
> 勾践入宦于吴，身执干戈为吴王洗马，故能杀夫差于姑苏。文王见詈于王门，颜色不变，而武王擒纣于牧野。故曰："守柔曰强。"

《喻老》篇的这两段话把老子抽象的张翕、取与、强弱之论与曾经的历史

---

① 王博：《权力的自我节制：对老子哲学的一种解读》，《哲学研究》2010 年第 6 期。

事例对应起来，并直接将其由广义、普遍的社会历史规律和治国理政之道，狭义、具体地曲解为政治军事斗争中的运筹谋划、克敌制胜之术，其基本要领是假与真取、示弱致强、以柔克刚；相应地，其运用方式也由明转暗，由公开而潜隐（"起事于无形"），而其理论实质则已由权力的自我内向节制之道蜕变为君王向外攻伐取利的狡计。

除了敌我斗争，在君臣关系方面，《韩非子》亦多借引老子思想以阐发其人主术。兹以《主道》《扬权》二篇为例①：

> 道者，万物之始，是非之纪也。是以明君守始以知万物之源，治纪以知善败之端。故虚静以待……虚则知实之情，静则知动者正。（《主道》）
>
> 人主之道，静退以为宝。不自操事而知拙与巧，不自计虑而知福与咎。（《主道》）
>
> 权不欲见，素无为也。事在四方，要在中央。圣人执要，四方来效。虚而待之，彼自以之。（《扬权》）
>
> 虚以静后，未尝用己。凡上之患，必同其端；信而勿同，万民一从。（《扬权》）

类似表述在《韩非子》其他篇亦不少见。要而言之，通过改造利用老子的虚静无为的道论思想和政治理念，韩非提出，人主必须采取以虚待实、以静制动、以暗执明的手段，确保其对臣下的有效驾驭。《难三》篇有云："术者，藏之于胸中，以偶众端，而潜御群臣者也。故法莫如显，而术不欲见。"可谓一语道破人主之术深藏不露的阴险特质。

韩非对《老子》的借重难免给人造成一种印象：其权诈之论源出自

---

① 刘咸炘认为《主道》和《扬权》篇"盖道家末流之通说"或"申子之说"，郭沫若认为此二篇把老子学派的"君人南面之术""表现得极其淋漓尽致"。（参见傅杰选编《韩非子二十讲》，华夏出版社 2008 年版，第 108、132 页）

老。这种印象与老子思想的本貌无疑相去天壤。比这更糟糕的是，当韩非以老子之学为理据阐发其权诈之术时，其人性论的性恶思想也被暗中夹带给了老子，而事实却是：老子不仅绝无人性恶的观念，更几乎不涉人性论问题。但在韩非那里，人皆具有自私自利的天性却是其政治思想得以成立的人性论前提，正是由此前提出发，他才会基于人主立场，公然提倡权诈之术，以维护其专制权力和至高利益。这也就是说，在韩非性恶论的标杆上，人主克敌制胜、驾驭臣子的阴谋术都是正当、合理的，权诈手段的外在有效性与人主内在的逐利动机恰相匹配。老子虽然并不主张人性恶，但其思想流传和衍变不可避免的结果却是，一旦老子之学经由韩非的借重、曲解而被视为阴谋之术，它也就同时被逆向地传染上了自私自利的负面价值品格，而这恰好为后儒斥老子为"阴谋家"提供了其所需要的价值前提预设。

由老子开创的道家在汉代被称为黄老学或黄老术，兼取包括法家在内的诸家之长是其显著特点，如《史记·太史公自序》所云："其为术也，因阴阳之大顺，采儒墨之善，撮名法之要。"作为"西汉道家之渊府"（梁启超语）[1]，《淮南子》正是一部兼采各家的黄老学著作[2]。就该书对法家思想的吸收借鉴来看，其中亦不乏近于《韩非子》的阴谋论成分。以《道应训》篇为例：

> 越王勾践与吴战而不胜，国破身亡，困于会稽。忿心张胆，气如涌泉，选练甲卒，赴火若灭。然而请身为臣，妻为妾，亲执戈为吴兵先马走，果禽之于干遂。故老子曰："柔之胜刚也，弱之胜强也，天下莫不知，而莫之能行。"越王亲之，故霸中国。

---

[1]　转引自张双棣《淮南子校释》，北京大学出版社 1997 年版，下册，第 2206 页。

[2]　冯友兰指出，刘安"有一个中心思想，那就是黄老之学"，"《淮南子》所体现的，正是黄老之学的体系"。（《中国哲学史新编》，人民出版社 1998 年版，中册，第 155—156 页）

文王砥德修政，三年而天下二垂归之。纣闻而患之……屈商乃拘文王于羑里。于是散宜生乃以千金求天下之珍怪……以献于纣，因费仲而通。纣见而说之，乃免其身，杀牛而赐之。文王归，乃为玉门，筑灵台……以待纣之失也。纣闻之，曰："周伯昌改道易行，吾无忧矣。"乃为炮烙，剖比干，剔孕妇，杀谏者。文王乃遂其谋。故老子曰："知其荣，守其辱，为天下谷。"

这两段话直承《韩非子·喻老》篇，二者不仅援引相同的历史典故，其叙说体例亦相一致：先述历史典故，最后以老子之言道出个中玄机。更重要的是，作者所强调的同样是老子之言在政治、军事斗争中作为权诈之术的实际应用。按照这种叙说理路，勾践灭吴、文王克商皆堪称把老子抽象的刚柔荣辱之论具体用作阴谋术以欺骗敌手、暗中取利的经典案例，老子之言由此也就成了对历史上曾经实有其事的阴谋术的思想概括甚或"背书"。类似的叙说在《淮南子》全书虽不多见，且亦非该书释老的主调，但却继《韩非子》之后在一定程度上给老子之学添加了更多的阴谋论气息。

此外，《史记》将老子与申不害、韩非合传，客观上也为后世将老子视为与申韩一系的阴谋论者提供了口实和进行思想拼接的历史线索。关于老子与申韩的思想关联，司马迁认为"申子之学本于黄老而主刑名"，韩非子"喜刑名法术之学，而其归本于黄老"；传末在简要评说申韩的思想大旨后，再次指认二者之学"皆原于道德之意，而老子深远矣"。这是司马迁立足于汉初黄老之学的理论视野所表达的他对老子与申韩之间的思想源流关系的看法①，《史记》将老子与申韩合传的根据和因由亦正在于此，但太史公这样做的后果却是：道家和法家的后世批评者很有可能从中虚构

———————

① 通过分析比较，萧公权认为老子与申韩思想之根本迥然不同，由此他批评司马迁谓申韩之学源出自老的看法是"不揣本而齐末，取形貌而略大体，未足为定论也"。（《中国政治思想史》，辽宁教育出版社1998年版，第238页）

出一条并非实然的思想史脉络——老子是刑名法术之学的始作俑者，申韩则是其后继者。特别是在后儒的异端话语中，当道家和法家一并遭到激烈批判的情况下，老子更可能会被不加分辨地反向追认为申韩法术权谋之祸的肇端。例如，南宋朱熹在以嘲讽的口吻指斥老子之学的所谓诡诈特点后，接着便说："太史公将他与申、韩同传，非是强安排，其源流实是如此。"（《朱子语类》卷一百二十五）

此类批评之偏失在于，老子的哲学思想固然经由黄老而被申韩借取以阐发其刑名法术之学，但如果因此而贯通乃至齐同"源"与"流"，把老子与申韩混为一谈却不辨其异，并且反过来把申韩的刑名法术之学的某些内容、弊害及其负面性的价值品格（例如阴险诡诈）径直移置或归因于老子，显然既不合逻辑，更有悖于思想史的本相。而且，正如詹剑峰所强调的那样：按司马迁的说法，只有庄子之学归本于老子，申韩之学则本于黄老术，而黄老术已混进了"黄帝书"的内容，因此并非纯粹的老子之学。①

詹剑峰还认为，班固所作《汉书·艺文志》对后世理解老子之学也有误导作用。具体来说，《艺文志》把《太公》二百三十七篇、《谋》八十一篇、《言》七十一篇、《兵》八十五篇、《管子》八十六篇完全混入道家，且置于四种《老子》书之前，同时还将道家定性为"君人南面之术"，"这显然是把'太公之谋和管仲之书'混入老子之学，而老子遂为后世权谋法术之宗"。②

应当指出，虽然《淮南子》的少数内容和司马迁的《老子韩非列传》可能会被后儒援作指证老子为阴谋论者的凭据，且汉代道家亦讲求"治国用兵、取威定霸之术"③，但从总体上说，权诈诡计在当时却似乎并不被认

① 参见詹剑峰《老子其人其书及其道论》，第68页。
② 詹剑峰：《老子其人其书及其道论》，第67—68页。
③ 李零：《兰台万卷：读〈汉书·艺文志〉》，生活·读书·新知三联书店2011年版，第86页。

为是黄老学的本有之义，由此可推，老子之学其时也未被视为阴谋之术。《史记·陈丞相世家》载，陈平"好黄帝、老子之术"，其效命于高祖也，"常出奇计，救纷纠之难，振国家之患"，有些奇计甚至因"颇秘，世莫能闻也"。所可寻味者，陈平作为"奇谋之士"非但没有沾沾自喜，反倒坦言自贬："我多阴谋，是道家之所禁。吾世即废，亦已矣，终不能复起，以吾多阴祸也。"陈平将其所擅长的阴谋奇计与所喜好的道家截然区分开来，且以前者为招祸自害之术，这说明汉初的一些黄老人物不仅不主张阴谋术，反倒深切排斥之。另外，班固《汉书·艺文志》云：

> 道家者流，盖出于史官，历记成败存亡祸福古今之道，然后知秉要执本，清虚以自守，卑弱以自持，此君人南面之术也。合于尧之克攘，《易》之嗛嗛，一谦而四益，此其所长也。及放者为之，则欲绝去礼学，兼弃仁义，曰独任清虚可以为治。

这是道家尤其是老子之学呈现给汉人的基本思想貌相。从中可见，汉代学者对作为"君人南面之术"的老子之学褒贬兼有：谦弱自持是其所长，这与儒家的克攘之道相通；虚无放任、无所作为是其流弊，这与儒家的仁义礼智相悖。无论褒贬长短，汉人心目中的老子之学显然都与阴谋诡计无关。

第三节 黜老：儒家的异端话语

如同班固对"道家者流"的责难，由汉至唐，儒家黜老的基调是指斥其虚无放任、一味持守清静之弊，这可以说是针对老子薄仁非礼的反批评。① 例如，扬雄《法言·问道》："老子之言道德，吾有取焉耳。及搥提

---

① 《老子》第十八章："大道废，有仁义"；第十九章："绝仁弃义，民复孝慈"；第三十八章："失道而后德，失德而后仁，失仁而后义，失义而后礼。夫礼者，忠信之薄而乱之首。"

仁义，绝灭礼学，吾无取焉耳。"桓谭认为扬雄之书度越《老子》，理由是："昔老聃著虚无之言两篇，薄仁义，非礼学，然后世好之者尚以为过于《五经》……今诊子之书文义至深，而论不诡于圣人。"（《汉书·扬雄传》）言下之意，老子的薄仁非礼之论诡于儒家圣道。王充则批评老子唯求全身养性而不济民于难的避世倾向，如《论衡·定贤》："［以］恬憺无欲，志不在于仕，苟欲全身养性为贤乎？是则老聃之徒也。道人与贤殊科者，忧世济民于难，是以孔子栖栖，墨子遑遑。不进与孔、墨合务，而还与黄、老同操，非贤也。"① 谈及儒家圣人与老子对于有、无的不同态度问题，王弼云："圣人体无，无又不可以训，故言必及有；老、庄未免于有，恒训其所不足。"（《世说新语·文学》）此说虽旨在会通儒道，但内中也未尝不隐含着对老子沉湎于无的微词。裴頠的《崇有论》一方面肯定老子思想确有"合于《易》之《损》、《谦》、《艮》、《节》之旨"，另一方面又批评道："观老子之书，虽博有所经，而云'有生于无'，以虚为主，偏立一家之辞，岂有以而然哉！"（《晋书》卷三十五）东晋孙盛之黜老在其所著《圣贤同轨老聃非大贤论》和《老子疑问反训》②，文中仔细辩驳了老子的"绝仁弃义""绝圣弃智"之说，其结论是："案老子之作与圣教同者，是代大匠斫骈拇枝指之喻，其诡乎圣教者，是远救世之宜，违明道若昧之义也。"（道宣《广弘明集》卷五）到了唐代，老子被李唐皇族崇奉为先祖，但以彰扬儒家道统为己任的韩愈却直言不讳，在其名文《原道》中贬"老子之所谓道德云者"，乃"小仁义"或"去仁与义言之也"，故其言仅是"一人之私言"，而非儒家"合仁与义"的"天下之公言"。③

通过以上简要回顾儒家黜老的历史可知，自《荀子·天论》说"老子有见于诎，无见于信"始，在此后由汉至唐的较长历史时期内，阴谋权诈

① 黄晖：《论衡校释》，中华书局1990年版，第1113页。

② 参见（南朝）僧祐、（唐）道宣《弘明集 广弘明集》，上海古籍出版社1991年版，第124—125页。

③ 《韩昌黎全集》，中国书店1991年版，第172页。

之污名并没有被加诸老子。在儒家的异端话语中，以此污名黜老，当始于以排二氏、彰圣道为务的理学勃兴的宋代。

首先要关注的是"北宋五子"之一的程颐。他说：

> 老氏之学，更挟些权诈，若言与之乃意在取之，张之乃意在翕之，又大意在愚其民而自智，然则秦之愚黔首，其术盖亦出于此。①

> 老子书，其言自不相入处，如冰炭。其初意欲谈道之极玄妙处，后来却入做权诈者上去。如"将欲取之必固与之"之类。然老子之后有申、韩，看申、韩与老子道甚悬绝，然其原乃自老子来。苏秦、张仪则更是取道远。②

> 老子语道德而杂权诈，本末舛矣。申、韩、张、苏皆其流之弊也。申、韩原道德之意而为刑名，后世犹或师之。苏、张得权诈之说而为纵横，其失益远矣，今以无传焉。③

> 予夺翕张，理所有也，而老子之言非也。与之之意，乃在乎取之；张之之意，乃在乎翕之，权诈之术也。④

括而言之，程颐指斥"老子语道德而杂权诈"的依据有三：一是他所建构的刑名权诈之术的异端学统——老子为源、申韩张苏为其流；二是他从动机（"意"）和手段的关系角度对老子所谓予夺翕张之论的臆解；三是他认为老子之学"大意在愚其民而自智"。如前所述，这种批评的可辩驳处在于：其一，即便老子的某些思想被申韩张苏援引利用，也不应因此而混同本源与后学末流，径直把后者主张的刑名权诈之术反过来强加于老

---

① 《二程集》，中华书局2004年版，第152页。
② 《二程集》，第235页。
③ 《二程集》，第1180页。
④ 《二程集》，第1181页。

子；其二，老子的予夺翕张之论固然言之过简、易生歧解，但如若不结合老子全部思想之大旨，而只是断章取义，简单地将其理解为潜隐的真实动机与表面的欺骗手段之间的关系，则显系偏狭武断；其三，正如陈鼓应、刘笑敢先生所指出的，先秦时期"愚"不等于"愚弄"，而《老子》第六十五章所谓"非以明民，将以愚之"以及其他章中的"愚"字，则是真朴或淳朴之意①，故老子并无愚民思想。

与程颐同时代的苏轼著有《韩非论》一文，该文虽未批评老子之学"杂权诈"，但却从另一方面呼应了程颐虚构的异端学统，并与之相辅相成。苏轼认为，老聃、庄周之徒的"虚无淡泊之言"和"猖狂浮游之说"，"虽非圣人之道，而其用意，固亦无恶于天下"，但在后世，其绝弃人伦的虚无思想却势必为推重刑名的韩非等人所用，"得其所以轻天下而齐万物之术，是以敢为残忍而无疑"。据此，苏轼断言，"庄、老之后，其祸为申、韩"，"后世之学者，知申、韩之罪，而不知老聃、庄周之使然"②。经此一说，除了权诈，申韩的所谓"残忍"之祸亦源出于老子，老子之罪越发大矣。

平心而论，无论从内在动机的角度，还是以所谓"残忍"的后世流害责难老子，这类黜老话语实质上都已不再是客观公正的学理批评，而是基于儒家价值立场和道统意识的道德讨伐。几乎可以看作对程颐和苏轼之说的综合发挥，朱熹在指斥老子之学为权诈之术时更是频出诛心之论，而他加诸老子的道德恶名则主要是自私与无情：

> 常见画本老子便是这般气象，笑嘻嘻地，便是个退步占便宜底人。
>
> 问老氏柔能胜刚，弱能胜强之说。曰："它便拣便宜底先

---

① 参见陈鼓应《老子今注今译》，第306—307页；刘笑敢《老子古今：五种对勘与析评引论》，第636—637页。

② 《苏轼文集》，中华书局1986年版，第1册，第102—103页。

占了……"

老子之术，须自家占得十分稳便，方肯做；才有一毫于己不便，便不肯做。

张文潜说老子惟静故能知变，然其势必至于忍心无情，视天下之人皆如土偶尔。其心都冷冰冰地了，便是杀人也不恤，故其流多入于变诈刑名。

老子说话大抵如此。只是欲得退步占奸……故为其学者多流于术数，如申韩之徒皆是也。其后兵家亦祖其说，如《阴符经》之类是也。（《朱子语类》卷一百二十五）

老氏欲保全其身底意思多……欧公尝言，老氏贪生，释氏畏死，其说亦好。

老氏之失，出于自私之巧。……关机巧便，尽天下之术数者，老氏之失也。故世之用兵算数刑名，多本于老氏之意。（《朱子语类》卷一百二十六）

这里提到的"占便宜""占得十分稳便""退步占奸""保全其身""贪生"等皆可归为自私，而所谓"忍心无情""便是杀人也不恤"也就是苏轼所说的"残忍"。其不同在于，苏轼认为"残忍"是老子之学在后世经由申韩而衍生的流害，而朱熹则将此罪名直接加诸老子。在朱熹看来，老子的自私和无情与申韩之徒是一致的，故其学必然流为变诈刑名。

朱熹把老子的诡诈手段概括为"反处做起"，而这种阴谋之术正是出于其自私无情之心。他说：

"天门开辟，能为雌乎？"《老子》一书意思都是如此。它只要退步不与你争。……老子心最毒，其所以不与人争者，乃所以深争之也，其设心措意都是如此。（《朱子语类》卷一百三十七）

问"反者，道之动；弱者，道之用"。曰："老子说话都是这样意思。缘他看得天下事变熟了，都于反处做起。且如人刚强咆哮跳踯之不已，其势必有时而屈。故他只务为弱。人才弱时，却蓄得那精刚完全；及其发也，自然不可当。"

"知其雄，守其雌，为天下谿；知其白，守其黑，为天下谷。"所谓谿，所谓谷，只是低下处。让你在高处，他只要在卑下处，全不与你争。……只是他放出无状来，便不可当。(《朱子语类》卷一百二十五)

所谓"心最毒""设心措意""这样意思"都是朱熹对老子用心阴险的揣测和判定，其具体做法是以不争为争、以屈为伸、以柔弱胜刚强，即"反处做起"。朱熹认为，这种动机和手段相反的阴谋术之恶毒可畏在于其无形无状，"深藏固守，自为玄妙，教人摸索不得"(《朱子语类》卷一百二十六)，所以它一旦猛然发用，便使人猝不及防，无法抵挡。

朱熹黜老话语的另一重要特点是，他对老子与刘汉政权的批评时常结合在一起。依朱熹之见，汉家取天下所凭借的全是老子的阴谋术：

老氏之学最忍，它闲时似个虚无卑弱底人，莫教紧要处发出来，更教你枝梧不住……如崤关之战，与秦将连和了，忽乘其懈击之；鸿沟之约，与项羽讲和了，忽回军杀之，这个便是他柔弱之发处。可畏！可畏！它计策不须多，只消两三次如此，高祖之业成矣。

如曰"以正治国，以奇用兵，以无事取天下"，他取天下便是用此道。如子房之术，全是如此。……汉家始终治天下全是得此术，至武帝尽发出来。(《朱子语类》卷一百二十五)

在朱熹的天理与人欲、公私、王霸二元对立的历史视野中，刘汉政权属于负面的一端，而他将其与老子合在一起进行批评，一方面为老子的阴谋术提供了政治实践的"成功范例"，另一方面也借此指明了老子思想的政治价值实质及其消极的历史后果。

综上所述，通过动机的揣测臆断以及由此展开的道德讨伐、由老子而至于申韩的异端学统的构建和具体的政治实践范例的认定，朱熹全方位、多角度地批判了老子的权诈思想。可以说，老子作为"阴谋家"的理论形象是在朱熹这里被清晰、全方位地塑造出来的。而这一负面形象一旦被完整树立起来，便借由程朱理学的广泛流行而产生了极为深远的历史影响，甚至在后儒心目中从此变得根深蒂固、难以消除。

朱熹之后，抨击老子思想为机巧权诈之术最用力者是明清之际的王船山。在晚年所著《庄子解》中，船山不仅指认老子陷溺于"矫激权诈之失"（《庄子解·外篇序》），更明确将其思想实质命以一险侧之"机"字：

> 老子知雄而守雌，知白而守黑。知者博大而守者卑弱，其意以空虚为物之所不能距，故宅于虚以待阴阳人事之挟实而来者，穷而自服；是以机而治天人者也。《阴符经》之说，盖出于此。以忘机为机，机尤险矣。（《庄子解·天下》）

在批评老子基于二元思维的机权之术"尤险"的同时，船山称许庄子拔理于黑白雌雄虚实的老子之上，且其对后世的影响也迥异于老：

> 其高过于老氏，而不启天下险侧之机，故申、韩、孙、吴皆不得窃，不至如老氏之流害于后世。（《庄子解·天下》）

这段话反过来说就是：老子之学必"启天下险侧之机"而至于寡恩刻薄、权谋巧诈，并终将流为申韩孙吴的刑兵法术，从而严重祸害后世。因此，船山在《老子衍·自序》中斥之曰："凿慧而数扬之，则不祥。"

除了庄学和老学专书，船山还在其他著作中写下了批评老子的大量言论。这些著作的文本类型包括儒家经典诠释、史学批注、社会政治评论、思想文化短札等。不同语境下，船山的黜老言论亦常有以权谋巧诈指斥老子之词。鉴于船山的这类批评颇多，以下仅从几个方面各举一两例加以说明。

首先，船山指斥老子佯装虚无、谦退、雌柔之貌，而其内里所蕴却是与之相反的实、进、刚：

> 实以为体，虚以为用，给万物以柔靡，佯退而自怙其坚悍，则天下之机变刻深者，水不得而辞。而老氏犹宗之以为教父，曰"上善若水"，则亦乐用其貌而师之，以蕴险于衷。是故天下之至险者，莫老氏若焉。(《周易外传》卷二)①

以柔靡之假象掩盖其坚悍之内里，这种内外不一既是老子诈术的关键特点，也是其"至险"之所在，用朱熹的话说便是"反处做起"。

其次，承程颐之说，船山认为老子的诈术包含着愚弄和欺骗天下臣民的内容：

> 此之不察，则将为老氏"善下"之说，以济其"欲取固与"之术，以愚诱其民，则道裂矣。(《礼记章句》卷三十)②
>
> "广德若不足"……老氏之言此，欲芟夷廉隅而同于愚也。……"良贾深藏若虚"，贾而已矣；"盛德容貌若愚"，愚而已矣。欲哲之，固愚之，已成乎愚而贾天下以哲，"哲人之愚"，其哲亦愚人之哲焉耳。(《诗广传》卷四)③

照此，老子所谓"广德若不足"，"江海所以能为百谷王者，以其善下之"云云，皆同于韩非主张的人主藏之于胸以潜御群臣的阴谋术，而老子所说的"圣人"则是愚弄天下、高深莫测的阴谋家。

---

① 《船山全书》，第 1 册，第 897—898 页。
② 《船山全书》，第 4 册，第 1225 页。
③ 《船山全书》，第 3 册，第 465 页。

再次，船山也像朱熹等先儒那样，批评老子的翕张动静雌雄之术必然流为申韩之害：

> 若无忌惮之小人，如老聃之教……欲张固翕，以其至柔驰骋天下之至刚，己愈退则物愈进，待其进之已盈，为物情之所不容，然后起而扑之，无能出其网罗者……故其流为兵家之阴谋、申韩之惨刻。(《周易内传》卷二上)①

> 若以轴喻，则脱然两物，故为不动以持毂而迫之转；则是有意不动，以役使群动。此老氏之所谓"王侯得一以为天下贞"，阳为静而阴挟之以动，守乎雌以奔走天下之雄。其流为申、韩者，正此道也。(《读四书大全说》卷四)②

与朱熹略有不同，船山有时又区分老子与申韩，认为申韩"贼天下以立权，明与圣人之道背驰"，老子"贱名法以薪安天下，未能合圣人之道，而固不敢背以驰也，愈于申、韩远矣"(《薑斋文集》卷一)③。但从其恶劣的历史影响来看，老子与申韩致祸虽异，"而相沿以生者，其归必合于一。不相济则祸犹浅，而相沿则祸必烈"。由此，船山把老庄与申韩、浮屠三者并称为"古今之大害"(《读通鉴论》卷十七)④。

复次，船山认为老子的机权之术常被后世士人用以避祸自保、逃避道义责任：

> 王弼、何晏师老庄之机械以避祸而瓦全之术，其与圣人知必极高明、礼必尽精微之道，天地悬隔。(《周易内传》卷五上)⑤

---

① 《船山全书》，第1册，第168—169页。
② 《船山全书》，第6册，第598页。
③ 《船山全书》，第15册，第85、87页。
④ 《船山全书》，第10册，第651页。
⑤ 《船山全书》，第1册，第535页。

> 漠然于身，漠然于天下，优游淌瀁而夷然自适者……此其为术，老聃、杨朱、庄周倡之，而魏、晋以来，王衍、谢鲲之徒，鼓其狂澜，以荡患孝之心，弃善恶之辨……追原祸始，唯聃、朱、庄、列"守雌""缘督"之教是信，以为仁之贼也。（《读通鉴论》卷十六）①

身陷明清易代之世，以"遗民"自处、拒绝降清的船山多次借抨击老子的"守雌"和庄子的"缘督"等思想，把矛头指向历史和现实中士大夫群体因受老庄的影响而表现出的某种道家化的消极品性，尤其是那种唯思一己之自安自适而放弃其应有的责任担当的人格特征。在此意义上，船山批评的"守雌"已不属于老子，而是某些儒者机权保身的处世之道的代称。

最后，船山认为老子的机权巧诈若用于政治军事实践，只会使自己陷入凶险之地乃至自害自毙：

> 取安之书而读之，原本老氏之言，而杂之以辩士之游辞。老氏者，挟术以制阴阳之命，而不知其无如阴阳何也。……安是之学，其自杀也，不亦宜乎！夫老氏者，教人以出于吉凶生死之外，而不知其与凶为徒也。读刘安之书，可以鉴矣。（《读通鉴论》卷三）②

> 老氏之言曰："以正治国，以奇用兵。"言兵者师之，为乱而已矣。……故奇者，将帅应变之权也，非朝廷先事之算也。赵充国曰："帝王之兵，以全取胜。"此之谓也。老氏者，持机械变诈以徼幸之祖也，师之者，速毙而已矣。（《宋论》卷六）③

---

① 《船山全书》，第10册，第613—614页。
② 《船山全书》，第10册，第136页。
③ 《船山全书》，第11册，第168—170页。

前段话涉及西汉刘安谋反自杀之事, 后段话是对王安石用王韶之策出兵图夏的评论, 船山批评此举无功反而有祸。在他看来, 这两个历史教训都证明老子的机巧权谋只会祸害己身或国家。回顾前文, 韩非亦曾以历史实例解老, 但他对老子之术的实践效应的肯定态度却与船山恰好相反。船山是坚贞大儒, 韩非为法家的集大成者, 他们对老子之术的不同理解和评价相映成趣, 殊可玩味。

相较于朱熹等先儒, 船山对作为阴谋论者的老子的批评, 无论在思想的深度, 还是在所涉社会历史的广度上, 皆可谓有过之无不及。加之时值明清昏乱之世, 船山又以除尽异端、捍卫并挺显儒家圣道的纯洁性为己任, 故其黜老言辞屡屡表现为颇具强烈的情绪化色彩的冷嘲、热讽、怒责或痛斥。内中虽多有不尽合乎学理的偏颇、失实或不严谨之处, 但却进一步强化了老子的"阴谋家"形象, 为其添加了数笔浓墨重彩, 使之变得更加丰满赫然起来。

第四节　现代余响

古人云:"假作真时真亦假, 无为有处有还无。"以讹传讹、谬种流传而至于以假乱真或弄假成真, 其实原是历史文化演变不可避免的一种荒唐而又真实的常态。由于宋以后的儒者基于排他性地挺立儒家圣道之目的而塑造的作为"阴谋家"的老子形象影响深远、深入人心, 以至于到了20世纪, 一方面既有萧公权①、陈荣捷、陈鼓应、陈霞②等人着力于区分老子与申韩, 进而为老子辩诬, 另一方面仍不乏学者自觉或不自觉地把老子思想视作机谋巧诈之术。兹略举三例。

20世纪20年代, 傅斯年在《战国子家叙论》中指出,《老子》一书的思想主题有二: 道术和权谋, 而"此两者实亦一事, 道术即是权谋之扩

---

① 参见萧公权《中国政治思想史》, 第236—238页。

② 参见陈霞《屈君伸民: 老子政治思想新解》,《哲学研究》2014年第5期。

充，权谋亦即道术之实用"。譬如，老子所谓知雄守雌，知荣守辱，"人皆取先，己独取后"云云，"固是道术之辞，亦即权谋之用"。关于老子与韩非的关系，傅斯年说："《韩非子》中《解老》《喻老》两篇所释者，诚《老子》之本旨，谈道术乃其作用之背景，阴谋术数乃其处世之路也。"①不言而喻，这种老韩一贯之论沿袭了儒家构建的由道而法的异端学统。

20世纪50年代，钱穆先生在《道家政治思想》中对老子思想作出了极为负面的理解和评价。他首先认定老子"内心实充满了功利与权术"，"迹近欺诈"，其"所用则尽属人谋也"，"故老子教人知其雄而守其雌，知其白而守其黑，知其荣而守其辱"，"伪装若无为，而其内心蓄意，则欲无不为"。相应于此，"老子心目中之圣人，乃颇有其私者。彼乃以无私为手段，以成其私为目的"。具体来说，"彼乃常求为一世俗中之雄者白者荣者，而只以雌以黑以辱作姿态，当作一种手段之运使而已"。钱穆的这些看法可谓朱熹以诛心之论黜老的现代版。近通于船山批评老子时所说的"其哲亦愚人之哲"，除了黑白雌雄荣辱等诈术，钱穆还认为，"《老子》书中之圣人乃独擅其智，默运其智，而不使人知"，"玩弄天下人皆如小孩，使天下人心皆混沌，而彼圣者自己，则微妙玄通，深不可识，一些也不混沌。此实一愚民之圣也"，而老子的政治理想则不过是"聪明人玩弄愚人之一套把戏而已，外此更无有也"。括而言之，"《老子》书中之政治，则成为权谋术数，为一套高明手法之玩弄，政治成为统御……而实际意味，则落在黑暗之阴面"②。作为一位具有儒家襟怀的现代学者，钱穆几乎是把老子作为异端来看待的，而他对老子政治思想的批评，则堪称传统儒家黜老话语的现代形态，其中充满了儒家式的主观偏见、误解和莫名其妙的价值优越感。对此，陈鼓应先生颇不以为然，他说："钱穆在《庄老通辨》中，反反复复地说：'老子是个阴谋家，极尽误解之能事。'"③ 限

---

① 《傅斯年全集》第2卷，第286页。
② 钱穆：《庄老通辨》，第136、143、137、128、131、132、139页。
③ 陈鼓应注译：《老子今注今译》，第70页。

于篇幅，此不详述。

20世纪80年代，李泽厚先生在《孙老韩合说》一文中提出①，老子思想是由长期的战争经验酿生的军事辩证法提升而来的政治和哲学的辩证法，老子之"道"所具有的变易灵活和不确定的神秘特色，亦"与其来源于兵家的'诡道'不无关系"。因此之故，总体来看，作为君人南面术即政治辩证法，老子思想承继了军事辩证法的基本特征，即："以现实利害为依据"，高度冷静、排除情感的理智态度；"迅速抓住关键"的二分式的矛盾思维；"直接指导行动的具体实用性"。相应地，老子的一些重要思想观念也就表现出了兵家的诡诈机谋的特点。例如，"与《孙子兵法》中的'能而示之不能，用而示之不用'的兵家'诡道'一脉相承，《老子》大讲的'大成若缺'，'大盈若冲'，'大直若屈……'等等，其中的'若'字便也可释作'好像'。所以有人认为'实质便不外一个装字'②，'以为后世阴谋者法'③"；其所谓"守柔""守雌"，"除了教导统治者要谦虚谨慎"，"主要是要人们注意到只有处于'柔'、'弱'的一方，才永远不会被战胜"，所以"不要过分地暴露自己的才能、力量和优势，要善于隐藏优势或强大"；而作为一种"君道"，老子所谓"无为"的涵义则是"君主必须'无为'才能'无不为'，表面上不管，实际上却无所不管"。至于老子与韩非的关系，李泽厚认为，老子上承兵家的"清醒冷静的理知态度"和"周密思虑具有异常明确的功利目的"，后来韩非将其"直接衍化为政治统治的权谋策略"，并"把它发挥到自觉的极致"。

对照儒家的黜老话语，可发现李泽厚所谓老子思想的"异常明确的功利目的"、极端冷静的利害算计和非情感态度，与宋以后儒家对老子的批评，特别是与朱熹所说的"自私之巧""其心都冷冰冰地了"极为相似，

---

① 参见李泽厚《中国古代思想史论》，人民出版社1985年版，第77—105页。

② 张舜徽：《周秦道论发微 史学三书平议》，第15页。

③ 章太炎说："老聃为柱下史，多识故事，约《金版》、《六韬》之旨，著五千言，以为后世阴谋者法。"（《訄书》，辽宁人民出版社1994年版，第20页）

而李氏把老子之学定位为对军事经验的哲学提炼①，虽可谓别出心裁，但这一别出心裁的论断却无意间从思想前源的角度更加坐实了儒家加诸老子的"阴谋家"污名，虽然李文并未对老子其人其学作道德裁断。

在中国文化思想史上，由于种种原因，被后世无意误解或故意扭曲其本相的人物绝不只有老子。例如，商纣历来是众所周知的暴君，但孔子的门徒子贡却认为："纣之不善，不如是之甚也。是以君子恶居下流，天下之恶皆归焉。"（《论语·子张》）其言下之意是说，纣的恶名或是"墙倒众人推"的社会风习的产物，其诸多恶行则是后人捏造、强加的。与此相类，笔者以上的思想史考察表明，老子的"阴谋家"形象也是历史地、"累层地造成"的，其演变经历了一个从无到有，乃至逐渐清晰、完整而至于充实丰满的漫长过程。全面考察这一过程，无疑既有助于学者拨开雾障，以直面老子思想的真貌，进而从中开出新义，同时又能使我们从一个重要的细部深入理解中国思想文化演变的复杂性。

---

① 与李泽厚的观点相近，何炳棣直接指认《老子》的辩证思维源于《孙子兵法》。在他看来，《老子》所谓"将欲翕之，必固张之"云云，"两千余年来被公认为最机灵诡诈的战术箴言，在词与义上都最肖似《孙子》"，而《孙子》的愚兵理论也被《老子》提升扩大成了愚民之术；另一方面，《孙》《老》皆"置道德是非于不顾"，只不过"前者语言坦率无隐"，后者却是用清静、无为、"玄德"等"清高的哲学语言"来柔化、缘饰其"冷酷""残忍无情"的心肠。（《有关〈孙子〉〈老子〉的三篇考证》，"中央研究院"近代史研究所 2002 年版，第 13、30—33 页）

第十章
王船山《老子衍》的诠释进路

　　王船山对老子的定位是"持机械变诈以徼幸之祖"，而他撰写《老子衍》的根本目的则是要把他对老子之学的批评坐实到对《老子》全书每章甚至每句的具体诠释中，以呈露老子的运思理据，摧破其荒诞不经。为此，他主要从两个进路展开对《老子》的诠释：一是"衍其意"，即以解说原文含义的方式，推衍文本之外老子诡深的真实思想意图；二是"求其用"，即通过曝显由形上之"道"导出的功用之"术"的权谋性，反过来批驳老子之"道"乃至其全部思想的理论实质。船山对《老子》所作的思想意图诠释与实际功用诠释，让我们看到的更多是"正学"与"异端"的视域对峙，以及诠释者与诠释对象之间的疏离和紧张，而非船山对《老子》客观、内在的理解。

第一节　动机：与圣人之道背驰则峻拒之

　　检视王船山的全部著作可见，虽然他没有把老子之学看得一无是处，但我们也必须承认，《船山全书》但凡提及老子，其评价几乎皆是负面的，并且这些负面评价还常以情绪化的言辞表达出来。船山对老子极为有限的积极评价集中在其无为而治的政治思想方面。关于这一点，《老子衍·自序》有一段颇具代表性的表述：

> 世移道丧，覆败接武，守文而流伪窃，昧几而为祸先，治天下者生事扰民以自敝，取天下者力竭智尽而敝其民，使测老子之几，以俟其自复，则有瘳也。文、景踵起而迄升平，张子房、孙仲和异尚而远危殆，用是物也。

在肯定老子的"无为"而"自然"的政治主张曾在历史上产生积极社会效应的同时，船山仍对其颇有微词。他的批评主要有两点：其一，由晋王导和琅琊王之事可知，老子的政治主张只可救一时之弊，如若"既安既定而犹用之，则不足以有为而成德业"（《读通鉴论》卷十二）①；其二，以汉之文、景和唐之太宗为例，无为而治之所以难以持久，是因为老子的"处錞之术"（慈、俭、简）落在帝王的政治实践中，只是一种与其真实动机（"刑杀""厚实""制其后"）相反的机诈之术，或最终必然归为相反结果的方便手段。三位帝王"有老氏处錞之术以亘于中"，皆由于"机深而事必诡"（《宋论》卷一）②，而船山对老子全部学说的定性正是一诡诈取利之"机"字。

以"机"为中心，船山在各种著述中写下了大量的黜老文字，其中不乏前后多次重复且片面臆断之语。在这类文字中，老子关于动静、虚实、有无、雌雄、黑白、刚柔、强弱、翕张、取与以及尚水、谦下、不争等的思想，皆被简单归为奸邪营私的"阴谋术"，其流则为险侧惨刻之申韩，因此船山下断语云："老氏者，持机械变诈以徼幸之祖也。"（《宋论》卷六）③

怀着对老子的深恶痛绝之意，船山 37 岁即写成《老子衍》且于 54 岁

---

① 《船山全书》，第 10 册，第 444—445 页。
② 《船山全书》，第 11 册，第 47—48 页。
③ 《船山全书》，第 11 册，第 170 页。

重定之。该书"自序"叙说了他的写作动机：

> 夫之察其詍者久之，乃废诸家，以衍其意；盖入其垒，袭其辎，暴其恃，而见其瑕矣，见其瑕而后道可使复也。夫其所谓瑕者何也？天下之言道者，激俗而故反之，则不公；偶见而乐持之，则不经；凿慧而数扬之，则不祥。三者之失，老子兼之矣。

此处船山不仅痛斥老子的三种偏失，且坦言他衍老之目的是呈露并批驳老子的运思理据，揭显其思想的荒谬不经，进而从根基处彻底摧破之，以收维护儒家正道之效。这段序言表明，船山对《老子》的诠释既非顺向的，亦非逆向的。① 换言之，其诠释动机既不是要如其所是地解说《老子》本旨，或顺着该书理路推衍出新的思想——如王弼注《老》，也不是要偏离或扭转该书大旨，以建构某种迥异于老子的思想——如郭象注《庄》，其最终目的唯在摧破兼具三种偏失的老子之学。

颇可玩味的是船山诠释《老子》的方法："入其垒"，"衍其意"。张学智认为，"'衍'，即顺其思想脉络推广其意蕴，将原文中包含的未道出之言导出"，《老子衍》的特点则是"顺《老子》推论其意，让老子自显其短，而非着意批评和提揭其误"。② 这种诠释方法，用船山之子王敔的话说就是："入其藏而探之……以为如彼之说，而彼之非自见也。"（《大行府君行述》）③ 如其所言，船山希望通过进入《老子》文本内部，从"老之自释"出发，因顺其语脉和理路，以揭显老子思想之荒谬。

为强调其对《老子》文本的依循和因顺，船山首先批评了王弼、何晏

---

① 参见刘笑敢《诠释与定向：中国哲学研究方法之探究》，第135—137页。

② 张学智：《王夫之衍〈老〉的旨趣及其主要方面》，《北京大学学报》（哲学社会科学版）2004年第3期。

③ 《船山全书》，第16册，第73页。

会通易老以及鸠摩罗什、苏辙等人会通佛老的诠释方式。在他看来，前者"强儒以合道，则诬儒"，后者"强道以合释，则诬道"，两种诠释方式皆背离了老子自己对其思想的"显释"（《老子衍·自序》），皆不能呈现老子之学的本貌，乃至失于牵强悖谬。鉴于此，他撰写《老子衍》便是要把老与儒、老与佛一一剥离开来，原原本本地解说老子之学，即以老解老，使"彼之非自见"。

细究船山的诠释方法，有两个问题须详加讨论。首先，不同于《庄子》的驳杂和异质性特点，《老子》文本精纯、思想自洽，基于此，如果完全依循该书的思想逻辑以"衍其意"，而丝毫不作过度诠释，船山怎么可能使之自见其瑕？其次，"衍其意"之"意"，是否仅指《老子》全文或某章某句的字面意思，而不涉及文本和作者的"言外之意"？笔者认为，如果船山严格依循"老之自释"，以阐说原文已经包含但尚未道出之意，那么，即便他使用一些《老子》中没有的语词或概念，实际上也只能最终做到对老子思想的重述，或像王弼那样只能对其进行顺向诠释，而不可能实现使"彼之非自见"以摧破之的诠释目的——除非在此过程中，船山偏离"老之自释"而作过度诠释或误读。最后，"意"在汉语中不仅指字意、句意或文意，而原本是指心意、心思或意图。从船山对《老子》的诠释来看，他从中推衍、导出的不只是表层文意，同时还包括隐含于文本背后的"言外之意"，特别是作者意图。事实上，也只有文本隐而未发的"言外之意"和作者意图，才有对其进行推衍、导出之必要。

客观地说，作为以捍卫儒学之纯洁性为己任的大儒，船山不可能抛开其以正学之维护者自许的立场而对老子的邪诐之学施以如其所是的阐说，即便他希望这样做也不可能，更何况其诠释动机是要摧破老子之学。结合上文分析，我们发现船山的诠释其实并未严格依循"老之自释"，而是对该书的思想逻辑多有偏离，其衍老的基本手法则是通过转换论题、变化言说方式、引入新的概念术语，等等，以阐说《老子》表面文意的形式，推衍文本之外老子隐晦的真实思想意图。在此过程中，船山对老子其人其学的负面定位——"持机械变诈以徼幸之祖"——发挥了关键作用。从根本上说，正是这一定位构成了船山衍老的潜在基调和主导方向："与圣人之道背驰则峻拒之。"（《薑斋文集》卷一）① 就此而言，他"入其垒"而作《老子衍》的根本目的，乃是要把老子之学的荒谬邪诐及其批判态度坐实、细化到对《老子》文本的具体诠释中。

第二节　思想意图诠释：衍其意

作者在进行文本创作的过程中，必然会自觉不自觉地将其主观思想意图寄寓其中。反过来说，任何文本皆承载着作者意图，其不同仅在于作者意图在有些文本中表露得较为明显，而在有些文本中则较为隐晦。对于诠释者而言，若要完整深切地理解文本，不仅要解读其字面意思，而且要穿透表层文本，洞悉语词文句背后的作者意图。然而，由于语言的多意性以及诠释者不可摆脱的前见限制，当诠释者通过解读已然形诸文字的文本去揭示其背后作者的思想意图时，便难免会发生不同程度的偏差或有意无意的误读误解。船山对《老子》的诠释即属此例。

众所周知，《老子》一书文字简奥、运思玄微，这既给诠释者造成了严重的理解障碍，也为人们对其进行多元解读提供了巨大的弹性空间。本着"入其垒"而"衍其意"的方法考量，船山首先从《老子》中选取"载营魄抱一无离""大道泛兮其可左右""冲气以为和"三句作为"老之自释"，同时又指认《庄子·养生主》篇的"为善无近名，为恶无近刑，缘督以为经"一句，"是又庄之为老释矣"（《老子衍·自序》）。这一论断可以说是《老子衍》的张目之纲，船山的诠释即以此四句为老子之学的"显释"而推展开去。因此，我们可从他对这四句的解读入手，以窥见《老子衍》的思想旨趣、诠释取向和方法特点。

---

① 《船山全书》，第15册，第85页。

首先看"为善无近名……"句。船山在其著述中多次提及此句中的"缘督"之术，并将其视作庄承自老或庄老共有的圆滑苟且的处世方式。例如《读四书大全说》卷八："故曰'为善无近名，为恶无近刑'。以遁于'知雄''守雌'之诡道。其绪余以为养生，则于取与翕辟之际，不即不离，而偷其视息。"① 《读通鉴论》卷十二："是术也，老、庄以之处乱世而思济者也。得则驰骋天下之至刚；不得，抑可以缘督而不近于刑。"② 在他看来，"缘督"之术的严重危害在于，一旦"士大夫倡之，天下效之"，就会形成"荡忠孝之心，弃善恶之辨"，漠然不仁而唯求自得自适的社会风气，故其"祸均于洪水猛兽而抑甚焉"（《读通鉴论》卷十六）③ 出于对"缘督"之术的极度厌弃，其《章灵赋》自述胸臆云："天昧冥迁，美无耽兮。方熯为泽，已日霆兮。……督非我经，雌不堪兮。"（《薑斋文集》卷八）④ 意思是说，纵然身陷昏乱，老子的"守雌"、庄子的"缘督"亦非其安身之本。据此可说，船山以"缘督"为"庄之为老释"，实质上是由流及源，对老子思想的实质作出了全然负面的定性。

再看船山对包含"载营魄抱一无离"句的《老子》第十章的诠释：

> 载，则与所载者二，而离矣。专之，致之，则不婴儿矣。有所涤，有所除，早有疵矣。爱而治之，斯有为矣。阖伏开启，将失雌之半矣。明白在中，而达在四隅，则有知矣。此不常之道，倚以为名，而两俱无猜，妙德之至也。

以"此不常之道"为界，衍文分为两部分。前一部分揭示了老子的自我矛盾，正所谓"袭其辐，暴其恃，而见其瑕"。船山认为，当老子说"载营

---

① 《船山全书》，第 6 册，第 937 页。
② 《船山全书》，第 10 册，第 444 页。
③ 《船山全书》，第 10 册，第 613—614 页。
④ 《船山全书》，第 15 册，第 195 页。

魄抱一，能无离乎"时，便意味着"载"与"所载"已离为二；"专气"而致之，必不能使气归于婴儿之柔；"爱民治国"实即"有为"，而非"无为"，如此等等。对于老子而言，"载营魄抱一""专气致柔""无为"皆是手段，"无离""婴儿""爱国治民"则是目的，二者不在同一层面，故谈不上相互矛盾。但船山却认为，二者各自具有的不同特点恰恰暴露了老子的自相矛盾。严格说来，由于没有区分手段和目的，偏离了《老子》原文的思想逻辑，船山的解读并不准确。由"此不常之道"至结尾，衍文第二部分根据老子的自相矛盾，进一步推度并批驳其真实的思想意图。在船山看来，"载营魄抱一"与"无离"等的相互矛盾，表明本章的思想主张并非"常道"，然而老子却奉此"不常之道"为"常道"，一方面注重"载营魄抱一""专气致柔""无为"，另一方面却又强调"无离""婴儿""爱国治民"，两方面本不相洽，但他却视此二者并行不悖且都做得真诚无猜。这里的"倚以为名"是指老子对"不常之道"的践行表面上显得很真诚，甚或装模作样，其目的在于据以求名；"妙德之至"实非赞语，而是船山对老子的嘲讽，嘲讽其自相矛盾，更嘲讽隐于其"两俱无猜"之表象背后的思想意图的虚伪机诈。

　　船山对《老子》第十章的推衍透显出的诠释学观念是：如果一个文本的思想逻辑是自相矛盾或有裂隙的，那么矛盾和裂隙的背后便很可能隐含着作者的思想意图。或者说，作者隐秘而真实的思想意图往往通过文本的内在矛盾和裂隙流露出来。因此，诠释者的一项重要工作便是发现文本的矛盾和裂隙，以揭示作者的思想意图。秉持这种观念来诠释《老子》原无不妥，但从船山的衍文看，由于没有区分手段与目的，所以他对本章内在矛盾的揭示并未切中肯綮，进而他对老子思想意图的推度也并不贴实，所谓"倚以为名""两俱无猜""妙德之至"云云，显然都不是公允的理论批评，而是带有出自儒家立场的诛心之论的色彩。同样的偏失亦多见于船山对《老子》其他章的诠释中。

　　作为"老之自释"的第二句，"大道泛兮，其可左右"出自《老子》第三十四章。船山对本章的诠释是：

> 谁能以生恩天地乎？则谁能以死怨天地？天地者，与物为往来而聊以自寿也。天地且然，而况于道？荒荒乎其未有畔也，脉脉乎其有以通也；故东西无方，功名无系，宾主无适，己生贵而物生不逆。诚然，则不见可欲，非以窒欲也；迭与为主，非以辞主也。彼亟欲成其大者，恶足以知之！

以"诚然"为界，衍文同样分为两部分。与原文对应，前一部分是对老子之意的阐说。细揣这部分衍文可发现，同是谈论"大道泛兮，其可左右"，老子强调的是道之于万物的生而不有，"不为主，常无欲"，其对道之"名于小"和"名于大"的叙说较为平衡，衍文则重在阐发道相对于万物的灵妙性，并在道物一体的关系中尤其突出了道的"己生贵"以及天地的"自寿"。应当说，船山这样阐释仍可视为对原文之义的合理发挥，尚未偏离老子的思想逻辑，虽然其中隐含着为下文作铺垫的理论目的。衍文第二部分大致与本章末句"以其终不自为大，故能成其大"对应。综观《老子》全书而不是断章取义，这句话应是指得道者采取的政治实践方式及其产生的客观社会效应①，但船山却在前一部分衍文的基础上，从动机或目的与手段的进路来诠释这句话。按他的诠释，得道者虽"不见可欲""迭与为主"，但其真实动机或目的却绝非"窒欲""辞主"。言下之意，得道者恰恰是以"不见可欲""迭与为主"为手段，实现其满足己欲、维护主宰地位之目的，这无疑是一种巧诈之术。因此，衍文末尾通过嘲讽那些"亟欲成其大者"之不明就里，暗斥老子此术的诡秘高深。

综观以上两章衍文可发现，它们各自包括的两部分之间的关系和共同特点是：一部分重在"入其垒"，以叙说原文的表层含义或揭显其内在矛盾，另一部分则在此基础上进一步"衍其意"，即揣度、推测乃至批驳或

---

① 参见邓联合《"阴谋家"：老子何以被诬？》，《中国哲学史》2016 年第 1 期。

嘲讽文本背后老子的思想意图。从《老子衍》全书看，第一章、九章、十一章、二十八章、三十六章、四十五章、四十七章、五十一章、五十五章、五十六章、五十九章、六十章、六十五章、七十八章等的衍文也具有类似的结构和特点。需要指出的是，此类衍文中上述两部分的界限并不总是前后分明的，某些衍文对《老子》原文含义的叙说只是一带而过，而把重点放在推衍文本背后老子的思想意图上，另一些衍文则把两方面的内容贯通起来，以至于几乎整篇衍文都是对老子思想意图的推衍。事实上，无论哪种情形，推衍并批驳老子的思想意图才是船山诠释《老子》的理论目的。

再以第三十六章为例。本章常被儒家斥为老子机巧权诈思想的典型文本，例如程颐说："老氏之学，更挟些权诈，若言与之乃意在取之，张之乃意在翕之。"[1] 船山对本章的诠释是：

> 函道可以自适，抱道可以自存，其如鱼之自遂于渊乎！有倚有名，唯恐不示人，则道滞而天下测其穷。无门无毒，物望我于此而已。不以此应之，则天下其无如我何矣。无如我何，而天下奚往？是故天下死于道，而道常生天下，用此器也。

衍文开头是对"鱼不可脱于渊"一句的解说，以下都是推度老子主张"国之利器，不可以示人"的权诈心理。其大意是：我倚道而立且有得道者之名，于是就会担心如果不向天下展示吾道，吾道便会滞而不通，天下人也会因此认为我处于困顿之中。此外，由于我"无门无毒"即不动声色、不露痕迹，故众人皆期望我展示吾道、有所作为，然而一旦我这样做，祸患便会紧随而至。所以我偏偏不按众人期望，反其道而为，以柔弱的方式行事而不示人以刚强，这样一来，天下人就会对我无可奈何，最终天下也将

---

[1]　《二程集》，第152页。

尽归于我。这就是我掌控天下之生死的利器。①

对照原文可见，除了首句，本章衍文既未依循老子的语脉和理路，更未对原文的表层意思和内在逻辑作必要的解说，揭显老子之"微明"的权诈性质几乎成了衍文的全部内容和唯一目的。船山的诠释手法则是：首先构设出"我—物""我—天下"的对待关系，然后置身于"我"的立场上，以掌控天下、对治众物而使其无如我何为考量，主观揣度"我"内心中隐秘的权谋运思。这一诠释手法亦见于其他多章的衍文中。反观本章原文，"我—物""我—天下"的对待关系即便存在，也并不显著，更何况其中根本没有"我""物""天下"这几个关键词。另外，老子也不是站在"我"的立场上筹划权谋之术，而更像是以超然事外的姿态直陈己见。但经由船山诠释，老子的"道"和"微明"却已然成为"我"掌控天下、对治众物而深藏不露的手段。

除了《老子衍》，船山在其他著作中也曾多次论及第三十六章的翕张取与之说。例如，《周易内传》卷二上："若无忌惮之小人，如老聃之教……欲张固翕，以其至柔驰骋天下之至刚，己愈退则物愈进，待其进之已盈，为物情之所不容，然后起而扑之，无能出其网罗者……故其流为兵家之阴谋、申韩之惨刻。"②《礼记章句》卷三十："此之不察，则将为老氏'善下'之说，以济其'欲取固与'之术，以愚诱其民，则道裂矣。"③这些看法除带有显著的道德谴责色彩，其思想实质与本章衍文并无不同。鉴于船山衍老之目的是摧破老子之邪谬，故本章衍文对其权诈运思的揣度，实质上是他作为儒者对老子的负面看法嵌入对《老子》文本的诠释中的结果。借用《孟子·万章上》的话说，此种诠释方法可谓"以意逆志"——以船山之意，逆老子之志。

---

① 本章衍文之理路颇为曲折晦涩，笔者部分参考了李申、王孝鱼两位学者的解释。（参见李申《老子衍今译》，巴蜀书社 1990 年版，第 107—108 页；王孝鱼《老子衍疏证》，中华书局 2014 年版，第 122—124 页）

② 《船山全书》，第 1 册，第 168—169 页。

③ 《船山全书》，第 4 册，第 1225 页。

统而言之，不仅是对第三十六章，整部《老子衍》都堪称一部"以意逆志"之作。平心而论，对《老子》施以"以意逆志"的诠释并无不可。事实上，由于前见即诠释者之"意"的不可消除，几乎所有的诠释活动均属"以意逆志"。问题的关键在于：诠释者怎样依照或穿透文本以抵达作者之"志"？按船山自述，其衍老的方法是"入其垒""衍其意"，但这种因顺文本的诠释理念却与"以意逆志"显然有所抵牾，因为后者更重在依诠释者之"意"而不是严格依循文本自身去揭示经典和作者的深层意涵。而且正如笔者已经指出的，如果严格依循《老子》文本固有的言说逻辑，船山是不可能揭示老子思想之邪谬而摧破之的。质言之，其自述的诠释方法和诠释目的并不匹配。

从第十章、三十四章的衍文来看，"入其垒""衍其意"主要体现在船山有意识地利用《老子》的内在矛盾及其文辞简奥、易生歧义的特点，推衍文本背后老子的思想意图。但上述分析表明，船山对这两章的解读要么混淆了老子的言说逻辑，要么有断章取义之失。之所以发生这些偏差，是因为他是带着己意且预设了诠释目的来处置《老子》文本的。这提醒我们：在某些诠释活动中，诠释方法的背后往往是由诠释前见和诠释目的构成的诠释者之"意"，诠释者之"意"决定了他具体采用的诠释方法，而这种诠释活动实为诠释者自身思想的单向度扩张。进一步，诠释者出于己意对文本和作者思想意图的误读，实质上体现了诠释者对诠释对象的强势征服，其目的则是要制造并摧破一个异己的他者，以确证其自身思想的唯一合法性。对于旨在批判异端之学、维护儒家正道的《老子衍》而言，这一点表现得尤为显著。

第三节　实际功用诠释：求其用

汤一介先生曾把《韩非子》对老子思想的解释称为"实际（社会政治）运作型的解释"，其主要特点是：《解老》篇常以形而下的"法"

"术""势"解释老子的形上之"道"；《喻老》篇则以政治成败解释《老子》思想，而对于《老子》中的形上学文本，韩非却多无注解。① 船山的《老子衍》也有类似特点，这一特点在他对老子之"道"的诠释中表现得尤其突出。具体来说，船山常把老子的道论思想与政治实践相贯通，由"道"推衍出操作性、功用性的"术"。经其诠释，原是万物本体的"道"俨然成为"术"的形上学原理，或得道者操持"术"以获得实际功用的终极依据。

同为"实际运作型的解释"，韩非旨在以"道"为依据，据以导出一套以"法""术""势"为核心内容的政治方略，其诠释是建构性的，船山的诠释却是颠覆性的，即：通过曝显由"道"推衍出的"术"的权谋性质，反过来批驳老子之"道"的理论实质。实际功用是外在的，思想意图是内在的，"用"是"意"之所在或"意"的外化，二者构成内外对应的关系。在此意义上，船山从功用角度诠释《老子》，实质上可以说是"衍其意"的诠释方法的实践性延伸。另外，由于"道"是老子哲学的最高概念和思想核心，所以，通过以"术"释"道"并批驳"道"的理论实质，便可达到从根底处摧破老子全部思想之目的。以下选取《老子》言道的几章代表性文本，分析船山的诠释手法。

作为船山指认的"老之自释"的第三句，"冲气以为和"出自第四十二章，这句话涉及道生万物的宇宙论思想。船山对本章的诠释是：

> 当其为道也，函"三"以为"一"，则生之盛者不可窥，而其极至少。当其为生也，始之以"冲气"，而终之以"阴阳"。阴阳立矣，生之事繁，而生之理亦竭矣。又况就阴阳之情才，顺其清以贪于得天，顺其浊以坚于得地，旦吸夕餐，呕酌充闷以炫多，而非是则恶之以为少，方且阴死于浊，阳死于清，而讵得所谓"和"者而仿佛之乎？又况超于"和"以生"和"者乎？有

① 参见汤一介《论创建中国解释学问题》，《社会科学战线》2001 年第 1 期。

鉴于此，而后知无已而保其少，"损"少致"和"，损"和"得
"一"。夫得"一"者无"一"，致"和"者无致。散其党，游其
宫，阴阳在我，而不叛其宗，则"益"之最盛，何以加哉！

本章原文可分为两部分："道生一……冲气以为和"是道生万物的宇宙论，
"人之所恶"以下提倡谦弱自持的政术。客观地说，这两个部分的思想关
联并不十分明显，不少学者甚至认为后一部分与上文"不相属，疑是他章
错简"①。衍文则试图在上下部分之间建立内在贯通的思想关联，从老子的
万物生成论中寻找谦弱之术的形上依据。为此，船山把诠释重点放在对
"道生一……冲气以为和"一段的思想推阐上。我们看到，老子这段话说
的是道由形上到形下、由简到繁生成万物的单向过程，但通过引入"情
才"以及"清""浊"等概念，船山却认为由于阴阳之立和"生之事繁"，
必然导致"生之理"穷竭，并最终失"和"、离"道"，而一旦这样，万
物的生成也就无从谈起。鉴于此，船山反向提出了"'损'少致'和'，
损'和'得'一'"之说，这一原文未具之说表面上是为了复归"道"并
维护"生之理"，实则是为下文的谦弱之术作铺垫。这也就是说，道生万
物的宇宙论并非船山的关注重点，其诠释目的唯在从中引出形下的政术。
值得注意的是，本章原文后段论及谦弱之术，同时参照了"物或损之而
益"和"或益之而损"两种情形，但船山的衍文却故意撇开"益之而
损"，唯独抓住"损之而益"，认为"不叛其宗"的守道者可得最盛之益。
这样一来，老子以"道"为本根的万物生成论就被转换成了以少致多、执
简御繁的谦弱之术，其终极指向则是得道者的利益最大化。

　　如上所述，本章衍文有两点内容是原文没有的：一是与"生之事繁"
相伴生的"生之理"的穷竭，二是为避免这一后果而反向采取的应对方法
（"损"）。前者纯属船山增益，后者虽合于第四十八章之"为道日损"，但
本章毕竟不具此意。可以说，船山在诠释本章时如果不把这两点内容嵌入

---

①　陈鼓应注译：《老子今注今译》，第238页。

其中，他是不可能从老子以"道"为本根的万物生成论中导出以获致最盛之益为目标的谦弱之术的。

再看他对《老子》第四章的诠释：

> 用者无不盈也，其惟"冲而用之或不盈"乎！用之为数，出乎"纷"、"尘"，入乎"锐"、"光"；出乎"锐"、"光"，入乎"纷"、"尘"。唯冲也，可锐、可光，可纷、可尘，受四数之归，而四数不留。故盛气来争，而寒心退处；虽有亢子，不能背其宗；虽有泰帝，不能轶其先。岂尝歆彼之俎豆而竞彼之步趋哉？似而象之，因物之不能违以为之名也。

原文主旨是"道冲"而其用不尽，故为万物之宗，"挫其锐，解其纷"云云是指道没有任何感性特征。在老子那里，道之冲和其用不盈并无明确的体用或因果关系，毋宁说二者是道兼具的两个特点。但衍文却提出，正是由于"道冲"，故有应物无碍的不盈之用，而"锐""光"、"纷""尘"不仅不是道不具有的感性特征，反倒是冲虚之道实现不盈之用的灵妙方式。总体来看，原文是在本体论或生成论的意义上称道为"帝之先"，老子强调了道居于万物之先的非感性特质。衍文的命名逻辑则是功用论意义上的："道冲"而"可锐、可光，可纷、可尘"，"因物之不能违"，故为之名，其中凸显了道发用于物的方式和效果。质言之，船山对道之冲与其用之不盈的关系的诠释更近乎机谋之术，其特点可归为虚以应实、以退待争，其施用效果是万物皆不能违逆冲虚之道。

《老子衍》全书用以描述老子此术的用语颇多，较具代表性的有"居以俟"（第一章），"坐而收"（第二章），"坐而老"（第五十六章），"坐而取"（第五十七章），"坐而消"，"坐而胜"（第七十九章），等等。这些用语的含义是内居冲虚无迹，于外应物御实。晚年船山在《庄子解·天下》篇中更明确地将老子此术概括为"虚"以"致物"，"姑以示槁木死灰之心形，以待物之自服"，其权诈机理和特质是："其意以空虚为物之所不能距，故宅于虚以待阴阳人事之挟实而来者，穷而自服；是以机而制天人者也。《阴符经》之说，盖出于此。以忘机为机，机尤险矣！"船山之所以归老子与申韩为一系，其根由正在此。

《老子》全书言道最精短的是第四十章，船山诠释此章的衍文却颇为复杂：

> 流而或盈，满而或止，则死而为器。人知器之适用，而不知其死于器也。若夫道，含万物而入万物，方往方来，方来方往，蜿蟺希微，固不穷已。乃当其排之而来则有，当其引之而去，则托于无以生有，而可名为无。故于其"反"观之，乃可得而觌也。其子为光，其孙为水，固欲体其用也实难。夫迎来以强，息往以弱，致"用"于"动"，不得健有所据，以窒生机之往来；故用常在"弱"，而道乃可得而"用"也。"动"者之生，天之事。"用"者之生，人之事。天法道，人法天，而何有于强？然而知道体之本动者鲜矣。唯知"动"则知"反"，知"反"则知"弱"。

本章原文依次包含三层内容：道之动、道之用和有无关系，至于三者的关系，老子并未明言。船山则以"用"为中心，疏通了三者的关系。其衍文大意是：道在万物的生死往来即有无转换中流动不已，一旦滞留于某物，其生机就会衰死。因此，欲以道为体而用之，必须始终保持流动不息的生机。而要做到这一点，绝不能像儒家那样"健有所据"，或如船山在原文夹注中所说的那样"坚强""有倚"，即有所依持而强健有为，这样必然会阻断万物的生死往来，从而窒息道的生机。唯一正确的做法是"用常在'弱'"，如此方能得道之用，确保万物从无到有、从有到无的不息流转。

显而易见，船山诠释的落脚点在"道之用"，老子关于道之动和有无关系的形上学言说皆被其收拢于"用常在'弱'"之下。衍文虽未明确揭示和批评老子用弱思想的权谋性质，而只是在本体论的层面上推衍了老子之所以提倡用弱的缘由，但以船山所主张的强健有为的道体观念为参照，老子道论思想的异端性也就不言而喻了。

最后看他对《老子》第二十一章的诠释：

> 两者相耦而有"中"。"恍惚"无耦，无耦无"中"。而恶知介乎耦，则非左即右，而不得为"中"也？"中"者，入乎耦而含耦者也。虽有坚金，可锻而液；虽有积土，可漂而夷；然则金土不能保其性矣。既有温泉，亦有寒火；然则水火不能守其真矣。不铣而坚于金，不厚而敦于土，不暄而炎于火，不润而寒于水者，谁耶？阅其变而不迁，知其然而不往；故真莫尚于无实，信莫大于不复，名莫永于彼此不易，而容莫美于万一不殊。私天之机，弃道之似，夫乃可字之曰"孔德"。

本章原文开头提出有大德者唯以道为信从，衍文大部分篇幅即是对本章所谓道之理论实质的诠释。我们看到，船山一方面运用原文本无的"耦"字，另一方面又抓住"其中有象""其中有物""其中有精""其中有信"的"中"字，并将其含义由"内部"换为"两端之中"，提出"'中'者，入乎耦而含耦者也"。结合第三十九章衍文"'一'含万，入万而不与万为对"，第四十章衍文"道，含万物而入万物"的说法，这里的"中"实指"道"。在船山看来，老子此"道"包含且内在于彼此对耦的万物之中，它没有感性特征，但却比万物更具永恒的实在性，阅历万物之变而自身却不随物流迁，因此其本质特点可概括为无形无实、不复不易、消万归一。船山认为，此"道"实际上并非真正的道，而只不过与道相似罢了。但落实在政治活动中，老子推崇的大德之人甚至连这个"道之似"也抛弃了，其所作所为只是出于对天地自然之机密的私意揣度和利用，即"私天之机"。

通观船山的全部黜老话语，这里的"机"字极为关键。此字未见于《老子》全书，但在船山的衍文中却多次出现——例如"人机""入机伪"

（第一章）；"得其机"，"机者，方进其退，方退其进"（第九章）；"无机为机"（第十二章）；"前机""后机"（第二十四章）；"一机之动"（第四十六章）；"杀机"（第五十章）；"乘道之机"（第六十九章），等等，而以"私天之机"四字诠释并嘲讽本章原文之"孔德"，则与船山对老子的负面定位——"持机械变诈以徼幸之祖"——恰相对应，其指斥之意不言自彰。

总体来看，《老子》作为具有开创意义和本源性的中国哲学经典文本，其中重在言道的几章不仅文字简奥，而且对道的形上学观念的表达也没有经过分析论述，老子只是采用类似于哲理诗或格言的文本形式，以抽象玄微的语言直陈其义。船山的诠释与此颇为不同。由以上梳理可见，通过运用多种诠释方法，衍文对老子之道的含义、道物关系、道生万物的机理及其实际功用特点展开了较为细致的分析论述。船山的诠释方法包括：引入后于《老子》出现的理论话题和概念、重整原文的概念间关系、利用并转换文本固有术语的含义、列举经验事例，乃至采用作为修辞手段的拟人、对比、排比、反讽等。这些诠释方法的运用使船山的衍文明显具有分析论述的特点。

除言说方式有异，船山在诠释老子之道时还特别着意从道生万物的机理中探发道之用，而对道超越于万物之外的形上特质则施墨不多。就本意而言，老子也重视道之用，即所谓"以道莅天下"（第六十章）云云。但老子强调的道之用是无为，或"辅万物之自然而不敢为"（第六十四章），但在船山的衍文中，"孔德"之人对道的运用却只是"私天之机"，落实为术即为谦弱自持、虚以致实，其真实目的是使物不能违，以取得最盛之益。第二十八章衍文云："不得已而求其用，则雌也、黑也、辱也，执其权以老天下之器也。"对于道来说，"求其用"的结果不是辅育万物以使其自我成长，而是使之疲惫衰老，这种道之用显然具有权谋性质，正因此，第八章的衍文才会讽刺老子心目中的圣人"擅利"。

一言以蔽之，经过船山的诠释，老子之道由生养辅育万物的形上本体被转换成了圣人应物取利的权谋之术的终极依据。这一转换之所以发生，归根结底是船山作为儒者对老子思想的私见所造成的故意误读所致，同时也是他对《老子》文本采取的"衍其意"的诠释方法于实践效用层面外在化延伸的结果。船山预设的"暴其恃，而见其瑕"以摧破老子之邪诐的诠释目的，正是通过"衍其意"的思想意图诠释和"求其用"的实际功用诠释实现的。

　　不同于一般的诠释活动，由于船山衍老之目的不在寻求其与老子的视域融合，而是要凸显正学与异端的视域对峙，进而居高临下地指斥老子之学，所以，无论在难免掺杂价值因素的思想意图诠释还是在实际功用诠释中，《老子衍》让我们看到的更多是诠释者与诠释对象之间的疏离和紧张，正所谓老子自老子、船山自船山。即便船山希望"入其垒"，依循"老之自释"以衍老，他也终未达至对《老子》文本及其思想的客观、内在的理解。

第十一章

王船山解老注庄的心志与形式

　　王船山老庄诠释之学的文本形态有两种：其一是狭义的内部性诠释文本，即《老子衍》《庄子通》《庄子解》三部道家经典诠释专书；其二是广义的外部性诠释文本，即船山于不同体例的其他著作中写下的直接或间接随机评议阐说老庄的大量文字。比较这两种文本可见，在诠释不同经典时，船山对老庄之学的理论观点常发生变化和漂移，以至于前后相异。之所以产生这种现象，一方面可归因于船山作为儒者和遗民所具有的微妙复杂的心态，另一方面则是因为船山惯常采取因顺文本的诠释方法，而不同的经典文本固有的内在语境和思想逻辑难免会对诠释者产生干扰甚或裹挟效应，从而使船山通过诠释不同的对象文本所表达的思想观点前后有异。

第一节　内部性诠释与外部性诠释

　　作为明遗民士群的代表人物和明清之际的一代大儒，在颠沛流离的生命历程中，王夫之表现出了坚贞的民族气节和强烈的文化使命感。在其晚年所著《读通鉴论》中，他曾通过褒赞历史上的孔鲋藏书之事自抒心志曰：

"能为无用之学，以广其心而游于乱世，非圣人之徒而能若是乎？……君子之道，储天下之用，而不求用于天下。"（《读通鉴论》卷一）① 不难看出，这实际是船山于王朝更替之世自我期许的生存之道，所谓"为无用之学"和"储天下之用"具体表现为他一生虽经动荡坎坷甚至屡遭险祸，但却拒绝降清，并最终选择隐遁于深山中孤愤著书，以接续、阐扬和重建儒家的文化精神信念。

自中岁徙居"败叶庐"，从此寄全部身心于学术之业始，一直到去世，船山夙兴夜寐，笔耕勤奋，著述繁多，诚可谓"经史子集"无所不涉。暂且撇开其"史""集"之作和诗赋等文学作品不论，船山于暮年曾撰有一联："六经责我开生面，七尺从天乞活埋"（王敔《大行府君行述》）②，由上联可知，对儒家传统经典的诠释是船山一生学术事业的中心。在这方面，其于《易》有"内传""外传""稗疏""考异""解"，于《书》有"稗疏""引义"，于《诗》有"稗疏""广传""考异"，于《礼记》有"章句"，于《春秋》有"稗疏""家说""世论""博议"，于"四书"有"稗疏""考异""笺解""大全说""训义"。而在子学领域，他的重要著述则先后有《老子衍》《庄子通》《庄子解》和《张子正蒙注》。此外，船山著《楚辞通释》之目的显然也不只是为了进行字句辨析和文学鉴赏，而是重在思想阐发，以抒其志。正是通过对众多儒道经典的考辨、注解和思想诠释，船山形成了他自己的博大精深的哲学思想体系。因此，刘笑敢先生赞曰："无论从数量还是从质量来说，王夫之都是继朱熹之后的中国古典哲学诠释的另一个高峰。"③ 这无疑是对船山的经学和子学著作所取得的理论成就及其在中国哲学经典诠释史上之崇高地位的精当评价。

总体上看，船山的经典诠释著作不仅思想内容各异，其文本类型和体例亦颇为不一。大致来说，"传""解""说""论""引义""训义""衍"

---

① 《船山全书》，第 10 册，第 69 页。
② 《船山全书》，第 16 册，第 84 页。
③ 刘笑敢：《诠释与定向：中国哲学研究方法之探究》，第 42 页。

"通""释"，以及他对张载《正蒙》所作的"注"，均可归为思想诠释之作，而"考异""稗疏"则是辅助性的考辨或疏通字义之作。① 这两类著作相辅相成，共同构建起了一个极为庞大的经典诠释体系。为建构"中国诠释学"计，船山在不同体例的著作中所运用的灵活多样的诠释方法以及其中包含的丰富的诠释学理念，值得我们深度开掘。

虽然本章要讨论的是船山的老庄诠释之学的概貌，但从学术研究的周全性和缜密性角度考虑，他对《老子》和《庄子》文本的诠释毕竟只是其庞大的经典诠释体系的一个局部，而作为严正之儒，船山对这两部道家经典的诠释又不可避免地会受到他对儒家经典的诠释的影响和制约——无论在诠释方法上还是在思想上。所以，我们必须将他的老庄诠释之学置于其经典诠释学的总体结构中进行考察，并准确把握他于儒家系统（特别是宋明道学）中的思想特质及其诠释动机。因为从根本上说，船山的思想特质和诠释动机决定了其老庄诠释之学的视域、前见、方向和方法。

概而言之，在宋明道学诸儒中，船山对陆象山及阳明心学乃至李贽之学可谓深恶痛绝；与此同时，他对濂溪程朱虽亦各有所取②，但却奉张载为正学，且尤重张载的《正蒙》，故其自题墓铭中有"希张横渠之正学而力不能企"一语（《薑斋文集》卷十）③。另其子王敔所撰《大行府君行述》记载，船山晚年"又谓张子之学切实高明，《正蒙》一书，人莫能读，因详释其义"④。基于此，正如陈来所指出的，从中国哲学发展的自身脉络看，船山是宋以来道学运动中属于张载一派的思想家，而且他与二

---

① 汤一介说："对于经典解释所用之材料，必定会遇到材料是否可靠的问题。……考证材料之真伪、判定论断之是非，对研究经典注释问题至关重要。"（《关于僧肇注〈道德经〉问题：四论创建中国解释学问题》，《学术月刊》2000 年第 7 期）

② 王敔《大行府君行述》说船山的学术特点是："守正道以屏邪说，则参伍于濂、洛、关、闽，以辟象山、阳明之谬，斥钱、王、罗、李之妄。"（《船山全书》，第 16 册，第 73 页）

③ 《船山全书》，第 15 册，第 228 页。

④ 《船山全书》，第 16 册，第 74 页。

程、朱熹等人的思想又有着广泛复杂的关系，所谓"参伍于濂洛关闽"，"归本于横渠濂溪"，其一生思想活动的主导方向则是反思宋明道学之衍变，并试图超越之，"以重建儒学的正统"。①

与对儒家经典的诠释和对儒家"正学"的重建相对应，船山学术事业的另一方面是讨伐各种"异端"之学，恰如其所言："辟异端者，学者之任，治道之本也。"（《读通鉴论》卷七）② 根据他的判断，在儒家学派之外，"古今之大害有三：老、庄也，浮屠也，申、韩也"（《读通鉴论》卷十七）③。针对老庄之学，船山专门撰写了《老庄申韩论》一文（《薑斋文集》卷一）④，明确表达他的批判态度，其中说：

> 建之为道术，推之为治法，内以求心，勿损其心，出以安天下，勿贼天下：古之圣人仁及万世，儒者修明之而见诸行事，唯此而已。求合于此而不能，因流于诐者，老庄也。

这段话是说，老庄皆是背离圣人之道而自损其心、贼仁且害天下的异端。对此偏离正学的"诐者"，船山斩截指出："与圣人之道背驰则峻拒之者，儒者之责，勿容辞也。"在他看来，真正的儒者必须从内心到行为都应与老庄等异端彻底划清界限，"拒其说，必力绝其所为，绝其所为，必厚戒于其心，而后许之为君子儒"。然而，历史与现实中偏偏有相当一部分儒者罔顾正邪、混同儒道，恰如船山所说："君子贵知择焉。弗择，而圣人之道且以文邪慝而有余。以文老庄而有老庄之儒。"虽然"圣人之道"文饰的"老庄之儒"骨子里不过是邪慝者流，但其文邪饰慝之举却势必玷污"圣人之道"的圣洁性，用其《老子衍·自序》的话说："强儒以合道，

---

① 陈来：《诠释与重建：王船山的哲学精神》，北京大学出版社 2004 年版，第 14—15 页。

② 《船山全书》，第 10 册，第 279 页。

③ 《船山全书》，第 10 册，第 651 页。

④ 参见《船山全书》，第 15 册，第 85—87 页。

则诬儒。"这当然是船山无法容忍的，所以他在指斥老庄的同时，还频频把批判矛头指向那些名为孔门之徒，但内里却是已老庄化了的儒者。据此可说，船山之辟老庄，乃是为了从思想和历史现实两个层面，排拒、涤除老庄之学对儒家正学和儒者群体的渗透、侵蚀，从而为儒家"清理门户"，以维护和挺显圣道之纯正本貌。由此，他的老庄诠释之学只有被放在捍卫儒学的纯洁性这一思想旨趣下，方可得到恰切的理解。

全面地看，船山的老庄诠释之学具体展现为两种文本形态：一是狭义的内部性诠释文本，即《老子衍》《庄子通》《庄子解》三部道家经典诠释专书；二是广义的外部性诠释文本，这是指除上述三书外，船山于不同时期——无论早年、中年还是晚年——在大量的其他不同体例的著作中写下的直接或间接随机引述、评议或阐说老庄的文字。分开来看，这些文字皆属碎言片语，但合而观之，其总量却堪称繁巨。就内容和体例而言，船山针对老庄之学的外部性诠释文本广泛散存于他的经史子集各类著作中，其中包括儒家经典诠释、史学批注、社会政治评论、思想文化短札，乃至历史人物传记、诗赋文论等。即以庄子为例，通观《船山全书》，笔者发现大约只有很少几部著作——譬如《周易考异》《尚书稗疏》《春秋稗疏》《四书考异》《籀史》《莲峰志》《噩梦》《龙源夜话》等，其中没有涉及庄子。这从一个方面表明，对老庄的高度关注是其经典诠释体系的重要内容之一。

第二节　重构与颠覆

毫无疑问，研究船山的老庄诠释学，应以内部性诠释文本为重点考察对象，但外部性诠释文本也绝不可忽视。这不仅是因为后一类文本总量繁巨，更重要的是，如果把两种文本结合起来作一综观，我们就会发现，一旦脱出《老子》《庄子》二书而转到其他著述和其他语境下，船山对老庄的态度其实是非常复杂的，甚至在某些方面是自相矛盾的。特别是关于老庄思想之异同以及对庄子之学的评价和定位等问题，他在两种文本中表达的观点明显存在着相互冲突之处。

比较可见，在外部性诠释文本中，船山往往视同老庄，进而不加区分地批评二者为"古今之大害"。但在内部性诠释文本中，如前章所论，《老子衍》对老子几乎是通篇的指斥，《庄子通》和《庄子解》对庄子的有所肯定以及对老庄之异同的辨析，却与他混同老庄而一概斥之的前一种态度发生了矛盾。结合船山所处的历史语境及其个人境遇，他之所以在两种文本中对老子始终持否定态度，对庄子却前后褒贬不一，实质上皆可归因于其作为儒者和遗民的微妙复杂的心态。因此，若要准确把握这种心态，进而理解《老子衍》《庄子通》《庄子解》的诠释学特点，必须将此三书与他在外部性诠释文本中对老庄的评议论说结合起来，否则，我们对其老庄诠释之学的理解和把握就是不完整、不深切的。

除了具体的理论观点有别，船山在内部性和外部性诠释文本中对老庄之学还分别采取了迥异的处理方法，以至于产生了不同的诠释效应。详而言之，在《老子衍》《庄子通》《庄子解》中，他主要是通过进入《老子》《庄子》文本的内部，依循其各自的文章脉络和固有的逻辑理路，同时有选择地袭用《老》《庄》的某些文辞和概念，以展开对老庄之学的诠释。用这种方法诠释老庄之学，船山提出的理论观点固然不乏有意无意的误解或偏见，但由于内部性诠释文本属于严格意义上的经典诠释著作，所以他不可能完全脱离诠释对象的思想和逻辑，而是不得不适度顾及、体贴甚至某种程度上受限于诠释对象固有的内在理路，从而以相对客观公允的学理辨析的方式对其进行思想诠释。因此我们看到，船山的三部道家经典诠释著作在发挥己意、推阐新说的同时，确乎提出了一些并非私意和偏见的重要学术观点。例如，《庄子解》对庄老之学的区分虽绝非无懈可击，但船山能敏锐探察到《庄子》各篇的文本和义理差异，进而指出庄老殊途，其论断仍大可被视为正见。事实上，船山对《庄子》文本和老庄之别的分疏在后世乃至当今学界仍颇有影响，这充分说明其论断在学理上有相当的说服力和合理性。

然而，一旦撇开《老子》《庄子》文本，从而脱出二书内在构设的老学和庄学语境的制约，在内部性诠释文本之外大量的经史等著作中，特别是在此类著作涵摄的需要船山挺立儒家立场和儒者姿态的经学或儒学语境、历史语境以及社会政治和生活伦理语境下，他却又出于彰扬儒家正学之目的，遵循宋明道学排"二氏"的惯常套路，外部性地评议论说作为"异端"的老庄。由于他的这类评说几乎完全不顾《老子》《庄子》二书的内在语境、思想逻辑、理论旨趣和精神实质，而纯粹是从儒家立场作出的，所以在其针对老庄之学的外部性诠释文本中，我们看到的大都是船山作为儒者对所谓"异端"的偏颇臆断和不实指责。从今天的角度看，这些臆断和指责不仅有失公正，在学理上也是不严谨的。例如，其于外部性诠释文本中罔顾庄子之学的独异性，频频混称"老庄"或"庄老"，且不加区分地笼统批评二者的做法，便与其《庄子解》对老庄思想之异的辨析发生了矛盾，而船山贬老庄为古今三大害之一的论断则更透显着儒家的偏见，让人难以认同。

由上述分析也可看出，无论就内部性诠释文本还是就外部性诠释文本而言，船山的老庄诠释之学皆具有明显的"文本语境化"的特征，即：在不同的经典文本以及该文本内在构设的思想语境中，他用以处置老庄之学的方法及其理论观点常常会发生变化、漂移。之所以会出现这一现象，首先是因为船山的著述大多采取经典诠释的方式，而他所诠释的经典，无论属于经史子集的哪一类型，也无论属于儒家还是道家，经过长期的历史流传，这些经典自身本有的概念系统、言说方式、思想逻辑和价值向度已经构成一个磁力强大的话语场，它会对进入该经典文本及其内中语境的诠释者具有相当的干扰、限制甚或笼罩、裹挟效应，使诠释者——即便他们具有偏执的前见或试图对经典文本进行"逆向性诠释"① ——不得不在一定程度上贴着、顺着或"照着"诠释对象讲。

---

① 关于"顺向性诠释"和"逆向性诠释"，参见刘笑敢《诠释与定向：中国哲学研究方法之探究》，第135—137页。

另一方面，船山在诠释经典时又比较注重依循对象文本的固有理路以出己意。例如，《老子衍》的撰述方法是"入其垒""衍其意"（《老子衍·自序》），《庄子通》是"因而通之"（《庄子通·叙》），《庄子解》则是"随文申义"（萧萐父语）。① 应当看到，船山并不只是在诠释《老子》《庄子》时才强调依循文本。事实上，对于儒家经典，他同样运用这一诠释方法。例如，在《周易稗疏·上经》中，借"以配祖考"四字之解释问题，船山发挥说："凡此类皆顺文求之，斯得其解，不可屈文义以就己说。"② 在《礼记章句·月令篇》序言中，他在批驳了后世对该篇的谶纬化解说之后，随即提出他所采取的诠释方法是"因其说之可通者而诠释之"③。在《楚辞通释·序例》中，船山坚决反对王逸对《楚辞》所作的过于随意的解释，即所谓"俄而可以为此矣，俄而可以为彼矣，其来无端，其去无止"，进而指出他的诠释方法是"达屈子之情于意言相属之际"④，亦即从该书的文辞及其本意出发，并把辞与意结合起来，以通达"屈子之情"。另外，其于"《中庸》则仍朱子《章句》而衍之"（王敔《大行府君行述》）⑤，"仍"即因袭、沿用，"衍"是指循着朱熹《章句》的文脉和理路以推阐其意。这些不同说法都体现出了船山对诠释对象的尊重和依循。

这种诠释理念使船山对老庄的态度难免会随着他所诠释的经典文本及其语境之异发生偏差：在诠释《老子》时，即便其根本目的是批驳老子之学，他也不得不对"老之自释"（《老子衍·自序》）多有依循；在诠释《庄子》时，为了对庄子进行儒家化的再造，他不仅采取了"因以通君子之道"（《庄子通·叙》）的处理方法，更在某些问题上对庄子之说深表认同。但在内部性诠释文本之外的其他著作中，特别是在儒家经典诠释和史

---

① 萧萐父：《船山哲学引论》，江西人民出版社 1993 年版，第 244 页。
② 《船山全书》，第 1 册，第 760 页。
③ 《船山全书》，第 1 册，第 372 页。
④ 《船山全书》，第 14 册，第 207 页。
⑤ 《船山全书》，第 16 册，第 84 页。

论著作中，为了维护儒家思想的纯洁性，挺显儒家在历史、政治和日用伦常、自我修养语境下的严正立场，每当论及老庄之处，船山又几乎无一例外地断章取义，诛其心、废其文，痛斥其学为洪水猛兽，而全然不顾《老子》《庄子》二书之本文和本旨。

从《老子衍》《庄子通》《庄子解》三书来看，由于船山本人的思想取向和微妙心态使得其对老子和庄子之学的是非褒贬并不一致，所以，虽然他对《老子》和《庄子》采取的同样都是依循文本的诠释方法，但撇开具体细节不论，这一方法在这两部道家经典上却是按照截然不同的诠释方向运用的。简言之，如果说其对《庄子》的诠释是建构性的——建构一个儒家化的庄子思想体系，那么，其对《老子》的诠释则是摧破性的——摧破邪诐不经的老子之学。恰恰是在此一破一立之中，蕴含着两种颇为不同的诠释学思想。同一位诠释者，所诠释的又是两部历来被认为同归一门且具有源流关系的道家经典，但船山的诠释活动却表现出了歧向各异的思想特点，这在中国哲学经典的诠释史上也可以说是独树一帜了。

第十二章

王船山的老庄异同论

　　古代思想史上，庄子常被视作老子的后学。身处明清之际的王夫之在老庄异同问题上的态度颇为矛盾。一方面，在其庄学专书中，船山严格区分庄子与老子之学，并认为庄高于老；另一方面，在其他的大量著述中，他却又屡屡混同老庄，罔顾庄子之学的独特性，不加区分地指斥二者。这种自相矛盾的理论观念，当归因于船山著述的文本类型差异、不同著述所涵涉的思想语境差异，以及处于衰乱之世中其醇儒品格和遗民孤困之心的纠结。

　　作为与儒家对立的异端，道家的两大代表人物老子和庄子，连同佛教、申韩，是王船山时常在著述中主动与之展开思想交锋，并不厌其烦地加以批驳的对象。但通观其全部作品，可发现船山对老庄的态度实际上是颇为矛盾的。其中一个重要表现是：围绕庄子与老子之学究竟相同还是相异的问题，他在不同文本和不同语境中的表述前后并不一致，有些说法甚至完全相反。本章将对这一问题进行梳理探析，以揭示出在此现象背后船山的理论动机和复杂心态。

第一节　庄高于老而自立一宗

王船山最重要的庄学专书是其晚年（六十三岁时）① 撰作的《庄子解》。该书的"外篇序"在对《庄子》的内外篇进行文本比较和义理分析时，顺便将庄子与老子之学作了严格区分。在船山看来，就文本特点而言，"内篇虽参差旁引，而意皆连属；外篇则蹖驳而不续。内篇虽洋溢无方，而指归则约；外篇则言穷意尽，徒为繁说而神理不挚。内篇虽极意形容，而自说自扫，无所粘滞；外篇则固执粗说，能死而不能活"。进一步，船山认为内篇与外篇的文本特点之所以反差巨大，是由二者不同的思想归属和义理旨趣造成的。"外篇序"云：

> 内篇虽轻尧舜，抑孔子，而格外相求，不党邪以丑正；外篇则怼戾诅诽，徒为轻薄以快其喙鸣。内篇虽与老子相近，而别为一宗，以脱卸其矫激权诈之失；外篇则但为老子作训诂，而不能探化理于玄微。

基于文本和义理两方面的分析，船山推断："外篇非庄子之书，盖为庄子之学者，欲引伸之，而见之弗逮，求肖而不能也。……其可与内篇相发明者，十之二三，而浅薄虚嚣之说，杂出而厌观。"（《庄子解·外篇序》）

概括起来，"外篇序"的老庄相异之论包括两个要点。第一，二者思想旨趣不同：老子陷溺于"矫激权诈之失"，庄子则"能探化理于玄微"而已无此失。第二，老庄对儒家圣学的态度不同：庄子虽贬抑圣人，但其贬抑却并不是简单地从与圣学（"正"）对立的相反角度（"邪"）作出的丑化和攻击，毋宁说庄子是从特殊角度对圣人提出了某

---

① 　参见王孝鱼为王夫之《庄子解》（中华书局 1964 年版）撰写的"点校说明"；萧萐父《船山哲学引论》，第 244 页。

种苛刻或更高的要求（"格外相求"）；而由老子之学，却只可能引发出对圣人圣学的无端愤恨、粗浅诅诽，这种徒逞口舌之快的做法无疑是极为轻薄卑劣的。

根据这两条理由，从船山对《庄子》内外篇之文本特点和义理差异的比较中，我们很容易看出他对老子的厌恶和拒斥、对庄子的有所肯定甚至不乏欣赏。作为其"贬老褒庄"之理论取向的落实，对于"外篇序"点名批评为"浅薄虚嚣""尤为惝劣"而至于"不足存"的《骈拇》《马蹄》《胠箧》《至乐》等篇，船山在后文的注解和阐发中或直接指出该篇的老学归属，或具体澄清篇中涉及的庄老思想分野，以免那些"但为老子作训诂"的芜杂篇章湮蔽或玷污了庄子之文和庄学精义。例如《马蹄》和《胠箧》两篇，船山给出的定位是：前者乃"引老子无为自正之说而长言之"（《庄子解·马蹄》），后者则"引老子'圣人不死，大盗不止'之说，而訾訾言之"（《庄子解·胠箧》）。关于《在宥》篇，船山虽承认"此篇言有条理，意亦与内篇相近"，但随即又话锋一转，贬之曰：此篇"间杂老子之说，滞而不圆，犹未得乎象外之旨，亦非庄子之书也"（《庄子解·在宥》）。又如关于《至乐》篇，他说：

> 庄子曰："奚暇至于悦生而恶死"……老子曰："吾有大患，唯吾有身；及吾无身，吾有何患？"……此篇之说，以死为大乐，盖异端偏劣之教多有然者，而庄子尚不屑此。此盖学于老庄，掠其肤说，生狂躁之心者所假托也，文亦庸沓无生气。（《庄子解·至乐》）

通过从"文"和"义"两个方面对庄老进行分疏，进而对庄子之学表示肯认，对老子之学表示厌弃，乃至对那些"但为老子作训诂"之文表示不屑一顾，船山区分庄老且"贬老褒庄"的理论取向显露无遗。

追根溯源，早在《庄子解》之前，船山的这一理论取向已显端倪。譬如在三十七岁写成、五十四岁重定的《老子衍》一书中，船山就明确表达了他对老子之学的否定和贬斥之意：

> 　　夫之察其誖者久之，乃废诸家，以衍其意；盖入其垒，袭
> 其辎，暴其恃，而见其瑕矣，见其瑕而后道可使复也。夫其所
> 谓瑕者何也？天下之言道者，激俗而故反之，则不公；偶见而
> 乐持之，则不经；凿慧而数扬之，则不祥。三者之失，老子兼
> 之矣。（《自序》）

船山不仅痛斥了老子兼具的三种偏失——"不公""不经""不祥"，而且
坦言其衍老之目的是要深入老子思想内部，暴其所恃而"见其瑕"，最终
从根基处彻底摧破之。与此态度迥异，在六十一岁写成的《庄子通》① 的
"叙"中，船山却毫不掩饰自己对庄子的好感甚至认同，他认为："凡庄生
之说，皆可因以通君子之道"，"因而通之，可以与心理不背"。② 两相对
比可见，在船山心目中，老、庄与儒家的关系大为不同：老子与圣学可谓
格格不入、完全对立，庄子与君子之道则是可通的。

　　比较而言，船山的老庄相异之论在其《庄子解·天下》述及庄子的思
想时表达得更周详，也更为全面。在这一部分，他首先对老子与庄子之学
的关系作了总体性的界说：

> 　　庄子之学，初亦沿于老子，而"朝彻""见独"以后，寂寞
> 变化，皆通于一，而两行无碍：其妙可怀也，而不可与众论论是
> 非也；毕罗万物，而无不可逍遥；故又自立一宗，而与老子有
> 异焉。

---

① 关于王夫之重要著作的年代顺序，参见邓辉《王船山道论研究》，湘潭大学出版社
2010 年版，第 54—57 页。

② （清）王夫之：《老子衍 庄子通 庄子解》，中华书局 2009 年版，第 45 页。

船山的看法可以概括为一句话：庄出于老而异于老、胜于老。庄所以胜于老而"自立一宗"者，在于庄子得道、见道——"朝彻""见独"——之后，已然贯通了本体层面的"一"与经验或实践层面的"两行"，从而超越了世俗的是与非、善与恶，在任何境遇下皆可获致逍遥的理想生命。这段话中的"一"，即船山随后提到的庄子自悟所得之"浑天"（《庄子解·天下》），它兼虚实、无有、幽明、体用、道物、形上与形下、无限与有限而为一[1]，是庄子"自立一宗"的根基所在。

从庄子的圆通以观老子，其思想实质恐只能命以一险侧之"机"字，亦即船山所谓知雄守雌、知白守黑，"知者博大而守者卑弱……宅于虚以待阴阳人事之挟实而来者，穷而自服；是以机而治天人者也"（《庄子解·天下》）。反之，由于庄子已通达"浑天"，从根本上排遣掉了二元对待、非此即彼的思维模式，故其"两行"并非基于二元思维的机权之术，而是于两端之中不滞守任何一端，所谓"进不见有雄白，退不屈为雌黑；知止于其所不知，而以不持持者无所守"（《庄子解·天下》）。船山强调，庄子的"无所守"虽亦可谓之"虚"，但其"虚"却与老子之"虚"有本质的区别：老之"虚"是虚实对待格局中的一端，它以自我为中心，以"致物"或"待物之自服"为最终目的，故此"虚"实为一种机权之术；庄之"虚"则完全消解了物我、虚实的二元对待窠臼，"丧我而于物无撄者，与天下而休乎天钧"（《庄子解·天下》），即我与物、我与世界共融于无尽的大化流行中。

更进一步，船山不仅坚持庄老异趣，称许庄子拔理于黑白雌雄的老子之上，而且认为二者对后世的影响也极为不同。他指出，由于庄子摆脱了物我二元的思维模式，"故曼衍连犿，无择于溟海枋榆，而皆无待以游……其高过于老氏，而不启天下险侧之机，故申、韩、孙、吴皆不得

---

① 关于《庄子解》所谓"浑天"之涵义，参见邓联合《"逍遥游"释论：庄子的哲学精神及其多元流变》，北京大学出版社 2010 年版，第 373—376 页；邓联合《论王船山〈庄子解〉的"浑天"说》，《文史哲》2020 年第 6 期。

窃，不至如老氏之流害于后世"（《庄子解·天下》）。这段话反过来说就是：老子之学必"启天下险侧之机"而至于寡恩刻薄、权谋狡诈，并终将流为申韩孙吴的刑兵法术，而以随处皆可逍遥为大旨的庄子之学则与刑兵法术截然异路，故不至于像老子之学那样严重流害于后世。显然，船山此论是在儒者立场上作出的，因此带有儒家偏见。但撇开这点不论，就思想渊源看，至少申韩与老子之学难脱干系，而船山将庄子与申韩孙吴一路区分开来，无疑更是正确的洞见。换言之，老与庄的历史影响的确不应混为一谈。

第二节 老庄"未能合圣人之道"

陈来认为，就思想的对立面来说，船山"始终都是把佛、老作为'正学'的主要敌人"加以批评的。① 曾昭旭更具体指出："船山诃斥佛老之言，全书处处可见，其早年所著，如易外传、尚书引义、读四书大全说等，攻之尤烈。及晚年，意气稍平……然大端仍不稍假借。……盖义理所在，不容不严也。"② 应当说，在宋明道学的传统中，"排二氏"一直是重要的思想主题，所以船山批评老子丝毫不稀奇。真正令人感到有些费解的是，与《庄子解》《庄子通》两书对待老与庄的态度迥异，在大量的其他著述中，当船山批评老子时，他常常会遵循儒家的正统立场及其排斥异端的传统套路，屡屡合称"老庄"或"庄老"，或径直以庄为老之承继者，从而罔顾庄子"高过于老氏"的独特性，不加区分地指斥二者。

如前所述，《庄子解》高度肯定庄子之"浑天"兼虚实、无有、幽明、体用而为一，并强调这是庄异于老的根基所在。但在完成于《庄子解》之后的《周易内传》以及代表其一生思想所归的《张子正蒙注》等

---

① 参见陈来《诠释与重建：王船山的哲学精神》，第14页。
② 曾昭旭：《王船山哲学》，台北：远景出版事业公司1996年版，第218页。

著述中，他却又一改此前对庄子的积极评价，转而依据张载的"太虚即气"思想，点名或不点名地批评老庄陷于"无""虚""幽"之一偏：

> 乃异端执天地之体以为心，见其窅然而空、块然而静，谓之自然，谓之虚静……则是执一嗒然交丧、顽而不灵之体以为天地之心，而欲效法之。……乃因其耳目之官有所窒塞，遂不信其妙用之所自生，异端之愚，莫甚于此。(《周易内传》卷二下)①

> 明有所以为明，幽有所以为幽；其在幽者，耳目见闻之力穷，而非理气之本无也。老庄之徒，于所不能见闻而决言之曰无，陋甚矣。(《张子正蒙注》卷七)②

> 鬼神者，气之往来屈伸者也……所以辟释氏幻妄起灭、老庄有生于无之陋说。(《张子正蒙注》卷九)③

> 气之与形，相沦贯而为一体，虚者乃实之藏，而特闻见之所不逮尔。庄、老言虚无，言体之无也；浮屠言寂灭，言用之无也；而浮屠所云真空者，则亦销用以归于无体。(《张子正蒙注》卷九)④

> 老之虚，释之空，庄生之逍遥，皆自欲弘者；无一实之中道，则心灭而不能贯万化矣。(《张子正蒙注》卷四)⑤

且不论张载的"太虚即气"思想，实际上辗转渊源自庄子"通天下一气耳"(《庄子·知北游》)的气论哲学，严格说来，船山以庄子拘于闻见而不知虚实幽明之理，以至于"诬有为无"⑥，妄执"有生于无之陋说"，这

---

① （清）王夫之：《周易内传》，九州出版社 2004 年版，第 171 页。
② 《船山全书》，第 12 册，第 272 页。
③ 《船山全书》，第 12 册，第 359 页。
④ 《船山全书》，第 12 册，第 362 页。
⑤ 《船山全书》，第 12 册，第 158 页。
⑥ 《船山全书》，第 12 册，第 30 页。

一指责在学理上既不严谨，亦不符合事实而无法成立，因为庄子早已明确批评过有生于无之说①，更遑论船山的此类指责与其《庄子解》中的相关表述自相矛盾。

又如，《庄子解》曾肯定庄子已脱卸老子的"矫激权诈之失"，又说其"两行"并不是老子式的黑白雌雄之术，而庄子也绝非机权巧诈之徒。然而，同样也是在其他著述中，船山却又作出了与这些赞许之词相反的表述，笼统地以"机"字斥老庄。其《周易内传》卷五上云：

> 王弼、何晏师老庄之机械以避祸而瓦全之术，其与圣人知必极高明、礼必尽精微之道，天地悬隔。乾坤纯而德业盛，何尝以处錞用冲为存性之功乎！②

这显然是把老庄及何王一并视为机权保身、"处錞用冲"之徒了。在《读四书大全说》中，船山在阐说朱子"曾点未便做老、庄，只怕其流入于老、庄"一语时，同样亦以"机"字斥老庄：

> 庄子直恁说得轻爽快利，风流脱洒；总是一个"机"字，看着有难处便躲闪……老、庄则有事于明，翻以有所明而丧其诚。……缘曾点明上得力为多，故惧徒明者之且入于机而用其伪，故曰"怕其流入于老、庄"。（《读四书大全说》卷六）③

---

① 《庄子·齐物论》对有生于无之说提出了疑问和批评："有有也者，有无也者，有未始有无也者，有未始有夫未始有无也者。俄而有无矣，而未知有无之果孰有孰无也。"王博认为，"这段话明显是针对着认为世界有个开始并主张'有生于无'的老子"（《无的发现与确立：附论道家的形上学与政治哲学》，载《哲学门》第23辑，北京大学出版社2011年版）。

② （清）王夫之：《周易内传》，第436页。

③ 《船山全书》，第6册，第766页。

这段话不仅批评庄子以机巧之术逃避社会责任，只求自我之风流逍遥，而且揭示了所谓老庄之"机"的实质和流弊，即：徒有知性之"明"，但却丧其德性之"诚"，学者一旦流于老庄而"入于机"，则极可能在现实生活中发用于"伪"。

由"机"字推延开去，关于处世方式，船山对老庄另有多处不加区分的批评。例如，《周易外传》卷一："守雌处錞而俟其徐清，为老、庄之旨矣。"①《读通鉴论》卷十二："老子曰：'静为躁君。'非至论也。……是术也，老、庄以之处乱世而思济者也。得则驰骋天下之至刚；不得，抑可以缘督而不近于刑。"② 值得注意的是，船山甚为憎恶《庄子·养生主》所谓的"缘督"之术，且认定这种苟且圆滑的处世术承袭自老子，如其《老子衍·自序》云："庄子曰'为善无近名，为恶无近刑，缘督以为经'，是又庄之为老释矣。"就思想实质来看，在船山的此类批评中，无论"缘督"还是以静制动、以柔克刚等，说到底仍可归为"机"字。这种批评与他赞许庄子已脱出黑白雌雄的看法显然是冲突的。

在历史影响方面，前文提到，船山曾认为庄子之学不会像老子之学那样为申韩所窃而贻害后世。但在其他著述中，船山却又屡屡打破他本人划出的老庄之间的界限，作出了自相矛盾的论断，如《周易内传》卷五下："若何晏、夏侯湛之徒，以老庄之浮明，售其权谋机智，而自谓极深而入神。"③《读通鉴论》卷十七："有解散纪纲以矜相度者，而后刻覈者以兴，老、庄之弊，激为申、韩；庸沓之伤，反为躁竞；势也。"④ 据此说来，老与庄之间，进而老庄与申韩之间，并不存在绝对不可逾越的界限，在一定的历史条件（"势"）下，庄子仍可能与老子之学一道为申韩之流所窃而贻害后世。与"机"相关，谈及庄承自老的"缘督"之术

① （清）王夫之：《周易外传》，九州出版社2004年版，第32页。

② （清）王夫之：《读通鉴论》，中华书局1975年版，第373页。

③ （清）王夫之：《周易内传》，第456页。

④ （清）王夫之：《读通鉴论》，第578—579页。

对世道人心的危害，船山颇为愤慨地痛斥道："唯夫为善不力，为恶不力，漠然于身，漠然于天下，优游淌瀁而夷然自适者，则果不仁也……此其为术，老聃、杨朱、庄周倡之，而魏、晋以来，王衍、谢鲲之徒，鼓其狂澜，以荡患孝之心，弃善恶之辨……追原祸始，唯聃、朱、庄、列'守雌''缘督'之教是信，以为仁之贼也。"要言之，老庄的"缘督"之术贼仁，故君子应"恶而等之洪水"（《读通鉴论》卷十六）①，进而竭力排拒之。

除了与《庄子解》明显相互矛盾的以上几个方面，船山直接或间接对老庄之学及其流弊的笼统批评还有很多。例如：（1）老庄"于天命求知而反不畏"（《读四书大全说》卷七）②；（2）老庄"舍物求自以为道"而撇除天下义理（《读四书大全说》卷九）③；（3）老庄"各取一物以为性，而自诧曰知"（《薑斋文集》卷一），但其实他们终不知性为何物④；（4）老庄"贱名法以薪安天下，未能合圣人之道"，求合于圣道"而不能，因流于诐"（《薑斋文集》卷一）⑤；（5）老庄"不诚无物"，不足以"受天下"（《周易大象解·咸》）⑥；（6）老庄的虚无主义的身体观"狂不可瘳""愚不可寤"（《尚书引义》卷四）⑦；（7）老庄惑于道之"所偶在而与之相逐"，"岂有能及道者哉！"（《诗广传》卷三）⑧（8）老庄不知"敬信为人心之所固有"，亦不知"礼义为固结人心之本"（《礼记章句》卷四）⑨，等等。

至于二者的消极影响，除上文已述，船山还谈道："后世老庄之徒，

① （清）王夫之：《读通鉴论》，第543页。
② 《船山全书》，第6册，第851页。
③ 《船山全书》，第6册，第1021页。
④ 《船山全书》，第15册，第84页。
⑤ 《船山全书》，第15册，第85页。
⑥ 《船山全书》，第1册，第716页。
⑦ 《船山全书》，第2册，第355页。
⑧ 《船山全书》，第3册，第405—406页。
⑨ 《船山全书》，第4册，第278页。

丧我丧耦，逃物以止邪，而邪益甚。"(《周易内传》卷四上)① 政治方面，"夫师老庄以应天下，吾闻之汉文景矣。其终远于圣人之治而不能合者，老庄乱之也"(《薑斋文集》卷一)②。再以晋代为例，王导和琅琊王所用之术，"老、庄以之处乱世而思济者也。……此以处争乱云扰之日而姑试可也；既安既定而犹用之，则不足以有为而成德业。王与导终始以之，斯又晋之所以绝望于中原也"(《读通鉴论》卷十二)③。而远在汉晋之前，"柱下之言淫于庄列，而三代之礼教斩"(《船山经义》)④。"柱下"即老子。这些历史事实都说明，老子思想经由庄、列等道家后学的推阐流布，其对王道政治的危害愈加深重且绵延不绝。正因其为祸如此不堪，船山判定："古今之大害有三：老、庄也，浮屠也，申、韩也。"⑤ 言辞间，其憎恶之意显而易见。

第三节　儒者之责与遗臣之心

怎样理解船山在庄老异同问题上表现出的矛盾态度？可能的解释大致有三种。

第一，《庄子解》虽肯定庄子"自立一宗"且"高过于老氏"，但同时却又认为庄对老的超越发生在"朝彻""见独"以后，而在此之前，其学"初亦沿于老子"。简言之，高于老的庄子毕竟出于老。这也就意味着庄子之学中可能仍残存着老子的某些痕迹，它们构成了庄老的共同特点，船山正是根据这些共同特点而合称老庄，并斥二者的。据此可说，关于老庄之异同，其态度并不矛盾。

① （清）王夫之：《周易内传》，第 334 页。
② 《船山全书》，第 15 册，第 85 页。
③ （清）王夫之：《读通鉴论》，第 373 页。
④ 《船山全书》，第 13 册，第 697 页。
⑤ （清）王夫之：《读通鉴论》，第 580 页。

不过，从船山对老子之学近乎完全负面的理解——黑白雌雄之术——来看，庄子那里可能残存的老子痕迹只会是与机权巧诈有关的思想，而恰如前文所论，船山亦确曾多次以"机"字责难庄子，视庄与老同为机巧之徒。但与此明显矛盾的是，《庄子解》中却又言之凿凿地指出：庄子已脱出黑白雌雄之外，"不启天下险侧之机"。所以，这种解释无法澄清船山在庄老异同问题上的自我矛盾。

第二，船山据以区分庄老同时也是他最为赞赏的庄子的"浑天""两行"等思想，实质上并不属于庄子，而仅仅属于船山本人。这是因为船山撰《庄子通》《庄子解》的理论意图，乃是要通过以儒解庄、融会庄儒的方式，最终把庄子之学纳入他所认同的道学思想中去。所以，《庄子解》所谓"浑天""两行"云云，其实都是船山借庄学话语所阐发的道学观念。由此可推知，船山内心实际并不认为庄异于老且高于老，他的真实态度仍是老庄一路，二者一脉而为古今三大害之一。据此亦可说，船山的老庄异同之论并未陷入自相矛盾中。

这种解释的最大问题是没有看到船山以不同方式流露出的其对庄子的"好感"。在文学上，如前引《庄子解·外篇序》所示，船山对《庄子》尤其是内篇之文赞誉有加，所谓"文章莫妙于《南华》"（潘宗洛《船山先生传》）[1]。在情感上，其《庄子通·叙》云："因而通之，可以与心理不背"[2]；其诗《闻极丸翁凶问不禁狂哭痛定辄吟二章》有云："何人抱器归张楚，余有《南华》内七篇。"（《薑斋六十自定稿》）[3] 这些都说明身处王朝交替之世的船山与战国剧变中的庄子产生了超越时空的心理共鸣。在思想上，《庄子通·叙》云："凡庄生之说，皆可因以通君子之道"[4]；在《庄子解》中，船山甚至肯定庄子的某些思想比"先儒"还要高

---

① 《船山全书》，第 16 册，第 88 页。

② （清）王夫之：《老子衍 庄子通 庄子解》，第 45 页。

③ 《船山全书》，第 15 册，第 357 页。

④ （清）王夫之：《老子衍 庄子通 庄子解》，第 45 页。

明——例如关于死亡问题①。此外，其子王敔提到，船山曾认为"《南华》去其外篇杂篇诃斥圣门之讹妄，其见道尚在狂简之列"（《大行府君行述》)②。或许正是由于船山晚年对庄子颇有"好感"，且"有取于庄"，故其后学以"先生现漆园身而为说法"（罗瑄《刊王船山庄子解跋》)③，来形容他为门人讲论《庄子》的情状。若将如此种种考虑在内，同时兼及其对老子的深恶痛绝，可以说，那种否认船山区分庄老因此其老庄异同论并无矛盾的看法明显欠妥。

第三，撇开以上两种解释，笔者认为，从其全部著述来看，船山在老庄异同问题上确是自相矛盾的。这种矛盾的产生，当归因于其著述的文本类型差异、不同著述所涵涉的思想语境差异，以及船山处于那样一个非常时代中微妙的个人心态。

在文本类型上，船山的著述包括儒家经典诠释、子学专书（主要是庄学和老学）、史学批注、社会政治评论、思想文化短札、诗文及注评等。各种著述内中涵涉的思想语境固然各有不同，但其大略应不外乎经学或儒学语境、子学语境、史学或历史语境、社会现实语境几类。如前所述，船山的老庄异同之论即散见于众多不同类型的著述中，而由于各种著述又涵涉着不同的思想语境，这就使得他对老庄异同问题的看法不可避免地表现出了"文本语境化"的显著特征。一方面，在各种文本及其涵涉的不同思想语境中，船山论说老庄的机缘、角度、目的、理据以及所批评的老庄的具体理论主张，亦多有不同，其所涉内容甚为广泛。另一方面，受到不同文本类型和思想语境的影响抑或"干扰"，船山在不同著述中随机写下的某些老庄异同之论，前后难免存在着矛盾之处。

具体来说，在《庄子解》《庄子通》涵涉的子学或庄学语境下，船山需要依循《庄子》文本及其思想的固有理路，对内外杂篇的差异、老庄的

---

① 参见邓联合《"逍遥游"释论：庄子的哲学精神及其多元流变》，第384—385页。
② 《船山全书》，第16册，第74页。
③ 《船山全书》，第16册，第397页。

差异进行客观平实的辨析，前文对此已有讨论。而在庄学专书之外大量的其他类型的文本中，特别是在这些文本所涵涉的需要船山挺立其儒者立场和姿态的经学或儒学语境、历史语境以及社会现实语境下，船山又出于捍卫和阐扬儒家道统之目的，必须混称庄老而一并斥之。于是我们便看到，对老庄的区分只出现在其庄学专书中，而混同老庄的情况则在除此之外的其他著作中屡见不鲜。

另外，不幸历经王朝兴亡和自我生命的曲折磨难，船山本人的复杂心态也与其老庄异同之论的偏差有重要关系。作为坚定的儒者，船山自当在经典诠释中严守道统，对老庄等异端断然予以拒斥。但如前所论，作为衰乱之世中的遗臣，身心双重孤独的船山却又与庄子产生了强烈的情感共鸣，进而不仅在生死等问题上对庄子深有所取，在应世方式上亦不乏借鉴。《庄子通·叙》云：

> 予以不能言之心，行乎不相涉之世，浮沉其侧者五年，弗获已，所以应之者，薄似庄生之术，得无大疚愧？然而予固非庄生之徒也，有所不可、"两行"，不容不出乎此……予之为大瘿、无服，予之居"才不才之间"，"知我者谓我心忧，不知我者谓我何求"，孰为知我者哉！谓予以庄生之术，祈免于羿之彀中，予亦无容自解，而无能见壶子于"天壤"之示也久矣。①

从中不难读出船山的矛盾心态："行乎不相涉之世"，为了避祸自保，他不得不以"薄似庄生之术"，"祈免于羿之彀中"；但作为纯正的儒者，他随即却又申明"予固非庄生之徒"，以划清与异端的界限。对于那种以其应世方式为"庄生之术"，甚至有人可能因此术而视其为"庄生之徒"的误解，借由两部庄学专书，船山的自我辩解之道是以儒解庄，将儒家观念融进庄子之学中。经此思想"整容"，庄子的形象就从离经叛道的异端一变

---

① 王夫之：《老子衍 庄子通 庄子解》，第45页。

而为"圣徒"，而船山在情感上与庄子产生的共鸣以及对其思想的肯认由此亦可名正言顺、心安理得了。

但问题是：船山这样做的前提是必须首先把庄与老严格加以区分。这是因为老子之学在船山那里几乎完全是负面的，如若不把庄子从老庄一系的传统观念中剥离出来，并凸显庄高于老的独异性，那么，一个仅仅作为老子之信从者、阐扬者的异端庄子，船山显然既不宜对其抱有个人好感，更难以将其进行儒家化的再造。然而，一旦《庄子解》强调庄老异路，就会与船山在其他著述中混同老庄的惯常做法相互矛盾了。这种矛盾既是船山思想上的内在冲突，又折射出了其醇儒品格和遗民孤困之心的纠结。

第十三章

老学论争与现代学术方法：詹剑峰 《老子其人其书及其道论》评析

关于老子其人、其书、其学，古今学者多有歧说甚至臆断。詹剑峰在 20 世纪 80 年代出版的《老子其人其书及其道论》一书中，采用现代学术方法，否弃学派偏见，秉持客观公正、不偏不倚的理论立场，依循严缜的逻辑，援取扎实、充分的证据，对各种臆见妄断逐一进行辨析和驳议，最终得出了较为信实可靠的结论。从 20 世纪乃至整个老学史的角度看，该书虽不无失当之处，但仍可说是一部拨乱反正、"可超而不可越"的重要著作。

在现代老子学史上，詹剑峰于 20 世纪 50 年代撰著、20 世纪 80 年代出版的《老子其人其书及其道论》一书是一部具有重要影响的力作。即便在老子学研究已取得全面进展的今天看来，无论该书提出的许多理论观点，还是作者运用的学术方法，都仍然具有不可忽视的学术价值。

詹剑峰（1902—1982 年），江西婺源人，早年求学于北京，1926 年留学法国，其间研读了西方哲学，1932 年回国后曾在安徽大学、华中师范大学等校任教，1949 年后主要从事中国哲学研究，是一位在中西哲学领域皆有精深造诣的学者，其著作有《哲学概论》《伦理学》《西洋古代哲学史》《逻辑与科学方法》《墨家的形式逻辑》《墨子的哲学与科学》等。

1957 年，詹剑峰写成《老子其人其书及其道论》，1963 年三易其稿，1966 年再次修正并作为定稿。1980 年，他又一次对书稿进行校改，1982

年由湖北人民出版社出版。① 书稿由初撰到最后定稿出版，凡二十五年，其间多次修改校正，足见作者治学之审慎严谨。诚如该书"弁言"开篇所说："任何科学都必须从实际出发，实事求是。哲学史是一门科学，自必遵守这条原则。……哲学史的实际是史料，所以研究哲学史必须详细掌握第一手史料，从大量的史料加以分析、比较、审查、鉴定，抽出正确的结论，力求符合历史的真相。"②

或正因此，这部书在詹剑峰的全部著作中最富盛誉。金春峰在该书出版不久发表书评，肯定其"对老子的研究，将是一个新的推动"③。该书出版二十年后，熊铁基等人所著《二十世纪中国老学》同样对其作出积极评价，认为作者坚持"实事求是、忠于史实、忠于真理"的态度，通过分析和考察大量翔实的史料，所得出的结论是"有相当说服力的，特别是《老子》成书早期说，现已为学术界越来越多的人所认可"。总体来看，"无论在方法论上还是在具体观点上，《老子其人其书及其道论》一书都富有重要的启示意义"④。詹剑峰出版此书的 20 世纪 80 年代初，中国思想界正处于"拨乱反正"的特殊历史阶段，而从古今老子学史的角度看，詹氏的这本书则可以说是一部正本清源、拨乱反正的重要著作。其所拨之"乱"，是指学术史上逐渐形成、积存乃至在今天仍颇有影响的关于老子其人其书其学的各种有意无意的妄断和误说。该书有三编："老子其人、其书及其学派""'天道自然'观""'人法自然'论"。在这三编中，尤以第一编最为精彩，学术贡献也最大。

---

① 华中师范大学出版社于 2006 年重印了此书。2023 年，北京出版社又将此书易名为《老子其人其书及其学派》，且删去了原书第二编以及第三编中的"'天之道'与人之德"一章，将其列入"大家小书"丛书再次出版。

② 本章所引文献，若无具体标注，均见詹剑峰《老子其人其书及其道论》（华中师范大学出版社 2006 年版），为节约篇幅，皆不标注引文页码。

③ 金春峰：《对老子研究的新推动：读詹剑峰〈老子其人其书及其道论〉》，《人民日报》1983 年 3 月 2 日。

④ 熊铁基、刘韶军、刘筱红、吴琦、刘固盛：《二十世纪中国老学》，福建人民出版社 2002 年版，第 360—369 页。

第一节　众说纷纭的老子其人其书其学

众所周知，早期道家诸子大都是"神龙见首不见尾"甚至首尾皆不可见的人物，老子亦然。作为"正史"，《史记》中的《老子列传》不过寥寥四百余字——与此形成巨大反差的是，《孔子世家》则有皇皇数千言。司马迁所作的这篇老子本传看似言之凿凿，实则大有可供后人想象、揣度和臆测的空间。应当说，对于老子其人其学，太史公之前的先秦典籍记述不可谓少，但由于这些记述或采取真假难辨的寓言形式（如《庄子》），或实为假托的对话（如《文子》），或只是借以阐说己意的片段引述和诠释（如《韩非子》），或只有极简的只言片语（如《荀子》《吕氏春秋》），所以，即便汇拢所有先秦文献的记述，老子示于后人的似乎仍只是扑朔迷离、歧异错杂而非清晰、完整的真切形象——据《史记》，孔子见老子后，颇服膺其气象之高深宏博，乃有"其犹龙邪"之叹，此之谓乎？

概括而言，关于老子其人、其书、其学，早期文献留给后世的问题主要有三方面。

（1）作为道家的立宗者，老子是哪一历史时期的人？与此相关的是一些更为琐细的问题，如老子故里何在？姓甚名谁？他有怎样的生平经历？孔子果真曾问学于老子吗？太史公述及的李耳、老莱子、太史儋，哪一个是撰作五千言并创立道家学派的"真老子"？

（2）《老子》一书成于何时？其早期貌相如何？其作者是春秋晚期的老子本人吗？

（3）老子思想的实质是什么？其学说的师承授受和演变历程是怎样的？

颇可玩味的是，以上这些甚至令今人仍时或感到一头雾水的谜团，唐代以前的学者却并不觉得是"问题"。老子是春秋晚期人，孔子曾向他问学，其著作为《老子》或曰《道德经》，其思想主旨是"无为自化，清静自正"（《史记·老子列传》），其后学有关尹、列子、庄子、申不害、韩非等，太史公记述的这些内容长期以来一直都是学者毋庸置疑和无须争辩的常识或共识，而在同一历史时期内，老子其人其书其学在社会政治和思想文化领域也一直居于备受尊崇的地位。

由于李唐皇族的崇奉，老子的尊荣在唐代达到最高的"峰值"，但恰恰是在唐代，情况开始发生了变化。以排佛老异端、倡儒家道统为己任，韩愈不仅对孔子问学于老子之习说感到愤愤不平，而且痛斥那些接受这种说法的儒者为"乐其诞而自小"（《原道》），用今天的话说就是甘愿信从前人的讹妄之说而自我矮化。但韩愈并未拿出反驳习说的理据，只是徒有愤愤而已。南宋时期，叶适批评孔子问学于老之说乃是黄老学者借孔子以推重其师之词，他并且认为《老子》的作者必非老聃，著书的老子也不是孔子问学的那个老子。进一步，清代的崔述、汪中等学者对孔子问学于老以及老子作《道德经》之说提出了更详细的疑问和辩议。在《洙泗考信录》中，崔述反驳司马迁《老子列传》中对孔子的批评云：

> 孔子骄乎？多欲乎？有态色与淫志乎？深察以近死而博辩以危身乎？……由是言之，谓老聃告孔子以如是云云者，妄也。
> 孔子称述古之贤人及其当时卿大夫，《论语》所载详矣……何以《论语》反不载其（指老子）一言？

崔述的言下之意是，所谓孔子问学于老之事乃是没有理据的妄说。汪中则依《礼记·曾子问》的记载，指认老子本是"谨于礼"且"尊信前哲"之人，但鉴于《老子》书中薄礼黜圣，再加上本传所述老子的"隐君子"与王官（"周守藏室之史"）的身份矛盾等一系列乖违可疑之处，汪中遂断定作五千言的老子应是孔子死后一百二十九年见秦献公的太史儋。换言之，充满异端色彩的五千言的作者并非孔子问学的对象。这实质上也是要否定孔子曾问学于老。

相较于前世，20 世纪以来学术界对老子其人其书的歧议、怀疑和否定，更加"花样翻新"而至于"五花八门"，诚可谓"有过之无不极"。各派学者的看法集中表现于 1949 年前后爆发的持续四十多年的激烈论战中。詹剑峰自始至终参与了这一论战，因此他的这部书也充满了论战色彩。兹将书中提到的具有代表性的看法略述于下。

关于老子其人。（1）梁启超认为孔、墨、孟均未提及老子，可见老子应是在三者之后的战国人。（2）钱穆认为诸子之学皆"渊源起于儒，始于孔子"，所以"老子不得在孔子前"。（3）冯友兰认为李耳为"隐君子"，老聃为"古之博大真人"（《庄子·天下》），李耳窃老聃之学以为其学，而司马迁遂"误将老聃及李耳合为一人"。这也就是说，老聃与李耳并不是同一人，太史公所记有误。

关于《老子》其书。（1）张寿林认为其书应在孔、墨后，因为假如孔子不先论"仁"，"老子将无由而非之"；同样道理，必然是墨子先"尚贤"，而后才会有老子"不尚贤"的"反动之语"。罗根泽的看法与此相类。（2）冯友兰认为老子之学属战国学派，其书为战国时期作品，因为孔子前无私人著述，加之《老子》为简明之经体，而非问答体，故不得早于《论语》《孟子》《荀子》。（3）钱穆认为其书应在孔、墨以及《孟子》《庄子》《荀子》后，作者为战国人詹何，因为《老子》是辩论体之精者，其深远玄妙之思想风格应后于孔墨之浅近质实，且书中"刍狗"等语词典故、思想概念当取自《庄子》。（4）李泰棻认为《老子》由杨朱写定。（5）杨荣国认为《老子》纯由后人杂袭《庄子》之文而成。（6）郭沫若认为，稷下学者环渊所著"上下篇"即《道德经》，后来关尹将其整理成书。（7）梁启超认为《老子》应作于战国末期，因为书中有些话"太自由、太激烈"，并且"王侯""万乘之君""取天下"等文字语气也不像是春秋时人所有。（8）顾颉刚认为《老子》是赋体，成书于《吕氏春秋》与《淮南子》间，因为赋体乃战国末的新兴文体，而且《吕氏春秋》用老子言，却不称老子之名，故《吕氏春秋》成书时，《老子》尚未成书。（9）刘节认为五千言是《丹书》，出现于西汉文景间。

综合以上看法，再加上司马迁所记，关于老子其人，就有了春秋时人、战国时人，且老聃即李耳、老聃与李耳并非一人等歧见；关于《老子》的成书时间，乃有春秋、战国、秦汉之际、文景间等异说，其作者或为老聃、李耳、太史儋、杨朱、詹何、环渊及关尹，乃至汉代的方士或道教学者，其文体则或为经体、辩论体、赋体，等等。如是各家聚讼不已、莫衷一是，老子其人其书也就在众说纷纭中愈加云里雾里、本相难见了。

第二节 理论立场、方法及史料

依詹剑峰之见，后世加诸老子其人其书的上述看法皆为臆测和妄断，"凡此种种皆当一扫而空"。有鉴于此，在他的这部正本清源、拨乱反正的著作中，詹氏条分缕析、抽丝剥茧，对诸说逐一进行了驳议和澄清。要言之，为还原和呈现老子其人其书的本相，作者所做的工作有三点值得称道。

第一，否弃学派偏见，秉持客观公正、不偏不倚的学术立场。正如詹先生书中所说的那样，韩愈、叶适、崔述、汪中等学者之所以反感乃至怀疑、否定孔子曾问学于老，是因为他们基于儒家的信念、立场甚或情怀，不能更不情愿接受"大成至圣先师"孔子竟然曾以"异端"为师的历史事实。说到底，这背后是儒者的"政治正确"意识即道统观念在作祟。钱穆所谓诸子之学皆渊源于儒，故老子应后于孔子的论断同出此辙。冯友兰虽未必有纯正自觉的儒者情怀，但其欲确立孔子为"第一个私人讲学的人，第一个以私人资格提出一个思想体系的人，第一个创立一学派的人"的学术动机，实际上仍带有鲜明的"儒家第一"意识的印痕。

詹先生指出："孔先老后，表面上是一个古书考伪问题，骨子里是儒者为孔子争'元始天尊'的地位。"此一论断可谓一针见血。事实上，如果撇开或显或隐的儒家道统观念，站在客观公正的立场上来看，叶适、崔述等古代儒者对孔子问学于老子之事的否定，以及钱穆、冯友兰等现代学者主张的孔先老后之说，乃至他们为此所提供的理据、所作的分析和论证，都是非常牵强附会、莫名其妙、想当然的臆测，因此都经不起严格的推敲和反驳。例如，针对钱穆所谓老子之学深远玄妙、孔墨之学浅近质实，故"以思想之进程言"，老子当在孔墨之后的论断，詹先生语带嘲讽地批评道："钱穆似乎根本不知道什么是哲学……根据'钱穆的逻辑'以推：'老子之言深远，而钱穆之言浅陋。以思想的进程言，老子断当在钱穆之后。'"这一归谬推论的荒唐可笑，反过来证明钱穆的理据和分析论证是不成立的。而钱穆等学者之所以会拿这些似是而非的理据来论证孔先老后，归根结底是由于儒家道统意识的驱动。《庄子·齐物论》有云："随其成心而师之，谁独且无师乎？"庄子所说的"成心"在儒家学者这里，就是他们根深蒂固且颇富优越感的道统意识。崔述、钱穆等人的误判与詹剑峰先生的有力反驳，提醒我们注意：在学术研究中，切勿"成心"先行，切勿基于某种未经审视的学派立场和精神信念去硬找生搬甚至臆造所谓理据。

第二，遵循严缜的逻辑、采用信实的证据。如前所述，詹剑峰留学法国期间曾系统学习西方哲学，后又著有《逻辑与科学方法》《墨家的形式逻辑》等书，这表明他受到了现代学术方法的专业训练，并努力将其用于中国哲学研究。前文已引，詹剑峰在"弁言"中指出，"哲学史是一门科学"，因此必须遵守"从实际出发，实事求是"的科学原则。现代学术方法其实就是科学方法，而科学方法最关键的要求不外两条：重逻辑、讲证据。

近代以来，中国学者真正运用科学方法研究中国哲学史，始于胡适的《中国哲学史大纲》。蔡元培在为胡著所作序言中，称许其有四种"特长"："证明的方法""扼要的手段""平等的眼光""系统的内容"。关于"证明的手段"，蔡元培说："我们对于一个哲学家……若不能辨别他遗著的真伪，便不能揭出他实在的主义；若不能知道他所用辩证的方法，便不能发见他有无矛盾的议论。"① 务必辨别古代文献之真伪，强调的是证据之信实；务必把握哲学家的思想方法、揭示其内在矛盾，所要求的是逻辑的明晰和严缜。20 世纪 30 年代，冯友兰在其两卷本《中国哲学史》第一章的绪论中进一步指出，"科学方法，即是哲学方法"②，"哲学乃理智之产物，哲学家欲成立道理，必以证据证明其所成立"，并且"未有不依逻辑之方法者"。③ 综合诸说，在中国哲学和中国哲学史的研究中，学者在提出或反驳某一理论观点时，务必做到逻辑缜密可靠、证据客观充分。与此相反，中国传统学术往往是信仰、情感、价值观高于逻辑，直觉、想象、个人经验重于证据。在这种学术传统的熏习下，学者提出的所谓理论观点多是自说自话的主观臆断、神秘体悟或道德表态、信仰宣示。

在古今学者关于老子其人其书问题的争论中，同样可见两种学术方法的差异和冲突。例如，崔述、梁启超、顾颉刚等学者根据《论语》不载老子一言、孔墨孟均未提及老子、《吕氏春秋》不称老子之名，遂认为老子不是生活于春秋时代，其人应后于孔子乃至后于孟子，其书亦写成较晚，甚至成于战国末。针对这些论断所蕴含的推理逻辑，詹先生批评说："一个历史人物的存在与否，竟决定于某个大人物是否提到他。"这种学术理路显然是不正确的。詹先生又进而反问："试看孟子与庄子同时，并且同是大哲学家。然而《孟子》书中没有片言提到庄子，《庄子》书中也没有只字提到孟子，难道孟子其人就因《庄子》书没提到而不存在或不生活于战国吗？难道庄子其人就因《孟子》书没提到而不存在或不生活于战国吗？"这真是让崔述等古今学者尴尬无比且无法回答的尖锐质问！

再如，汪中、梁启超等人依《礼记·曾子问》的记载，断言老子应是"拘谨守礼的人"，故不应说"礼者，忠信之薄而乱之首"（《老子》第三十八章）之类的话；熊伟通过分析先秦学术大势，认为春秋末到战国初只

---

① 胡适：《中国哲学史大纲》，上海古籍出版社 1997 年版，蔡元培"序"第 2 页。
② 冯友兰：《中国哲学史》，上册，第 5 页。
③ 冯友兰：《中国哲学史》，上册，第 6 页。

能产生讲礼的儒家和反礼的墨家两个学派；罗根泽认为，"倡礼是正，反礼是反；正先于反，不能反先于正"，老子既反礼，故必在孔子后。对此，詹剑峰先生指出，这些学者确实下了一番考证苦功，"但以逻辑的论证方法，实在是错误的"。因为严格来说，从老子长于礼的知识和实践，既不能得出他"拘谨守礼"的判断，也不可据此认为他一定不会有反礼的思想。针对熊伟的论断，詹先生质问道："你有什么理由判定那个社会只容孔墨两家的一倡一反，而不容许第三者（老子）发言反礼？"再从证据的角度看，"春秋之中，弑君三十六"，封建礼制早已腐朽不堪，当时闵马父就已有"无礼甚矣"（《左传·昭公二十六年》）的说法。所以，詹先生认为，老子有反礼的言论其实也是"很自然的现象"，罗根泽所谓"倡礼是正，反礼是反"的逻辑实为有违历史事实的主观臆造。

又如，梁启超推断《老子》成书于战国末期的重要证据之一是，书中的"王侯""万乘之主""取天下"等语词以及"仁"与"义"连用，"像不是春秋时人所有"。对此，詹先生遍考《春秋》《国语》《左传》《史记》等典籍，同时辅以王国维的研究成果，以无可辩驳的文献证据，逐一剖析并指出了梁启超在此问题上的不实之妄。

另外，钱穆认为，《老子》第五章"天地不仁，以万物为刍狗"句中的"刍狗"，是老子用了《庄子·天运》"刍狗之未陈也，盛以箧衍"的典故。对此，詹先生指出"刍狗"本是祭祀所用之物，王弼《老子注》对"刍狗"的解释实际上是不当的，但钱穆却依据他对王弼诠释动机一厢情愿的猜测，认定王弼虽知《庄子》有"刍狗"之说而不敢用，以证《老子》在《庄子》后，钱穆的这一看法显然是"穿凿附会"的"无稽之谈"。因为，且不论老子著书是否果如后世作文之用典，钱穆把他对王弼诠释动机的猜测作为想当然的推理依据，不仅证据不客观、不充分，逻辑上也是极其扭曲而无法令人信服的。基于同样的原因，詹先生判定："钱穆从文字方面以说明《老子》在《庄子》后的其他九个证据，都是这样。"

第三，把《庄子》《韩非子》《淮南子》以及《礼记》等早期经典作为文献支撑。詹先生于20世纪80年代初出版此书时，写成于孟子前的郭店楚简《老子》尚未出土；汉初抄写于文帝之前的马王堆帛书《老子》当时虽已面世，且被詹先生列于其参考书目中，但他却并未据此反驳刘节所谓《老子》出现于西汉文景间的说法。在不依赖出土文献的情况下，詹先生对各种妄断和臆测的驳议，主要是凭借《庄子》《韩非子》等早期经典中的有关材料。之所以这样做，是因为这些经典早已为世人所耳熟能详，其中对老子其人其学的记载是任何学者都无法否认的，所以可作为坚实可靠的文献支撑。

在《庄子》中，孔子多次问学于老子，杨朱亦曾问学于老子，但庄子却褒老而贬杨，这至少说明两点：一是老子与孔子同在春秋时期，且年长于孔子，其学不属于战国学派；二是老子与杨朱的思想差异很大，后者不可能是《老子》一书的作者。在《韩非子》《淮南子》中，作者多次引用并阐发老子的一些言论，这些言论与王弼本《老子》相关章句的文字大同小异，这表明《老子》不仅不晚于《吕氏春秋》，而且在韩非子之前就早已成书，甚至早已经典化，且流传广泛。对于儒家学者而言，如果说《庄子》的文章大多只是寓言，其中记述的孔老言行不可确信，那么，儒家经典《礼记》中《曾子问》篇记载的四则孔子问学于老子之事，恐怕是连他们自己也不得不承认的事实。更何况，战国末的《吕氏春秋》以及汉初儒家学者所著《韩诗外传》中也都有孔子问学于老子的记载。

事实上，司马迁在为老子作传时，正是以审慎的态度有选择地裁取了《庄子》《韩非子》等早期经典中的材料，其所述基本属实。后儒之所以对这些材料视而不见，盖因为《庄子》属道家且书中多有贬损甚至丑化、叱骂孔子之词，《韩非子》则是历来被儒者深恶痛绝的法家，《吕氏春秋》属杂家且与暴秦关系密切，《淮南子》为以道家为根基而杂取各家的黄老，这些经典在后儒眼中皆为异端旁门之书，故绝不可信从接受。20 世纪，顾颉刚、郭沫若等现代学者由于程度不同地受到"疑古"之风的影响，所以他们也不愿信从早期经典的那些白纸黑字。问题是：记述老子其人其学的早期文献有且只有《庄子》《韩非子》《礼记》等经典，不接受甚至对其中白纸黑字的记载熟视无睹，便只好转而援取某些捕风捉影、零碎片面的旁证，采用笼统虚泛、主观臆造的逻辑，甚或基于某种未经反思的思想立场，去另立所谓新说了。胡适有名言曰"大胆假设，小心求证"，据此来看后世学者提出的新说：其作为假设可谓大胆，但其求证却并不客观、不充分，其逻辑则不切合实际，故皆为臆断。

如果说老子其人其书的本相是谜底的话，那么古今学者的推断实际上都是在猜谜。按照"谁主张，谁举证"的原则，关键就在于谁能拿出客观充分的证据，以证明其猜测的正确性，恰如胡适的名言："拿证据来"，"有几分证据，说几分话"。从这个角度说，詹剑峰先生拿出的证据显然比其他学者更多、更可靠，因此其论断以及对各种臆测的反驳更为可信。

通过精审辨析文献、反驳古今臆说，詹先生为我们大致勾描出了老子其人其书的本貌：老子即老聃，生活于春秋晚期，陈国人，仕于周而为史官，因遭政治变故，乃去周归居并游历多地，向他问学的颇有其人，孔子就是其中之一。"《老子》书大体自著，经过后人的整编和注解，其中自不免有杂窜。"笔者认为，在当时出土文献较少的情况下，詹先生所说的这些内容虽个别细节仍可进一步推敲、探讨、充实，未必就是不易之论，但相比于前述各种臆测奇说，仍属信实可靠。同时还可以看出，詹先生对老子本貌的澄清、还原，与司马迁所作的"正史"并无较大出入。也正是在此意义上，我们把詹先生的这部书称为拨乱反正、正本清源之作。另外，特别值得褒扬的是，近年面世的郭店楚简本和北大汉简本《老子》，以及二者与马王堆帛书本、河上公本、王弼本《老子》的文字异同，更加确证了詹先生关于老子其人其书的洞见。

老子思想除了被关尹、列子、庄子、文子、韩非子等人继承、吸收或发挥，战国时期还逐渐与儒、墨、阴阳、名、法等学派融合，从而形成黄老学；到了汉代，老子思想又与民间方术结合，最终衍生出道教。《汉书·艺文志》把道家思想定位为"君人南面之术"，后世亦多以此看待老子之学，实则汉志所谓"道家"是指汉初的黄老之学，其与老子思想的本旨有很大的不同。詹先生不仅清晰、翔实地梳理了老子思想复杂的历史流变，对其与黄老、道教的根本差异也给出了精到的提点。

北宋以降，儒家动辄以"尚阴谋，弄权术"指斥老子的学术思想。例如，朱熹诬称"老子心最毒"（《朱子语类》卷一百三十七），其学"只是欲得退步占奸"（《朱子语类》卷一百二十五），又说"关机巧便，尽天下之术数者，老氏之失也"（《朱子语类》卷一百二十六）；王夫之贬老子为"持机械变诈以徼幸之祖"（《宋论》卷六）；钱穆认定老子"内心实充满了功利与权术"，"迹近欺诈"。① 当代则一度有不少学者从僵化的意识形态出发，断言《老子》一书代表着腐朽的"没落贵族的思想"，是所谓"唯心主义"哲学。对于后世一次次泼向老子思想的"脏水"，詹先生斩截指出："凡此种种皆当一扫而空。"为此，他在书中同样秉持客观公正的立场，以扎实的文献分析为基础，依循严缜的逻辑、采用信实的证据，拨云驱雾，鞭辟入里，从宇宙论、人生哲学、政治哲学三个方面，逐一批驳各种不实之词，揭示了老子思想的本旨，并在全书结尾处借用范文澜的话，把老子高度评价为古代哲学家中"杰出的无与伦比的伟大哲学家"。

或许是由于詹先生为老子辩诬的心意过切——急于确立老子其人其学的"正面形象"，加之难以摆脱特殊时代背景下学术语境的限制，关于老子的哲学思想，他在书中提出的一些理论观点也不乏失当之处。例如，他认为老子创立了中国天文学上的"浑天说"，是唯物主义思想家；又说老子主张原始公有制，其政治思想反映了自耕农阶层或农村公社成员的利益诉求，"具有民主的和社会主义的意味"，等等。在今天的学术视野中，这些说法皆有矫枉过正甚至过度拔高之失，值得商榷。

从詹先生此书初版至今，四十余年来，伴随着社会文化生活日渐复归常轨，更得益于思想理念、学术方法的更新以及前人未见的出土文献的面世，学术界对老子的研究已取得长足的进步。詹先生的若干看法虽有值得商榷处，但瑕不掩瑜，他为老子其人其书所作的辩诬之功仍然可以说是代表了那个时代老学研究的最高水平，即便在整个 20 世纪的老子学史上，他的这本拨乱反正之书也都是一部影响深远、"可超而不可越"的重要著作。

----

① 钱穆：《庄老通辨》，第 136、143 页。

附录一

礼与非礼、儒道冲突及其他：
"箕踞"的思想文化解析

在中国历史上，箕踞作为个人的一种身体姿态，颇受主流社会和文化尤其是儒家的贬视、厌弃。深入考察这一思想文化现象并对其进行多维解析，可以发现其背后不仅隐含着人兽之别、夷夏之辨、殷周之异等关涉社会史和思想史的问题，而且还纠结着礼与非礼、儒家与道家尤其是儒家与庄学的价值精神取向的对立和冲突。

第一节　"箕踞"与"跪坐"

在胡床以及椅、凳等高型坐具尚未出现于汉地之前，古人一直保持着席地而坐的日常习惯。① 这一身体姿态又可分为两种主要形式：跪坐和箕踞。跪坐是指双膝着地，脚掌朝上，以踵承臀；箕踞又作箕倨、踑踞、跻

① 参见杨泓《椅子的出现》《说坐、踞和趺坐》，《杨泓文集·考古文物小品》，文物出版社 2021 年版，第 18—30、304—309 页；杨泓《魏晋南北朝将领在战场上的轻便坐具：胡床》，《杨泓文集·古代兵器》，文物出版社 2021 年版，上册，第 244—251 页。

踞，是指人在臀部着地的同时，伸腿向前，屈膝而坐，或向前伸直双腿，展其两足，"状如箕舌"。① 除了跪坐和箕踞，古人的体姿另外还有两腿伸直张开，但臀部不着地的夷蹲或蹲夷、夷踞、蹲踞，这些都是指今天的"蹲"。②

人在跪坐时，身体的大部分重量皆集中置于脚踵之上，而箕踞时则是以臀部承重。相较而言，后者的受力面积显然要比前者大许多。由此不难想象，就舒适度来说，在缺少高型坐具的情况下，箕踞无疑比跪坐更可能让人觉得放松安闲、惬意舒坦。但正如弗洛伊德所指出的那样，文明往往是压抑的产物，特别在生活礼仪和社会规范方面，历史发展的结果更是一再背离人类"好逸恶劳"的固有本性。以坐姿问题而论，由于历史时空的挪移以及思想观念的转换、价值尺度的差异，原本使人感到轻松、舒适的箕踞，不仅逐渐被以双踵承受身体大部分重量因此更费力的跪坐取代，还被看作一种粗野放荡、不雅不敬的举止，遭到了主流社会和文化尤其是儒家的贬视、厌弃。

轻松的"箕踞"何以会被不舒适的"跪坐"取代，又为何会受到贬弃？笔者认为，这既是一个社会历史事件，也是一个值得细加玩味的思想文化现象。对此，笔者将从六个方面进行多维的透视和解析。

第二节　人兽之别、夷夏之辨、殷周之异

（一）人兽之别。著名人类学家、考古学家李济曾著文《跪坐蹲居与箕踞——殷墟石刻研究之一》③，文中引述人类学家的观察报告说：与人同属灵长类的猴子和猩猩，常有以臀着地即箕踞的坐像，但却从未见它们采

---

① 《礼记·曲礼上》："立毋跛，坐毋箕。"郑玄注："箕谓两展其足，状如箕舌也。"又，《庄子·至乐》："庄子妻死，惠子吊之，庄子则方箕踞鼓盆而歌。"成玄英疏："箕踞者，垂两脚如簸箕形也。"

② 参见汪维辉《汉语词汇史》，中西书局 2021 年版，第 99—100 页。

③ 参见《李济文集》第 4 卷，上海人民出版社 2006 年版，第 483—502 页。

取跪着或蹲着的姿态；相比之下，人类既可以像猴子、猩猩等其他灵长类动物那样箕踞而坐，又常采取跪着或蹲着的身体姿态。这一差异表明，无论跪着还是蹲着，以两足而非臀部来承受身体的重量，都堪称"人类的特别姿态"。在此意义上，跪坐是人之所以异于禽兽者，即人之所以为人者；反之，借李济的话说，箕踞则是人身上尚未褪尽的所谓"一副猴相"。

人类既已贵为"万物之灵长"，为什么还会像猴子、猩猩那样做出箕踞之态呢？从美国人类学家摩尔的角度看，这是由于"蛮性的遗留"。摩尔指出，文明的人类仍有许多"从原始时代遗留下来的本能"，其中之一便是"懒惰的本能"，这具体表现为人们往往"爱闲暇"，"不肯多消耗气力"，不愿"使用多量的能力"，等等。按照这种说法，某些人之所以采取近乎"一副猴相"的箕踞之态，当亦是人类"懒惰的本能"暗中冲动作祟的结果。因为如前所述，相较于吃力的跪坐，箕踞总算是一种能使人感到放松、安闲、舒坦的坐姿。而同样依据摩尔的观点，在"能产生多量的力"的"文明人"——例如跪坐者——眼中，"懒惰"的箕踞者极有可能要被贬视为受本能驱使，从而与禽兽无异的"野蛮人"了。[1]

人兽之别的另一标志是，为了蔽体遮羞，人类发明了衣裳，而禽兽却没有。但箕踞这种体姿却会使衣裳的文明功能丧失，进而难免使人显得像禽兽那样不知羞耻。这是因为古人为避免下体暴露，男女都穿着向下垂拖的"裳"——类似于今天的裙子，跪坐时"裳"的遮羞功能恰可得到完全发挥。但人在箕踞时，其下肢和下体却极有可能脱出"裳"的遮蔽，以致造成以私处示人的不雅不敬之举止。[2] 因此，用严苛的道学眼光看，箕踞已经不仅是简单的粗野放荡了，而简直是近乎禽兽之态。《孟子·离娄下》云："人之所以异于禽兽者几希，庶民去之，君子存之。"据此，有修养且

---

① ［美］摩尔：《蛮性的遗留》，李小峰译，海南出版社 1994 年版，第 124—126 页。

② 参见张维慎《说席地而坐时的无礼行为"箕踞"》，《南越国遗迹与广州历史文化名城学术研讨会暨中国古都学会 2007 年年会论文集》；郝志华《"箕踞"何以是大不敬》，《咬文嚼字》2002 年第 5 期。

谨严于人兽之别的君子自然是要杜绝箕踞之态的。

（二）夷夏之辨。在中国历史上，"严夷夏之防"，强调华夏相对于夷狄的文化优越性，是一个由来已久且影响深远的社会思想观念，这种观念在包括坐姿在内的日常生活习惯方面亦有所体现。例如，《晋书·四夷传》便以儒家文化主导的华夏日常礼仪为基准，用"居高临下"的姿态和难掩内心优越感的语气，以写实但却明显带有揭异猎奇色彩的笔法，详细描述了东夷中的"肃慎氏"流行的许多另类习俗，"坐则箕踞，以足挟肉而啖之"便是其中之一。另据《晋书·李特传》载，"特随流人将入于蜀，至剑阁，箕踞太息，顾眄险阻曰……"。李特是作为巴人一支的賨人，其文化血统亦属于"夷"。所以，站在文明先进的华夏文化的正统立场上，李特能做出箕踞之态丝毫不奇怪，他的夷狄身份和他的箕踞之态、他的蛮悍不驯之性以及后来的反叛起事，原本就是非常相配的。此外，葛洪在批评魏晋士人放荡傲俗的举止仪容时说："或乱项科头，或裸袒蹲夷……此盖左衽之所为，非诸夏之快事也。"[1] 其中提到的"蹲夷"指蹲踞，与箕踞同属不端不雅之态。在葛洪心目中，像蹲踞、箕踞这类粗野举止，只有那些衣襟向左的蛮夷才会做出来，而诸夏之人则绝不应有，否则便是自堕于夷。

公允地说，无论箕踞还是跪坐，都是不同民族或社群基于各自不同的地理环境、生产生活方式和历史文化传统而形成的日常习惯，其文化品质或精神属性并不存在着高下优劣之分，我们也很难说何者文明、何者野蛮。李济曾发现，"在比较素朴的文化中，箕踞和蹲居都是极普遍的"，例如在南太平洋群岛及北美的太平洋沿岸所留传的木刻中，便可常见到箕踞的人像。[2] 而从摩尔的人类学立场来看，使"文明人"感到诧异的"野蛮

---

① "左衽"是一种异于中原地区的少数民族的衣襟朝向，此处用以指称诸夏之外的所谓蛮夷。

② 李济：《跪坐蹲居与箕踞：殷墟石刻研究之一》，《李济文集》第4卷，第483—502页。

人"的箕踞，既"不是一种病，也不是道德堕落的一种证据。在一种意义中，它是人的自然的状态"。① 然而，正如上引《晋书》所示，在某些华夏中心主义者的视野中，箕踞却往往被贬视为夷狄缺少教化、不通礼仪、粗俗蒙昧甚至近乎禽兽的重要特征，而跪坐则是华夏作为文明先进的礼仪之邦的优雅标识。与这种自感优越但实质上却极为狭隘的华夏中心主义文化观迥异，《淮南子·齐俗训》云："胡、貉、匈奴之国，纵体拖发，箕倨反言，而国不亡者，未必无礼也。……岂必邹鲁之礼之谓礼乎！"受到庄子"齐物论"思想的深刻浸淫，《淮南子》看待夷狄及其箕踞习俗的眼光无疑是非常开明、宽容，甚至是民族平等主义的。但从整个中国古代社会史来看，《淮南子》的这种"齐夷夏"的文化观念却并非主流。

（三）殷周之异。李济在他的那篇研究殷人身体姿态的文章中，通过分析殷墟出土的石刻人物造像，发现箕踞、蹲居和跪坐这三种姿态并存于其中，而进一步的比较分析则表明，"蹲居的与箕踞的远比跪坐的多"。李济据此认为，这暗示着"商人的习于箕踞与蹲居"，换言之，这两种身体姿态在商人中是"比较普遍的习俗"。至于推重跪坐，进而"说蹲居与箕踞不礼貌，显然是周朝人的观点"，而"尚鬼的殷人在'祝'的制度极度发展时"，或者说，虽然殷人比周人的社会生活更具有神秘且神圣的宗教气息，他们"似乎也没有鄙视"箕踞的姿态。诚如此论，从《礼记》的相关记述来看，周人一方面贬视箕踞，强调体姿的端正严整，明确主张"侍坐于君子……立毋跛，坐毋箕"；另一方面又提倡"若夫，坐如尸，立如齐"，并尤其强调某些礼仪场合中的各种"跪"，如所谓"主人跪正席，客跪抚席而辞"，"跪而举之"，"跪而迁屦"，"卒食，客自前跪"（《曲礼上》）；"当饮者皆跪"（《投壶》），等等。

我们知道，孔子在谈及三代之礼的演变时曾经说："殷因于夏礼，所损益，可知也；周因于殷礼，所损益，可知也。"（《论语·为政》）在坐姿方面，由上引《礼记》的言论可见，周人显然抛弃了早前殷人的箕踞，

---

① ［美］摩尔：《蛮性的遗留》，李小峰译，第 125 页。

同时又继承并发扬光大了跪坐。这一点，也可以说是周礼对于殷礼的一种"损益"。

第三节　儒道之于礼

道家对于儒家崇尚的礼颇为不屑。《老子》第三十八章："失道而后德，失德而后仁，失仁而后义，失义而后礼。夫礼者，忠信之薄而乱之首。"因此，当孔子适周问礼于老子之时，老子乃曰："子所言者，其人与骨皆已朽矣，独其言在耳。"（《史记·老子列传》）与老子相比，《庄子》书中对儒家之礼的批评更甚。例如，《大宗师》篇认为儒家不知"礼意"；《马蹄》篇批评儒家"屈折礼乐以匡正天下之形"；《田子方》篇批评儒家"明乎礼义而陋于知人心"；《渔父》篇认为："礼者，世俗之所为也；真者，所以受于天也，自然不可易也。故圣人法天贵真，不拘于俗。"由于世俗之礼与生命之真格格不入，所以，颜回"坐忘"的一个重要环节便是"忘礼乐"（《大宗师》），而庄子理想的"建德之国"中民众的生活方式则是："不知义之所适，不知礼之所将；猖狂妄行，乃蹈乎大方。"（《山木》）一个重视政治和伦理整体秩序的规范、谨严，一个强调个体本真生命的自然猖狂，儒道之于礼的思想分歧和冲突，在箕踞的问题上同样表现得非常显著。

（一）礼与非礼。至迟成书于汉初的《礼记》①，是一部记述并从思想层面阐扬周代礼仪制度的儒家经典，所以书中关于坐姿的言论，同时也就代表了儒家在这个问题上的主张。

早期儒家对箕踞的排斥态度，可从如下两个实例中得到具体证明。其一，《论语·宪问》："原壤夷俟。子曰：'幼而不孙弟，长而无述焉，老而不死，

---

① 关于《礼记》成书时间的最新讨论，参见王博《中国儒学史·先秦卷》，北京大学出版社 2011 年版，第 233—236 页；李晓帆《〈礼记〉祭礼思想研究》，博士学位论文，中国人民大学，2023 年，第 11—15 页。

是为贼。'以杖叩其胫。"何晏引马融注："夷，踞；俟，待也。踞待孔子。"①
杨伯峻、孙钦善认为，"夷俟"即是说原壤伸腿箕踞以待孔子。② 其二，
据《韩诗外传》卷九的记述，孟子见其妻独自"踞"于"燕私之处"，乃
"白其母"而欲出妇。其中提到的"踞"虽然不是指箕踞，而或是指与箕
踞同属不端不雅举止的蹲踞，但从中我们仍不难推知孟子对此类身体姿态
的深恶痛绝。那么，作为周礼之认同者、阐扬者的儒家为什么要排斥箕
踞呢？

　　这个问题还要从儒家对礼的重视及其与个体之关系的理解说起。《论
语》："君子博学于文，约之以礼，亦可以弗畔矣夫！"（《雍也》）"不知
礼，无以立也。"（《尧曰》）《荀子·修身》："食饮、衣服、居处、动静，
由礼则和节，不由礼则触陷生疾；容貌、态度、进退、趋行，由礼则雅，
不由礼则夷固僻违，庸众而野。"显然，孔子和荀子都认为礼是谦谦君子
之养成不可或缺的要件。具体来说，君子应当怎样循礼而行呢？《礼
记·曲礼上》开篇云："毋不敬，俨若思……敖不可长，欲不可从。"后又
提出，"道德仁义，非礼不成……君子恭敬、撙节、退让以明礼"，"夫礼
者，自卑而尊人"。这几句话，特别是最后一句，可以说是周代和儒家之
礼对于参与其中的个体所提出的基本要求。按此要求，丈夫或君子能端坐
如尸，谦抑有节，便是自卑尊人、恭敬合礼，而箕踞、跂立等不端之态则
属傲散不敬、放纵非礼。③ 由此推进一层申说，箕踞之所以遭到周人和儒
家的贬视，一方面当是因为这种身体姿态给人的外在观感难免显得过于随
便、散漫，乃至放荡、倨傲，不够端正规整；另一方面则是因为与此种外
在观感相对应的，是箕踞者内心的不恭敬、不严肃、不庄重。而在尊卑有
序、贵贱有等、长幼有别的礼仪社会中，无论祭祀还是待人接物，无论人

---

① （三国魏）何晏注，（宋）邢昺疏：《论语注疏》，北京大学出版社 1999 年版，第
204 页。

② 参见杨伯峻译注《论语译注》，中华书局 1980 年版，第 159 页；孙钦善《论语本
解》，生活·读书·新知三联书店 2009 年版，第 191 页。

③ 段玉裁《说文解字注》"居"字条引曹宪说云："箕踞为大不敬。"

们打交道的对象是冥冥之中的神灵、祖先、圣者，或是当下在场的尊者、长者，一切正规场合对参与者的要求都是外则举止端正、内则心神肃敬。

可为辅证者，《礼记》另外提到："伛者不袒，跛者不踊，非不悲也，身有锢疾，不可以备礼也"（《问丧》）；"有司跛倚以临祭，其为不敬大矣"（《礼器》）。前者是说畸残者不能使礼仪得以完备进行，因为他们"身有锢疾"，以至于举止动作不可能规整；后者是说有司一瘸一拐地祭祀，乃是对神灵的大不敬，纵使他们走路不稳是过度疲劳所致。应当说，伛者、跛者及有司的动作不端正，均属无意，其内心并非不恭、不敬、不诚，但在儒家的礼仪法度中，这类身体姿态却仍然不被允许。由此，更遑论自纵自傲、外不端而内失敬的箕踞了！要言之，箕踞与礼的原则和要求是完全相悖的。

众所周知，孔子有"克己复礼"之论，其细目是"非礼勿视，非礼勿听，非礼勿言，非礼勿动"（《论语·颜渊》）。后来朱熹在谈及孔子此论时，曾为弟子详述"箕踞非礼"之义：

> 如"坐如尸，立如齐"，此是理；如箕踞跛倚，此是非理。去其箕踞跛倚，宜若便是理。然未能"如尸如齐"，尚是己私。
>
> "己"字与"礼"字正相对说。礼，便有规矩准绳。且以坐立言之：己便是箕踞，礼便是"坐如尸"；己便是跛倚，礼便是"立如齐"。
>
> 人只有天理、人欲两途，不是天理，便是人欲。即无不属天理，又不属人欲底一节。且如"坐如尸"是天理，跛倚是人欲。……礼是自家本有底，所以说个"复"，不是待克了己，方去复礼。克得那一分人欲去，便复得这一分天理来；克得那二分己去，便复得这二分礼来。且如箕踞非礼，自家克去箕踞，稍稍端坐，虽未能如尸，便复得这些个来。（《朱子语类》卷四十一）

"如尸如齐"与"箕踞跛倚"，朱熹不仅把这两类不同的身体姿态径直归结为礼与己、理与非理、规矩与私意的对立，而且还将此对立关系最终提升到了天理与人欲两途不可调和的高度。

暂且撇开朱熹的简单偏颇之失，其阐说确从一个方面暗示了差等化的礼仪社会中个体生活的两难：自快自适而箕踞则违礼，"克己复礼"而坐如尸则无以自快自适。具言之，从今人角度看，对于个体来说，当他采取箕踞的坐姿时，此时他所希求和受用的是其一己之我的轻松、惬意、悠闲，但以"自卑而尊人"为原则的礼仪却要求个体必须"克己"，"非礼勿动"。更进一步说，箕踞这种坐姿是以个体为本位和中心的，它所凸显的是个体自我的身心受用；相反，礼仪却是集体性、程式化、协调性的，它要求参与其中的每一个体皆须收束自我、整饬自我、端正自我，遵守法度、服从整体、面向他者，外以规整庄重之容，内以恭敬严肃之心，按照既定的规则、模式和程序去侍奉尊者、长者、神圣者。所以，在礼仪生活中，只注重个体自我的身心舒适，于是难免放肆不敬的箕踞是绝不允许的——按程朱理学的说法，即是要"存天理，灭人欲"。

在社会文化演进的意义上，周人基于礼的规范和要求而抛弃了殷人常见的箕踞，可以说是三代的礼乐文明愈加发达完善的细节之一。孔子赞曰："周监于二代，郁郁乎文哉！吾从周。"（《论语·八佾》）由此语可知，孔子对于周人抛弃箕踞的坐姿，应当是持肯定态度的。不过，如果让法国哲学家米歇尔·福柯来评价这种历史文化现象，他也许会说：箕踞之被贬弃，跪坐之被推重，表面上反映了人们礼仪教养的进步和社会文明层级的提升，实质上却蕴含着个体所受到的社会规训由外而内的深度、全面的强化。

（二）礼仪场合与其他情境。必须承认，周人以及儒家从礼的角度强调跪坐、贬视箕踞，并不意味着人们从此绝对不可以再箕踞，也不意味着箕踞因此就从社会生活的全部场景中消失得无影无踪了。既然"箕踞非礼"，那么，在"礼"之外的其他情境中，尤其是在那些不属于庄重礼仪的非正式场合或私密空间中，人们采取让自己感到轻松、闲适的箕踞坐姿，应该是无可非议的。

宋人朱翌《猗觉寮杂记》卷下专有"箕踞"条，其中说："箕踞乃不对客之容，若孔子所谓燕居申申夭夭者。"如其所云，既然是独自闲居，或者与一二密友私下相交，大概没有谁会执意跪坐于地，端起面孔，既外表严肃又内心紧张地折磨自己吧？这也就是说，在既不祭祀神灵、祖先、圣者，又不侍奉长者、尊者的非礼仪情境下，何妨箕踞？而非礼仪情境下的箕踞，于礼又有何干何妨呢？例如，《世说新语·任诞》："卫君长为温公长史，温公甚善之。每率尔提酒脯就卫，箕踞相对弥日。卫往温许亦尔。"邓粲《晋纪》："鲲与王澄之徒，慕竹林诸人，散首披发，裸袒箕踞，谓之八达。"这两例箕踞，都出现于关系密切或意气相投的好友私下相聚的场合。再如，《三国志》卷二十一注引《魏氏春秋》说，有一次嵇康正在"箕踞而锻"，深受司马昭宠爱的钟会来访，康不仅"不为之礼"，言辞亦极不友好。嵇康的箕踞之态，自然有他打心底里厌恶钟会以及司马昭的缘故，但同时我们也可以说，这是他私下闲居打铁惯用的方便坐姿。

另外，在某些迫不得已的情境下，人们也会采取箕踞而非跪坐的坐姿。譬如荆轲刺秦王失败后，身负重伤，他自知事不就，乃倚柱而笑，箕踞以骂，随后左右进前杀轲（《史记·刺客列传》）。在此非常时刻，要想让身被八创的荆轲不箕踞，而是跪坐以示其恭敬之意，显然既不可能又很荒唐，因为他此行之目的就是要刺杀秦王。当然，荆轲箕踞于地也可能会形成以私处示秦王的效果，从而借以表达对秦王的羞辱蔑视之意。又如《世说新语·栖逸》提到，阮籍去拜访隐居于苏门山中的"真人"，"见其人拥膝岩侧，籍登岭就之，箕踞相对"。身处荒山野岭，正襟跪坐于坚硬甚至很可能还高峻且凹凸不平的山岩之上，对于阮籍来说，想必极为不便不适。值此情形，阮籍如果要坐下来而不是站着与"真人"对谈的话，箕踞当是其唯一的选择了①，更何况阮籍和他所拜访的这位苏门隐者似乎都不愿做规规矩矩的礼法中人。

---

① 朱翌《猗觉寮杂记》卷下引唐子西《箕踞轩记》云："箕踞者，山间之容也"。

反之，如果是在礼仪场合，不该箕踞的时候偏箕踞，那就势必遭到"礼法之士"的批评和责难了。《史记·陆贾列传》记载，陆贾以汉使者的身份去见南越王赵佗，在接见使者这么重要的外交场合，赵佗却箕踞以对，于是陆贾便径直进前，批评他虽为"中国人"，却"反天性，弃冠带"云云。又，《后汉书·章帝八王传》载，汉顺帝任命侍御史沈景为河间相，"景到国谒王，王不正服，箕踞殿上"。随后便发生了戏剧性的一幕："侍郎赞拜，景峙不为礼。问王所在，虎贲曰：'是非王邪？'景曰：'王不服，常人何别！今相谒王，岂谒无礼者邪！'王惭而更服，景然后拜。"在沈景看来，既然你身为河间王却箕踞且不正服，如此不"讲礼"，那就别怪我不认你这个王了。

不过，话又说回来了，只要分清场合，该跪坐的时候跪坐，可以箕踞的时候尽管箕踞无妨，跪坐和箕踞这两种坐姿原应是可以并行不悖的——用《庄子·齐物论》的术语说，此之谓"两行"。就儒家而言，在迎候师长的正规场合，原壤箕踞以待，固然应当受到孔子的痛斥和体罚，但孟子因为看到其妻独居于"燕私之处"而"踞"，就贸然以"妇无礼"的理由而欲出之，则可谓完全弄错了场合，滥用了礼法仪节，所以才会遭到其母"乃汝无礼也，非妇无礼"的反驳。问题是：正如孔子"非礼勿动"这句话笼统的普适性以及孟子休妻之事所示，以礼之有无区分人与禽兽的儒家①似乎有一种"泛礼仪化"的思想倾向，它总是试图把社会生活与私人生活、公共空间与私密空间的方方面面全部纳入礼仪的严格规范之内，希望人人时时处处都能像纯而又纯、道貌岸然的君子那样"立容德，色容庄，坐如尸"（《礼记·玉藻》），或所谓"坐起恭敬""行必中正"（《礼记·儒行》）。譬如《宋元学案》卷六十九引朱子后学之语曰，"凡坐必直身正体，毋箕踞倾倚，交胫摇足"；清

---

① 《礼记·曲礼上》："鹦鹉能言，不离飞鸟；猩猩能言，不离禽兽。今人而无礼，虽能言，不亦禽兽之心乎？夫唯禽兽无礼，故父子聚麀。是故圣人作，为礼以教人，使人以有礼，知自别于禽兽。"

人撰作的《弟子规》中亦云："步从容，立端正……勿跛倚，勿箕踞，勿摇髀。"儒家对个体举止仪态的严苛规定，实质上是从德操美恶和人格良莠的理想高度，甚至是从人兽之别的底线处，断然否定并彻底排斥了任何情境下的箕踞。

（三）儒家与道家。在古代思想家群体中，历史上最早、最著名的箕踞者当为道家的庄子。《庄子·至乐》记载："庄子妻死，惠子吊之，庄子则方箕踞鼓盆而歌。"夫人去世了的庄子，为什么不仅像孔子责斥的那样"临丧不哀"（《论语·八佾》），反倒还要箕踞而歌呢？一般认为，这是庄子针对儒家力主的端正虔敬的身体姿态而故意做出的旷荡散傲之举，因为对于儒家提倡的礼——尤其是丧礼，庄子向来持批评态度。① 这是思想层面的解释。除了这种解释，笔者曾参照前引李济的文章对殷墟出土的石刻造像的分析结论，作出另一推测：庄子是宋人，而宋又是殷遗之地，所以，庄子的箕踞或许是他作为殷人后裔久已习惯了的日常身体姿态，而不一定是刻意做出的"思想姿态"。只不过在庄子的时代，这一姿态本身即已纠结着殷与周、道与儒两种不同文化观念的冲突。②

而在后世，由于庄子逐渐上升为与老子齐名的道家宗师，加之道家特别是庄学的不少信从者时常也像庄子那样蔑视儒家倡导的礼法仪节，而亦常常做出箕踞之态，所以，在怎样看待箕踞这种坐姿的问题背后，又往往潜存着道家和儒家的思想冲突。

对于庄子的"箕踞鼓盆而歌"，当时惠施的批评是："与人居，长子、老、身死，不哭，亦足矣，又鼓盆而歌，不亦甚乎！"（《庄子·至乐》）用唐代道士成玄英的话说就是："妻老死亡，竟不哀哭。乖于人理，已是

---

① 在《庄子》书中，除了"庄子妻死"的故事外，《大宗师》篇的"孟孙才，其母死，哭泣无涕，中心不戚，居丧不哀"，孟子反和子琴张的"临尸而歌"以及《养生主》篇的"老聃死，秦失吊之，三号而出"等寓言，同样反映了庄子对儒家提倡的丧礼的批评。

② 参见邓联合《庄子哲学精神的渊源与酿生》，第30—31页。

无情，加之鼓歌，一何太甚也！"① 平心而论，这都还是一种基于日常人情的温和批评。若在丧礼谨严的儒家，其批评就要刺耳难听多了。例如，宋儒林希逸一方面直接指责庄子此举"过当"且"矫世厌俗"，另一方面又暗斥庄子云："鼓盆之说，亦寓言耳。且如原壤之登木而歌②，岂其亲死之际全无人心乎！若全无人心，是豺狼也。"③ 与林希逸强调"人心"截然不同，庄子理解生命存在的着眼点则是"天"而非"人"，其间的立场对立正可谓"游方之外者"与"游方之内者"不相及（《庄子·大宗师》），或如《荀子·解蔽》所云："庄子蔽于天而不知人。"

　　周以后的古代历史上，箕踞最风行之世或为魏晋，这种违背礼法的坐姿当时甚至成为众多名流雅士竞相追逐、趋附的一种时尚，其展现有时甚至还是群体性的④，而其中最著名的箕踞之士则非极为推重庄子的嵇康、阮籍莫属。前者奉庄子为"吾之师"，并直言自己向来纵逸傲散、懒漫背礼，后又因"读庄、老"而"重增其放"（《与山巨源绝交书》），乃至提出了"越名教而任自然"（《释私论》）的异端主张。嵇康的箕踞已如上述。关于阮籍，《晋书·阮籍传》说他不仅"博览群籍，尤好庄、老"，曾著《达庄论》《大人先生传》等洋溢着庄学精神的名文，以自抒胸臆，并且还曾发出过"礼岂为我设邪"的惊世之言。而与嵇康相比，阮籍的箕踞则可谓"有过之无不及"。除了曾箕踞以对苏门隐者外，《世说新语》另载："阮步兵丧母，裴令公往吊之。阮方醉，散发坐床，箕踞不哭"（《任诞》）；"晋文王功德盛大，坐席严敬，拟于王者，唯阮籍在坐，箕踞啸歌，酣放自若"（《简傲》）。阮籍的这后两次箕踞皆见于礼仪场合：前

---

　　① （西晋）郭象注，（唐）成玄英疏：《南华真经注疏》，中华书局 1998 年版，下册，第 359 页。

　　② 原壤登木而歌之事，出自《礼记·檀弓下》。

　　③ （宋）林希逸：《南华真经口义》，云南人民出版社 2002 年版，第 259 页。

　　④ 例如，在 1961 年出土于南京西善桥的南朝古墓砖画《竹林七贤与荣启期》上，除荣启期跪坐外，嵇康、阮籍、山涛、向秀、刘伶等其余七人皆箕踞而坐。参见张玉安《魏晋衣风尚自然》，《中国社会科学报》2013 年 2 月 20 日 B01 版。

者在居母丧期间，可谓不孝悖伦；后者在司马昭府宴之时，可谓不敬悖礼。除此二例，想必作为一代士林领袖的阮籍在与其他风流名士交游相聚时，照例也是要箕踞的。有趣的是，从相关记载看，阮籍的箕踞不仅次数多，而且还经常伴有其他的旷荡放诞举止，诸如纵酒、散发、啸歌以及脱衣而裸等。

　　嵇康、阮籍的这类非礼容态，当时就遭到了礼法之士的严词指责。例如，何曾以阮籍"居丧无礼"为由，斥其为"纵情背礼败俗之人"，"宜摈四裔，无令污染华夏"（《晋书·何曾传》）。东晋时，尊崇儒家的道士葛洪在《抱朴子外篇》中对阮籍等箕踞名士亦多有批评：

> 　　汉之末世……蓬发乱鬓，横挟不带，或亵衣以接人，或裸袒而箕踞。（《疾谬》）
>
> 　　此盖左衽之所为，非诸夏之快事也。（《刺骄》）
>
> 　　箕踞之俗，恶盘旋之容；被发之域，憎章甫之饰。故忠正者排于谗胜之世，雅人不容乎恶直之俗。（《广譬》）

从这些言论中不难读出葛洪对箕踞、散发等放旷不端的非礼之士行的深恶痛绝，以及他力图维护儒家名教正统的思想动机。而在当代学者中，即便是对阮籍的若干旷荡之举颇有褒扬之词的名儒牟宗三，对其居母丧期间的箕踞不哀不仅"不予以称许"，而且批评他的行径违背了礼与情之"内在的融一"，其情之所发脱离了合乎人情之礼法。[①]

　　从儒家的角度说，庄子及庄学的信从者为求一己之自适自得而做出的箕踞之态，实属旷荡悖礼之举，但换以庄子的立场，儒家对于个体身体姿态的规定，则显然太过严苛强迫，大悖于人之性情自然。括而言之，儒家的严苛性主要表现为两个方面。其一，如前所论，讲究"慎独"的儒家试图把既与礼无涉又无关乎他者而仅属于个体自身的私人生活和私密空间也

---

　　① 参见牟宗三《才性与玄理》，广西师范大学出版社 2006 年版，第 251 页。

都纳入礼的笼罩范围，反对一切情境中的箕踞。这等于完全剥夺了个体的私密生活空间，时时处处置其于外在性、集体性的礼的规约之下。其二，某些后儒认为，个体只是存恭敬之心于内还远远不够，他必须同时主动以礼来整饬其外在的举止仪容，采取合乎规范的身体姿态，做到内外完全一致。这等于从内外两个方面断除了个体适度释放自我的全部可能。

以朱熹为例：一方面，他坦承"一般人实是敦厚淳朴"，"跛倚倨傲，亦未必尽是私意，亦有性自坦率者"；另一方面，他却又认为敦厚淳朴之人如果"箕踞不以为非，便是不崇礼"（《朱子语类》卷四十一、六十四）。在朱熹看来，个体若欲"克己复礼"而成为仁者，必须做到内外兼顾，如果只是内克己而外仍箕踞，则属己私未尽。他说：

> 己与礼对立。克去己后，必复于礼，然后为仁。若克去己私便无一事，则克之后，须落空去了。且如坐当如尸，立当如齐，此礼也。坐而倨傲，立而跛倚，此己私也。克去己私，则不容倨傲而跛倚；然必使之如尸如齐，方合礼也。故克己者必须复此身于规矩准绳之中，乃所以为仁也。（《朱子语类》卷四十一）

在朱熹之前，程颐也持有与其近通的看法。由朱熹、吕祖谦编纂的《近思录》卷四载：

> 问："人之燕居，形体怠惰，心不慢，可否？"曰："安有箕踞而心不慢者？昔吕与叔六月中来缑氏，闲居中某尝窥之，必见其俨然危坐，可谓敦笃矣。学者须恭敬，但不可令拘迫，拘迫则难久。"

在直接指出箕踞者必定心存怠慢，因此人之燕居亦应"俨然危坐"而不可"形体怠惰"的同时，与朱熹不同，程颐显然已经意识到，如果强制个体在任何情境下都做到内外皆恭敬合礼，必然拘迫其本有的性情，而这种拘迫个体性情、丝毫不允许个体舒展自我的存养方式必将是难以持久的。

儒家和庄学对箕踞之态所持的不同看法，其实质是两种迥异的思想价值取向的对立和冲突：生活于现实社会中的个体，究竟唯须基于其一己之理智和性情，以自我为中心，尽可能地舒展自我以求自适自得，还是必须奉群体为本位，祛尽己私，以"自卑而尊人"的方式朝向他者①，在对外在规范和秩序的依循服从中养成自我？落实在相应的日常举止容态上，庄学的信从者大多具有超然洒脱、活泼快意之风貌，其末流则可能失于随便放肆，全然不在乎一切必要的规矩法度；儒家思想塑造出的正人君子往往端正虔敬、严肃持重，其弊则可能是过于循规蹈矩、拘谨刻板，以至于丧失了个体应有的生命活力和生存乐趣。应当说，二者各有其是非得失。冯友兰曾提出，真正中国人的精神气质应当既有儒家、墨家强调的严肃和"在乎"，又有道家主张的超脱和"满不在乎"。② 此诚两全持中之论。但鉴于中国传统社会长期存在着外在规范褫夺个体性灵、群体秩序淹没个体空间的严重积弊，而处身于礼仪法度无所不在的社会场域中的人们，虽说其所行所思可能无时无处不端庄规整如正人君子，但这种高度礼仪化、规训化的生活也未免太一本正经、太紧张无趣了。因此笔者认为，在包括坐姿在内的个体举止仪容的问题上，我们不妨采取宽松宽容的态度，给予个体以必要的自由伸展的空间。

---

① 事实上，儒家提倡的诸多重要德目，譬如忠、孝、悌、顺、恭、敬等，无不透显着"自卑而尊人"的精神取向。

② 冯友兰：《贞元六书》，华东师范大学出版社1996年版，上册，第368、370页。

附录二

道家哲学研究漫笔

按汉人的说法，庄子是"宋之蒙人"，而"蒙"很可能在今天的河南商丘附近。为追念这位出自本土的先哲，《商丘师范学院学报》设有"庄子·道家·道教研究"专栏。2018 年 10 月起，笔者应邀担任该学术专栏的主持人，主要工作是为每期刊发的研究庄子、道家及道教的文章撰写八百字左右的按语。今不揣浅陋，将笔者五年来撰写的按语抄录于下，供方家一哂。

2018 年第 10 期

本期刊发的五篇文章，除一篇讨论道教经典《太平经》的和谐思想及其当代价值，其他四篇的论题皆以庄学为中心，这充分说明庄子具有何等的魅力！

大致而言，目前学界研究庄学的进路有二：文学与哲学。依循文学进路的研究者多关注《庄子》的文本特点、文学价值及其历史影响，依循哲学进路的研究者则着重探析《庄子》或庄子思想的基本概念、内在逻辑及其体系架构。在中国古典学术传统中，"文"与"哲"本为一家，但近世以来"文"与"哲"不仅分了家，在庄学研究领域二者有时甚至形同陌路、"互翻白眼"。有例为证：几年前笔者参加国内的一个学术会议，会上有一中文系老教授豪言：凡是搞哲学的人写的庄子研究著作，本人一概不看！话音刚落，一哲学系青年教授随即针锋相对道：凡搞中文的人写的庄学论著，我从来不看！场面一时尴尬无比。持平而论，循文学进路者长于文献疏证，循哲学进路者精于义理分析，二者互相取长补短方是学问正道。笔者治庄属于哲学一路，但读郭梦婕综述近五年《庄子》文学与文本研究一文仍获益良多。

在当代庄学领域，刘笑敢、崔大华两位先生所著《庄子哲学及其演变》与《庄学研究》早已是治庄者的必读书，但一直以来鲜有专文比较二书之短长。袁永飞似可谓开此先河，其文对刘、崔两位先生著作的异同分析，从一个具体方面彰显了当代庄学研究的活跃性和研究路径的多样性。相较于其他的先秦哲人，庄子对梦的哲学省思最为幽邃深刻，这让阿根廷著名作家博尔赫斯沉迷不已。作为一篇比较哲学的论文，宋德刚博士的大作讨论了庄子、笛卡尔、维特根斯坦对梦的思考与言说中涉及的重要哲学问题，譬如"我"的存在以及自我与他物的区分、梦境世界与现实世界的区分是否具有某种确定性，而在三位思想巨匠对这种确定性的追问中，则透显着哲学省思的灵魂：怀疑精神。

"洋人"治庄多有不循常轨而"剑走偏锋"者。按传统的学科分类，杰弗里·摩根的文章《庄子与情绪修养》应归入伦理学？哲学？心理学抑或社会心理学？或许都可以，或许皆不是很妥帖，要怪只能怪庄子及其思想神异诡谲、流传久远、魅力无穷、常说常新！

2018 年第 11 期

一篇学术文章能否成为"佳作"，关键在于创新，而真正的创新又具体表现为作者能否运用新的文献资料，或采取新的研究视角和方法，对人所共知的对象文本作出新的深度解读，进而提出独到的理论观点，发前人之未发。吃学术这碗饭的人想必都知道，新的文献资料堪称"可遇不可求"，绝大多数情况下，大家面对的都是同样的经典文本。在此情形下，学术写作若欲结出新的理论果实，唯有通过援用新的研究视角和方法，重新深度解读经典文本。

从这个角度说，本期刊发的六篇道家研究文章多为"佳作"。其中，研究《老子》传本多年的刘黛，这次再度施展其精思细考的辨析工夫，通过对照《老子》中的相关文句、表达句法、文字意象以及古人训释，提出《老子》第六章所说的"谷神"应解为"谷与神"，而非"谷之神"。此说虽仍属推测，但其细密扎实的论证和所得结论确乎给人以耳目一新之感。如果说刘文透显的是传统学术工夫的魅力，那么陈志伟对《庄子·养生主》篇末老聃之死寓言的诠释则主要体现了一种较为"西化"的致思理路，虽然文中也引述了古人对该寓言的很多疏解。循此理路，作者认为老聃之死寓言旨在呈现生死之际下的人的存在的各种情状，用生与死的逼迫性将人的本真存在形式展现出来，而"一个族群或民族之所以能成为统一的族群或民族，必须首先对生死存亡问题有超越性的或突破性的自觉意识"。这一论断从民族"心灵史"的视角大大提升了该寓言内蕴的理论意义的高度。

此外，李延仓教授对全真道以心性为本的宗教思想进行了全面的梳理，他从神仙观、修炼观、科仪法术观三个方面，揭示了全真道的心性特色，其文可谓通透系统，其结论可谓公允确当。对于唐代道士成玄英，历来学界多讨论其"重玄学"的道教哲学思想，而万志全则通过分析其道家美学思想，为我们呈现了一个作为"美学家"的成玄英的新形象。宋钘是稷下学派的重要人物，冯友兰认为他是墨家支流，钱穆、陈鼓应虽承认其学具有糅合墨道的特点，但仍认为其师承出自道家，张岱年则认为他和尹文是战国时期的一个独立学派。揣松森对宋钘思想之道家特质的分析，可视为对钱穆、陈鼓应之说的补证。

2019 年第 1 期

与国家主义、民族主义甚或种族主义相比，所谓"天下主义"显然是一个好词，也是近年来学术界的热词，因为它一方面透显着中国传统文化的精神和视野，另一方面则与始于西方的"全球化"这个词有近通之处。事实上，如果我们能把"天下"观念进行新的诠释，就可借以描述和构想中国文化视域中的"全球化"的世界。赵汀阳先生曾有大著，系统阐述了他的"天下体系"说。在本期刊发的论文中，王威威教授的大作则从哲学和政治两个方面梳理了庄子的"天下观"，"天下主义"的讨论热潮中由此发出了道家的声音。

从诠释学的角度看，所有的解读都是误读，更何况"非我族类，其心必异"，在中外文化交流中，西方学者对《老子》和道家思想的解读发生偏差实属正常。然而一些本土学者却以坚持中国文化"原汁原味"的主体性和独特性为考量，反对"以西释中"的理论进路。对此我认为，西方学者运用另一种思想视角、另一套分析方法解读道家哲学，固然会使其"走味儿"，但另一方面我们也必须看到，鉴于包括道家在内的中国哲学范畴和思想观念固有的混沌性，西方学者运用新异的思想视角和分析方法恰恰有助于清晰呈现其内在的复杂性，以及其多元甚至无限的丰富性，而道家哲学在作为他者的西方文化的多棱镜上也因此总会折射出绚烂且迷人的光彩。波兰学者班卡·拉法尔从"分体论"的角度对老子之"道—有"关系的阐释，西方汉学家对庄子哲学之神秘主义性质的论辩，恰恰在一定程度上拓展了老子哲学的诠释空间，有助于学界深入理解庄子哲学的神秘主义特质。

事实上，不仅西方人，即便是本土的国学大师章太炎也照样误读了道家哲学。他曾说："庄子的根本主张，就是'自由'、'平等'……'逍遥游'者自由也，'齐物论'者平等也。"① 当太炎先生借助"齐物论"的平等思想，抨击20世纪初盛行一时的大国沙文主义、社会达尔文主义，强调民族的平等性和文化的多元性，维护中华文明存在和发展的合理性之时，他的误读——无论故意还是无意——难道不是开显出了庄子哲学的现代意义，创造性地赋予了庄学以崭新的理论活力，因此值得大赞特赞吗？这说明"歪打"有时候完全可以"正着"，而"正打"却不一定。

---

① 章太炎：《国学概论》，上海古籍出版社1997年版，第34页。

2019 年第 2 期

无论在自然还是社会人文领域，知识皆始于我们对那些未解之谜的讶异和探问，而学术研究的开展方式之一便是"猜谜"以求得其解。众所周知，不仅老子、庄子都是谜一般的人物，《老子》《庄子》也都是谜一般的经典，因此"猜谜"就成了老学和庄学研究领域的常态。在这场持续两千多年的"猜谜大赛"中，古时就已聚讼不已且至今仍未被学者破解的谜团主要有：老子与庄子各自有着怎样的前世今生？这个问题对于我们理解二者思想之渊源和特质甚为重要。《老子》《庄子》二书之成书及其后世演变历程究竟是怎样的？书中那些难解的文句、字词，其本意究竟为何？

正如自然领域科学家提出的"假说"一样，试图揭破人文领域的难解之谜，同样需要信实充分的证据和严密自洽的逻辑，这是"现代学术方法"的基本要求。没有证据的支撑和逻辑的表达，所有的谜底都只不过是瞎猜。日常学术阅读中，多见如下两种猜谜的招数。其一是基于臆测或附会的瞎猜，譬如有学者以所谓"先天易学"的概念和套路去解读《逍遥游》篇鲲鹏图南的寓言，这真是开玩笑！其二是依据并叠加谜底的若干可能的推测，最终引出确定无疑的答案，其思维方式实质上就是"可能 + 可能 + 可能…… = 必然"，用符号表示即为"0 + 0 + 0…… = 1"。如果说后一种猜谜方法虽然可为我们接近谜底提供某些启示，但却明显不合逻辑的话，那么，前者则只会把原来的未解之谜搞得更加云遮雾罩。

本期刊发的王红教授讨论老子之姓氏问题、刘洪生教授辩议《齐物论》篇三个关键字的文章，皆属猜谜之作。客观而言，两位作者的看法虽未必信然，或者说未必就是最终谜底，但其学术态度之严谨、引述文献之丰富、学理分析之审慎，却为读者的后续"猜谜"提供了寻找谜底的某种思考方向，或至少透显出了相关问题的复杂性。

在庄学史上，方以智的《药地炮庄》堪称一座让任何一个猜谜者都感到头疼的巨大"迷宫"，庄学、儒术、易理、禅话以及直引或化用的大量典故杂错纠缠于其中，《庄子》本身就是谜，而方以智又制造了一个更大的谜，这真真使学者深感"剪不断，理还乱"，"欲说还休"。蒋丽梅的文章对方以智新诠《逍遥游》篇"小大之辨"的致思方法的揭显，为我们清晰把握方氏庄学思想的内在理路和旨趣，从而走进《炮庄》这座"迷宫"打开了一个透光的洞口。

不同于以上三者，尚建飞教授的文章是一篇诠评之作，作者对郭象的"足性逍遥"思想及其价值取向的研析，无疑有益于学界深切领会其与庄子思想之差异。

2019 年第 4 期

庄子的言说方式及其语言哲学思想，历来是学术界讨论的焦点话题，本期刊发的张朋、陈之斌两位学者的文章即是这一领域的两篇新作。毫无疑问，庄子是先秦诸子中对语言问题思考最多也最为深邃的哲学家，而早在庄子之前，老子和孔子对语言问题就已经表现出了高度关注的态度。耐人寻味的是，老子和孔子关注语言问题的一个特殊方式是：他们对人之所言往往持审慎甚至警惕、怀疑的态度。例如，老子认为"道可道，非常道"，"多言数穷"，"知者不言，言者不知"，"信言不美，美言不信"，"正言若反"，因此他主张"贵言""希言""不言而善应"，乃至行"不言之教"。孔子则一方面反对"不及义"之言、"过其行"之言、"非礼"之言，以及"鲜矣仁"且"乱德"之"巧言"；另一方面，他又因此而提出君子应"慎于言""讷于言""言忠信""言中伦""言之必可行"。有趣的是，孔夫子他老人家甚至还一度打算效法不言之天而欲"无言"。综括老子和孔子的看法，可见其所论主要涉及言与本体、言与意、言与行、言与德之关系等问题，而这些问题中又都存在着"真"与"伪"的维度。

与老子和孔子相比，庄子的独特性之一在于其语言哲学充满了内在张力。具言之，一方面其书之言说方式丰富多样，所谓"以卮言为曼衍，以重言为真，以寓言为广"，且"其言诡谲"① 而多"无端崖之辞，时恣纵而不傥"——用鲁迅先生的话说：《庄子》一书文辞"美富"，"汪洋辟阖，仪态万方，晚周诸子之作，莫能先也"②；另一方面，庄子作为玩弄语言的高手却又认为"言隐于荣华"，"言未始有常"，"言辩而不及"，"言者有言，其所言者特未定也"，"言者，风波也"，"道不可言，言而非也"，"大辩不言"，进而提倡"不言之辩""辩不若默""不言而饮人以和""得意而忘言"，乃至"言无言""终身不言"。正因为庄子的语言哲学充满了巨大的内在张力，所以后世学者才会殚精竭思，聚讼不已。

本期刊发的另外两篇文章，一为王红教授讨论老子之姓氏问题的下篇，一为王蕾教授梳理邵雍的道教易学思想之作，读者亦可一观。

2019 年第 5 期

学术研究贵在出新。但在古今文献浩如烟海、研究路径几乎已被前人穷尽的庄学领域，出新却是让每一位涉足其中的学术新人都会感到非常挠头的难事。何以克服这种畏惧感而不至于知难而退？对此，我的导师、十多年前"逼迫"我以庄子研究为博士论文选题的李中华教授认为：无论过去、现在和将来，都没有也不可能有众所公认、唯一确定的研究方法，事实上，自古以来学术界大家都在说各人自己的庄子，这也正是庄子总是富有魅力且常说常新、庄学研究始终活跃，以至于形成了一个流传久远、绵延至今的独特学术传统的根本原因，其中的关键在于务必"言之成理，持之有故"。李老师的这个意见当年给了我极大的研究自由，而我之所以于本期刊发的五篇文章中，特别关注郭美华、谢清果两位教授的新作，以及任博克、赖锡三、林明照三位学者关于《庄子》之英译和思想理解的讨论文章，其因由亦在于此。

---

① 晋王坦之《废庄论》批评《庄子》云："其言诡谲，其义恢诞。"（《晋书》卷七十五）

② 鲁迅：《汉文学史纲要》，人民文学出版社 1973 年版，第 17 页。

我在以前的按语中说过："洋人"治庄多有不循常轨而"剑走偏锋"者。任博克是美国芝加哥大学神学院教授，"洋人"也。在出版其《庄子》全书 33 篇的英文全译本之前，这位洋学者以内七篇的五则英译为例，用中文撰文，详细阐述了其英译背后的复杂考量，内中既涉及对《庄子》文本某些断句问题的不同处理，又有对这些文句之思想细节的切磋琢磨，其所论多有"大胆、颠覆、创新"之处。以"若一志……气也者，虚而待物者也"一段为例，任博克不仅一改传统的断句方法，而且在思想层面取消了"气"的独立性，把这段话重点放在"心气交涉"的工夫论脉络中来理解。对于任博克教授的新论，林明照、赖锡三两位教授的评论颇为精彩：如果说前者重在辨本复原，提出异议，那么，后者则从哲学诠释的向度揭示了任氏之深意，即通过新的断句方式打开新的思想解释之门。

郭美华基于现代性的视角对《庄子·天地》开篇一段的哲学诠释，其行文汪洋恣肆、泛滥辞章，大有江河滔滔之势，而他从中领悟的道家生存论的主旨——捍卫天地整体及其秩序的自在与自然、持守自我作为他者的自然，诚可谓贴合庄子精神之新论。

老学研究同样没有固定套路。谢清果把《老子》视为一部"成功学"著作，他从敬畏心态、行为圭臬、坚守精神等五个方面对"为者败之，执者失之"的新诠，虽然不是那么"形而上"，但老子哲学的基本精神仍在其中，而只要这种精神能够滋养挣扎于成败得失中的现代众生，这种解读就是可行的。

2019 年第 7 期

庄子非常重视"通"，如《齐物论》篇云："举莛与楹，厉与西施，恢恑憰怪，道通为一。……唯达者知通为一。"意思是说那些稀奇古怪、差异巨大甚至完全对反的事物，从道的角度看却是齐一相通的。《庄子》中多次言及"通"，此处笔者之所以只引述《齐物论》篇的这段话，是因为将其意稍作转化，即为一种重要的学术方法：在不同的思想观念之间寻求相通处，或对不同的思想观念进行会通、融通。本期刊发的三篇文章或多或少都与这种学术方法有关。

例如，在明清之际的高僧吹万广真看来，道家哲学的最高范畴"道"就是禅宗的核心观念"佛性"，道家的"无为"实即佛教强调的"无执"，而从总体思想旨趣来说，老子主张的性命双修与佛教的定慧双修也并无二致。很明显，吹万广真着力揭显的是佛老间的相通处，但其以佛通老无疑过于主观牵强。同样着眼于"通"，高兴福博士通过梳理客观的思想史，指出如果没有东晋以降玄佛道三家的合流融通，就不可能形成道教的重玄思想，由此他对"两个孙登"的问题作出了具体澄清。

"通"对于美国学者任博克翻译《庄子》的工作就更重要了。因为翻译工作开展的前提就是不同语言形式的文本背后被认为存在着思想相通或可通之处，其中既涉及中西之通，又涉及古今之通，而翻译实质上就是基于中西古今之通，在不同语言文本之间进行思想贯通和转换。相通和相异是世界万物的两个面相，所以寻求中西古今之通不应排除和否定差异，正因为存在着种种差异，会通古今中西的经典翻译工作才是必要的。在任博克与几位学者的长篇对谈中，我们看到的恰恰更多是对差异的细致辨析，其中包括：对"虚"，"官知"，"气"，"符"，"朝三暮四"，"为善无近名，为恶无近刑"等庄子哲学思想观念的不同理解；《庄子》内篇与外杂篇关于天人之分的不同观点；庄子与郭象的思想差异；中西方学者对"气"的不同态度，等等。在对这些差异的辩议中，一系列深刻的哲学问题被激发出来，例如生与知的关系问题、生与化的关系问题、是非善恶问题、生命的方向性问题、道德本质主义与虚无主义问题、个体与世界的关系问题……这些问题显然并不局限于《庄子》文本，而是普遍存在于中西思想史和古今生活世界。

依庄子，唯有"达者"才能不舍众异而把握古今中西之通，若陷于一偏而自矜其长，则只能称为"一曲之士"（《庄子·天下》）。

2019 年第 8 期

本期刊发的文章中，刘洪生先生对成语"东施效颦"的考辨，使人想起"橘生淮南则为橘，生于淮北则为枳"的典故。同一物种由于气候、土壤等因素的变化，在不同的自然环境中难免会发生某些变异现象。类似现象在社会人文领域也常有出现。近读著名学者杨宪益先生于译著之余所写的多篇趣文，这些趣文就为我们揭示了中外文化交流史上不时发生的一些漂移变异现象。例如，据杨先生考证，《安徒生童话》里的"皇帝的新衣"故事，一千多年前在梁慧皎所著《高僧传》的鸠摩罗什传记中就早有记载。往前进一步追溯，这个故事最晚在 4 世纪初已出现于印度，后传入中国。再如，希腊史诗《奥德修斯》中巫女塞栖的故事，被大食商人带到中国后，逐渐流传演变成了唐孙頠《幻异志》中的"板桥三娘子"故事，而向来被视为中国民间传说的"白蛇传"，实际上同样也是一个外来故事，其原型出自公元 3、4 世纪间一位希腊作家所写的一部游方道士传记。自然界的橘变为枳或可说是物种的退化、衰变，而杨宪益先生所描述的以上几个文化漂移现象却很难说是退化或衰变。事实上，同一故事结构出现在不同的社会历史语境中，往往会由于不同的人文因素的嵌入而被赋予更为丰富生动的细节，进而展现出更加多姿多彩的别样面貌。谁能说"白蛇传"比希腊作家创作的故事原型逊色呢？

当然，社会文化中的相似未必意味着同出一源，而很可能只是一种偶然的相合。胡适曾认为，人类的各种文化大同而小异，因为"生活只是生物对环境的适应，而人类的生理的构造根本上大致相同，故在大同小异的问题之下，解决的方法，也不出那大同小异的几种"。照此，不同时代、不同民族的人们对于未来理想社会的憧憬也应当是大同小异的。例如，正如王霞博士所辨析的那样，庄子与托马斯·莫尔的"生态政治思想"便多有相同之处，虽然庄子是战国时期的东方哲人，而莫尔则生活于 15 至 16世纪的英国。

我们可以对相似的思想进行比较，也可对其加以会通。在中国哲学史上，儒释道三教会通是思想发展之大势。而在三教各自的内部，同样也有思想会通的现象，例如佛教内部的禅净合一、儒家内部的易庸会通、道家内部的以老解庄或以庄解老——方以智领衔编撰的《药地炮庄》干的就是类似的事儿。一般来说，具有大致相同的精神旨趣和相近的价值基因的思想文化，会通起来比较顺畅，而精神旨趣和价值基因迥异的思想文化的会通则比较生硬突兀，甚或不可能——难道真有人种出牛肉味的土豆吗？我不信。

2019 年第 10 期

读者看到这篇按语时，应该已是凉爽宜人的 10 月，而我撰写此文的此刻，却恰逢 7 月下旬骄阳似火、酷热难耐的盛夏。人们常说"心静自然凉"。心静未必能使身体凉却，但确乎可以使我们的心灵摆脱各种躁狂烦热的搅扰，慢慢凉下来，宁定下来。由静心而凉心，这个过程其实也符合物理学的规律：动则生热，静则不热，身心皆然。

从某种意义上说，相较于热心热情、热诚热烈、"剃头挑子一头热"的儒家，道家堪称传统文化中"清凉的智慧"。以庄子为例，他一方面盛赞"登假于道"的至人、真人，说他们的肉身"蹈火不热"，"土山焦而不热"抑或"大泽焚而不能热"；另一方面，就内心而言，庄子又批评不善养生的张毅，说他由于仅"养其外而病攻其内"，以致"行年四十而有内热之病以死"——"内热"者，"阴阳之患"也，心理躁狂而失调也。此外，《庄子·逍遥游》云："藐姑射之山，有神人居焉，肌肤若冰雪。"不仅肌肤，想必神人们的心也都是凉凉的吧，否则他们怎么竟然不待在红尘热浪中"食五谷"，而跑到高山上踏踏实实待着呢？凉到极处便是冷，老庄皆然。清人胡文英曾说庄子对世道"冷眼看穿"，"眼极冷……故是非不管"，朱熹则语带偏见地指责老子"心都冷冰冰地了，便是杀人也不恤"。现代学者中，李泽厚把老子哲学归结为军事辩证法，其特点之一便是极其冷静、不带情感且毫无诗意地进行纯粹的利害计较和筹划，刘小枫则嘲讽传统士人对逍遥的追求是一个由热心到凉心的过程，而逍遥的道家真人和神人实为情怀冷漠、不问世间善恶的局外人甚至石头人。

撇开批评者的种种偏见和误解，事实上，时常隔岸观火、不像儒家那样热烈拥抱现实世界的道家，其思想气质绝不同于佛教的高冷绝俗、申韩的寡恩无情。借冯友兰先生之语，道家的清凉智慧实质上是一种"负的方法"，它所要疗治和消除的是人类的自我中心主义，以及基于自我中心主义的对是非真伪、善恶美丑、得失祸福、成败存亡的妄见和偏执。这种心灵减法，其根本工夫就是庄子所说的"吾丧我"。若能"丧我"，何以"内热"？

本期刊发的几篇文章，或从一个思想史片段梳理道家的"无心"之说与道教和禅学的内在关联，或解析庄子"忘知以入道"的知识观，或阐发庄子哲学对心理健康教育的积极意义，都从不同角度涉及道家之清凉智慧的特点。炎夏读之，凉意渐生。

2019 年第 11 期

本期刊发的三篇文章中，两篇涉及道教，一篇涉及儒家名教。如果说道教是道家思想宗教化、神学化的结果，其终极关切是成仙永生，那么，郭象通过诠释《庄子》而为儒家的价值观念所作的辩护，则是道家思想名教化的产物。从原初的老庄之学到道教以及郭象对《庄子》的精彩诠释，固然体现了道家思想在后世演变过程中的丰富性、多元性，但这种丰富性和多元性的历史开展，实质上却是以背弃老庄这两位道家先哲的思想本旨为"代价"的。

先来看老子。不错，《老子》第五十九章确曾言及"长生久视之道"，但须知其所谓"长生"并非永远不死的"永生"，而应被理解为长寿。另据杜正胜先生研究，后世语汇中的"'长生'往往表示'神仙不死'，此义却为春秋以前所无"，而"不死的奢望"则当是战国以后接着春秋时代之"永保其身"和"难老""毋死"等观念逐渐发展出来的。① 又，第三十三章云"死而不亡者寿"，可见老子并不以不死为寿。至于老子对儒家名教的态度，即便第十九章所谓"绝仁弃义"云云或为后出，第三十八章

---

① 参见杜正胜《从眉寿到长生：中国古代生命观念的转变》，《"中央研究院"历史语言研究所集刊》第 66 本第 2 分（1995 年 6 月）。

的"失道而后德，失德而后仁，失仁而后义，失义而后礼。夫礼者，忠信之薄而乱之首"一段，也已把他对名教的批评表达得再明确不过了。

再看庄子。如王船山所言，在生死问题上，庄子的真正态度是："'奚暇至于悦生而恶死'，言无暇也，非以生不可悦、死不可恶为宗，尤非以悦死恶生为宗。"（《庄子解·至乐》）推而言之，庄子既不悦生又不恶死，他只是无暇无心于此而已，故《天下》篇说他"外死生、无终始"，故《至乐》篇记载："庄子妻死，惠子吊之，庄子则方箕踞鼓盆而歌。"相较于老子，庄子对名教的批评更为激愤深刻：从人性自然的角度说，儒家的名教乃是"落马首，穿牛鼻"，"以人灭天"而至于使人丧其本真的枷锁；从社会政治的角度说，按庄子"盗亦有道"的逻辑，名教实为"盗之道"，只会被窃国者用以"守其盗贼之身"，故《盗跖》篇甚至痛斥孔子为"盗丘"。

后世多有道教徒和以儒解老、以儒解庄之徒颇自许为得老庄之真者。对此，我常想：假如某一天老子、庄子与这些家伙在路上遇到了，那场面一定是"纵使相逢应不识"。再假如这些家伙主动上前与老子和庄子搭讪，一副"自来熟"的嘴脸，二老对他们大概只会说两个字：讨厌！如果是三个字，那一定是：真讨厌！

2020 年第 1 期

多年前，陈鼓应先生曾有一个著名论断：道家是中国哲学的"主干"。其说一出，学界顿起争议甚或辩驳之声。暂撇开道家是否可称为中国哲学之"主干"的问题不论，无须争辩的是：道家对中国哲学的影响可谓极其深刻且久远。以本期所刊文章涉及的哲学史问题而论，如果没有先秦道家提供的思想资源，便不会有后世王充的元气自然论，不会有王弼的贵无论，当然也不可能生成魏晋玄学这一中国哲学史上光彩炫目的思想景观。

王充的宇宙论得益于他对道家之气论和自然思想的吸收融汇，王弼的贵无论则通过他对《老子》一书的创造性诠解而提出。以开放多元的经典文本和恒久鲜活的思想基因催生新的哲学观念，这是道家深刻影响甚至塑造中国哲学史的重要方式之一。王充、王弼以及王弼之后的郭象、唐代的成玄英、明清之际的方以智，在思想方面都是深受道家影响、被道家形塑的典型人物。

作为道家哲学研究者的我们，如果能像"王充们""王弼们"那样，通过借取道家的思想资源或注解道家的经典文本，最终提出新的哲学观念而自为一宗，自是求之未得但仍然梦寐以求的事情。然而，诚如汤一介先生所言，我们绝大多数人都不可能成为"哲学家"，而只不过是"哲学工作者"。"哲学家"的天职是创造新的哲学体系，"哲学工作者"何为？

窃以为，就道家哲学研究而言，作为"工作者"的我们，最重要的工作就是通过缜密周详的学理探讨，解决学术史上那些悬而未决的问题，或至少为某些问题的解决提供新的材料、新的角度、新的方法，或在前人不疑处发现新问题，从而切实有效地推动学术进步和知识增长，这是我们作为"哲学工作者"的真正价值和意义所在。反之，那些游谈无根的"表态式学术"和妄发感想、频生体悟的"抒情式学术"，终归都是毫无意义、毫无价值的虚幻泡沫、痴梦呓语。本期刊发的文章中，王红、吴战洪两位学者的大作对《庄子》之"忘"的细密辨析，之所以让我感到耳目一新，其原因正在于此。

作为道家最重要的经典，《老子》《庄子》都是谜一般的的文本，时至今日，这两部书中仍然存在着大量的悬而未决的学术难题。从这个角度说，即便不能通过研究老庄思想而"成家"，如果能为某些学术难题的解决奉献微薄之力，老聃、庄周这两位制作谜语的哲人大概也会把我们看作"解人"吧？

2020 年第 2 期

本期的"庄子·道家·道教研究"专栏共刊发了五篇文章，数量可谓多。粗粗浏览一遍后，有两点突出感受。

其一，从内容来看，除一篇文章讨论禅宗四祖与南朝梁代道士宋文明的思想可能具有某些内在关联外，其他四篇都是对先秦道家经典《老子》

《庄子》的研究。4∶1，这其实正是当今学界道家哲学研究之"生产力"分布的大致格局。我们看到，近些年来，虽然战国之后的老学史、庄学史的研究取得了长足进步，但总体而言，《老子》《庄子》这两部道家原典仍是学者们最为关注的焦点，以此二者为研究对象，每年都会出现大量的论文和专著。

我曾经开玩笑说：相对于战国之后儒家于历代几乎都会涌现出大学者甚至大哲学家，孔孟之道更于后世翻新出别样的思想形态——例如两汉之经学、宋明之理学与心学，道家却几乎仅靠老子和庄子这两员连其生平事迹都鲜为后人所知的"老帅"，包打天下两千余年！在儒道两军的长期对垒中，儒家阵营的哪一员大将敢不惦记老子和庄子对尧孔圣统持久不衰的"杀伤力"？即便如朱熹、王夫之这两位思想卓越但却非常讨厌老庄的大儒，翻看《朱子语类》和《船山全书》中大量的黜老难庄文字，即可知他们又何尝不是被老庄的异端魔力折磨得絮絮叨叨、喋喋不休？

其二，从五篇文章作者的年龄段来看，除郭美华老教授属于"早期70后"，另外四位作者都是"90后"——与人家那四位小字辈相比，动辄万言的美华教授能说自己不"老"？检视四位年轻学者的文章，可知其虽然很难说得上是成熟的上乘之作，但确实写得有模有样、中规中矩，有些看法甚至颇有新意和洞见。从中可知，新一代的道家学人正在成长和崛起。仅从"技术"层面看，他们的学术进路、研究方法、理论视野以及所援取的思想资源，均有可称道者。可以预测：假以时日，包括四位作者在内，这一批年轻的道家学人中一定会出现有大成就者。《庄子·齐物论》云："万世之后而一遇大圣，知其解者，是旦暮遇之也。"果真遇到能解悟乃至阐扬道家之真精神者，久居战阵的老庄二帅一定会为其学后继有人而感到欣慰吧？

2020 年第 4 期

在向域外传播中国传统思想和文化时，不少人会想当然地认为：既然儒家是中国古典思想的主流甚至所谓"正统"，那么它就应当在面向世界的文化输出中扮演"一号主角"。但从中国思想文化的域外传播史来看，此论谬矣。因为，迄今在域外传播最广泛、影响最深远，同时也是最早被译介到域外而走向世界的中国经典，是道家的《老子》，而非据说被谁奉为中国人之《圣经》的儒家经典《论语》。

唐太宗年间，在玄奘主持下，《老子》被译为梵文而输出到印度，这是该书首次外译——请注意：这次文化输出不是咱们硬送去的，而是人家主动要的！著名的《老子》外译版本专家、美籍学者邰谧侠博士统计，截止到 2017 年，《老子》在全世界已有 72 种语言的 1548 个译本。就域外传播效应来说，《老子》对于塑造中国文化的正面形象、提升中国思想品格的层级发挥了极为重要的作用。近代以来，西方人对中国文化多置贬词，对儒家更有激烈批评，但对于仅有短短五千余言的《老子》却不仅迄今未见一贬词，恰相反，即便是西方第一流的思想家和学者，也无不采取称许仰视之态。《老子》的广泛传播及其为中国文化赢得的世界性声誉，表明这部中国经典具有超越不同文化和时代的开放、普世的思想品格。

这种思想品格也是《老子》开创的道家哲学的精神基因。正是由于具有这种基因，在异域文化输入中国时，道家每每扮演着"接引者"的角色。魏晋时期，道家曾接引佛教入中土。在近代，道家又接引了西方的自由主义思想，例如严复便曾通过评说《老子》《庄子》的方式，引介自由主义入中国。

笔者之所以谈论道家开放、普世的思想品格，是因为本期刊发的三篇文章均与此相关。韩焕忠教授的大作《不究老庄怎通佛》，涉及老庄与佛教的思想关系和历史因缘，而德人何乏笔、华人学者赖锡三以及美国学者任博克，近年来则努力推动"跨文化庄子学"的建构——其所"跨"者，庄子与西方哲学也。若论道家何以具有开放、普世的精神基因，则李源博士的大作对《老子》之"善"的思想的解读，或可从一个重要方面为我们提供答案。在李博士看来，《老子》之"善"的基本内容是自然无为的不争之德。在思想文化的交流中，这种"善"会促使人们消解狭隘的自我中心主义，以多元包容的态度对待异己的他者。如同人际交往一样，拥有这种品格的思想文化，怎么可能不被众人接纳呢？

2020 年第 5 期

在中国哲学界，有两位专事道家与道教研究的著名女学者：中南大学的吕锡琛教授和南京大学的孙亦平教授。孙教授是我读大学时的老师，故而拜读她的大作《论道教游仙诗所体现的生命关怀》，我感到十分亲切，同时又为孙老师学术青春常在而深感钦敬。

"游仙诗"是魏晋南北朝时期的流行诗体，雅好老庄的嵇康、阮籍等人皆长于此道。无他，盖因当时社会动荡、政治险恶，个体生命随时都可能遭遇不虞之灾、无端之祸而陷死地。所以，活着，悠游自在地活着，像恣意穿越于六合内外的神仙们那样悠游自在地活着，便成了笼罩于深重的幻灭感和虚无感之中的文人雅士的理想抑或痴心妄想。如果说嵇阮等文士创作游仙诗是为了表达他们的生命理想，那么，道教中人写这类诗则不仅是自述其宗教信仰，更有劝引信众入教之目的。今天，成仙而游之说早已无人信从，但蕴含于道教游仙诗之中的生命祈求——活着，并且活得尽可能长久一些、尽可能美好一些，仍然是咱们人类最原始、最动物，同时也最永恒、最人性的本能和权利。写这篇按语时，正值新冠病毒肆虐全球、世界疫情发展前景不明之际，因此笔者更深感活着多么幸运，活得美好多么值得我们去追求！

本期还刊发了两篇"海外庄学"的文章：王永江先生评析了出自英国汉学家巴尔福的第一部《庄子》英译本，赖锡三先生和美国学者任博克先生对谈的则是后者完成的《庄子》全书的最新英译。两个译本恰好一古一今、一旧一新，可见《庄子》在海外的传播"源远流长"、相继不绝。比较而言，近些年来学界对《老子》在海外的传播及其影响的研究已取得较大进展，河南省社会科学院的丁巍先生、美籍学者邰谧侠博士在这方面的贡献尤其大。然而，或是由于《庄子》文本较为驳杂且篇幅较长、思想也更为诡谲玄奥，进入庄学殿堂的门槛颇高的缘故，至今国内学界对"海外庄学"的研究似乎进展不太明显。这种局面与《庄子》丰富多元的哲学内涵、深邃悲悯的生命意识以及它所达到的思想高度和深度殊为不称。笔者期待国内学界更多地关注"海外庄学"，同时也相信任博克先生的最新全译本必将有力推动《庄子》在世界范围内的广泛传播。庄子若知此事，一定会在心里感谢任先生，虽然他嘴上不说。

2020 年第 7 期

宋人朱熹在与弟子论学时，曾用非常刻薄的语言挖苦老子，其中一句是说老子"心都冷冰冰地了，便是杀人也不恤"。今人李泽厚又把老子思想定位为"军事辩证法"的哲学概括，并说《老子》一书的特点是极其冷静、不带情感、毫无诗意，只讲无价值色彩、无道德属性的纯粹利害较计。朱、李的说法都有很大影响。如果按他们的描画，那么，老子一定是个或整天沉着脸，或面无表情，或假扮笑颜，特阴险、特恶毒、特无趣的"老江湖""老奸猾"甚至"老坏蛋"。

我不这样认为。我认为老子是一个特"神"、特"鬼"、特幽默、特好玩、特有趣的"老顽童"。其幽默好玩的表现之一是：在出关而"莫知其所终"之后的两千多年里，他时不时地变着花样露面、现身、发声：20世纪 70 年代，两个版本的帛书《老子》一起在长沙马王堆汉墓破土而出；20 世纪 90 年代，湖北郭店战国楚墓发现了竹简《老子》；刚进入 21 世纪，又有西汉竹书《老子》从遥远的海外来到北京大学；而就在几年前，某著名大学还有学者宣称他们发现了一部神神秘秘的所谓《姬氏道德经》！更有趣的是，老子这把"老骨头"还频繁出国，骑着老青牛满世界溜达：自打被玄奘译为梵文至今，《老子》已有 70 多种语言的 1500 多个译本！从关尹那儿退场隐身后，老子就这样一次次地返场亮相，似乎是在跟后人捉迷藏，逗你玩儿呢！我似乎听见老子暗自嘀咕："谁说我不知所终了，我不是在这儿吗，甘肃崆峒山老君楼还有我的历世 81 化图呢！"事实上，老子每次再现都会引起巨大的轰动。孔子对老子的印象是"其犹龙邪"。所谓"神龙见首不见尾"，但老子这条神龙却不仅"见首"，而且还屡屡在后世现出"尾巴"，引得世人仰视。《老子》第三十三章云："死而不亡者寿。"我觉得老子说这话似乎有"夫子自道"的意味。依庞朴先生的解释，"亡"是指原来有，后来又没有了、不见了。照常理，人死也就亡了，故称"亡者"，但老子的一次次现身却表明他死而不朽、死而不亡。曹峰教授有部书《老子永远不老》，其实老子何止"不老"，他简直是"老而不死"——《庄子·养生主》说"老聃死，秦失吊之"，大概只是寓言，而陕西楼观台附近的那个老子墓则绝对是假的。老而不死是为贼，老子不是贼，他老成了神。

《老子》一书难解，老子的幽默难懂，老子的想法难测。本期刊发的两篇文章，涉及郭店楚简《老子》和北大西汉竹书《老子》，两位作者应该都理解了《老子》并懂得老子的幽默。

2020 年第 8 期

近些年，"国学"大热，而在诸子百家中，儒家最热，信从者、传播者、研究者竞相为其添柴、加火、泼油，但不知是不是热昏了头的缘故，人们挂在嘴上的多是儒家的"好"，儒家的"不好"（思想弊病）及其在历史上曾经遭受的批评却较少被提及。事实上，儒家自创立之日起便兼有"好"与"不好"的两面，且始终伴随着各种批评之声。在我看来，相较于墨家、法家对儒家的批评，以及儒家内部的自我批评——如荀子批思孟、阳明批朱熹、戴震批理学，道家对儒家思想弊病的批评更为精辟。本期刊发的三篇文章中，有两篇讨论了《庄子》对儒家政治思想的批评，其中郭美华教授对"君子之政"和"圣人之政"的辨析尤其具有启发性。

王博教授曾认为，《庄子》的很多篇章其实都是在与儒家进行对话。高手过招往往要言不烦，直指对方的要害。儒家的要害是"仁"，因此庄子对儒家最重要的批评便聚焦于此。所谓"大仁不仁"，"有亲，非仁也""泽及万世而不为仁"，"相爱而不知以为仁"，"至仁无亲"，"无私焉，乃私也"云云，都是庄子对儒家核心理念所作的针锋相对的批评。概言之，庄子批评儒家之仁，其要有二：首先，仁不是人的本然之性；其次，儒家之仁落实在伦理和政治实践中必然虚伪化、工具化，爱人必然变成害人。这两点，郭美华教授和华云刚博士的大作中都有细致分析，读者可以参看。

应当说，对于儒家之仁难以避免的异化效应，儒家内部也不乏自我反思。在我看来，明清之际王夫之的反思最为深刻。他认为，"有所爱者，必有所伤"，"以仁义驱人……责以礼教，使尽仁义，重为任也。终身役于仁义礼教之事而不给……此言治天下者适以乱之"。这是对作为统治手段而强施于民众的仁义的批评。在自我批评的同时，王夫之还对儒家的仁义思想进行了修正，例如他说："民未尝不自知爱也，而乌用吾爱"；"因其常然，则仁可也，义可也"；"不私仁义以立功名"。耐人寻味的是，王夫之的这些主张都是在其《庄子解》一书中，即他在与庄子展开思想对话的过程中提出的，而我们从他作为儒者的自我反思和批评中，也很容易发现他对庄子之"不仁不义"思想的吸收。

设想一下：如果不与异端庄子展开对话，没有庄子"反仁义"思想的激发，王夫之对儒家仁义之道的反思能走多远？进一步，如果没有庄子乃至道家这面"异端之镜"，儒家的思想弊病将何以映现？

2020 年第 10 期

"化"字在《老子》全书仅于第三十七章、五十七章出现 3 次，但在《庄子》中却出现了 90 多次。这引起了众多学者的高度注意，例如著名学者张亨便著有专文《〈庄子〉中"化"的几重涵义》，深入探析这一文本现象。笔者认为，"化"是最具庄子哲学特色的范畴和思想。关于这个问题，今夏刚毕业的北京大学哲学系许家瑜博士的学位论文《万化无极：以"化"为中心的庄子哲学研究》，可谓近年来庄学研究的重要成果。在这篇论文中，许博士从"形名与物化""自我与化""道与化""气与化""言与化"五个方面，系统讨论甚至可以说是完整构建了一个以"化"为中心的庄子哲学体系。

从思想起源的角度看，庄子所谓"化"可追溯至原始思维和上古神话。作为一种世界观，"化"意味着事物之间绝对界限和分际的消泯。借用德国哲学家恩斯特·卡西尔的话说：在这种世界观中，万物"是一个不中断的连续整体"，"各不同领域间的界线并不是不可逾越的栅栏，而是流动不定的。在不同的生命领域之间绝没有特别的差异。没有什么东西具有一种限定不变的静止形态：由于一种突如其来的变形，一切事物都可以转化为一切事物"。我们知道，《庄子》中最著名的一次"变形"是"庄周梦蝶"，而庄子对他本人亲历的这次"变形"所作的哲学解释则是"物化"，由此可见"化"与庄子的生命体验及其哲学思想之间的深切关联。

本期集中刊发了四篇庄子哲学研究的文章，巧合的是，这四篇文章都与"化"这一庄子哲学的核心思想有直接或间接的关系：刘洪生教授的文章涉及《庄子·寓言》篇"孔子行年六十而六十化"的寓言；高深博士的文章驳斥了对《庄子》某些文本所作的"进化论"诠释；保加利亚学者德丝拉瓦·达美诺娃从"过程存在论"的角度解读庄子哲学，而她提出的所谓变化原则、平等原则、差异原则实质上都可归拢于庄子之"化"的哲学视域中；李加武、邢起龙两位学者的文章虽然讨论的是庄子之"游"的人生哲学，但"齐物"却是实现"逍遥游"这一人生理想的途径，而"物化"则是"齐物"的存在论根基。笔者相信，对以"化"为中心的庄子哲学的研究可因这四篇文章得到丰富和充实。

2020 年第 11 期

每次为本栏目撰写按语之前，我照例要从当期刊发的文章中梳理出某些共同点或内在相通的逻辑线索，并将其视为这些出自不同作者、研究方法不同、内容和观点各异的文章之所以刊发于同一期的"家族共性"，我的按语也往往围绕这种"家族共性"展开。一般来说，各篇文章的论题、内容和研究方法的差异越大，其"家族共性"越少、越抽象，我的按语也就越难写。

本期刊发的五篇文章——李中华教授为拙著《王夫之庄学思想通论》所赐之序、高秀昌教授及其弟子对《老子》之"自然"含义的新诠、高源博士对魏晋玄学中圣人"有情"还是"无情"问题的新探讨、邢天洋博士对《庄子》内外杂篇中圣人形象及其特质的辨析以及王霞博士对庄子与康德之幸福观的比较，它们的"家族共同性"可以"差异与贯通"蔽之。

分而言之，作为近乎严苛的大儒，王夫之是怎样消解儒家与庄子这个"异端"的思想矛盾，进而会通二者的？作为老子哲学的最高价值范畴，"自然"有哪些不同主体，不同主体的"自然"在不同语境下又呈现出怎样的不同样态？何晏首倡"圣人无情"之说，王弼则认为"圣人有情"，这两种截然相异的理论观念之间是否存在着连续性的思想逻辑？同样戴着"圣人"这顶高帽，《庄子》内外杂篇中的"圣人"形象为什么会表现出两种相反的人格精神特征——偏于入世和趋于出世？庄子追求精神的"逍遥游"，康德强调经验世界的幸福与先验的道德相配享，二者的幸福观果真没有任何共同或可通之处？对于这些问题，以上五篇文章都在"差异与贯通"这个原则下进行了较为妥帖的分析和论述。

冯友兰先生曾认为，共性与殊性的关系问题是哲学的一般问题，中国哲学亦然。冯先生的这个看法或可商榷，不过我们从中却可以引出两种有效的学术研究方法或进路：同中求异，异中求同乃至求通。对于那些往往被习见认为只有同而没有异、只有异而没有同的理论范畴和价值观念，辨析差异而求其同以会通之、分疏澄清同中之异而揭显其丰富多样的思想品格，更是两种相反而又相辅相益的学术进路。

2021 年第 1 期

本期刊发的三篇文章皆为"文本细读"之作：韩少春教授细读的是王弼本《老子》第八十一章"信言不美，美言不信"一句；桂珍明博士细读的是《庄子·大宗师》篇；蔡家和教授细读了王船山《庄子解》的《达生》篇。三篇文章体例虽同，其研究方法和进路则各异。

对于学者来说，细读文本是全部学术研究的基础性工作，是学者应当具备的"童子功"和"看家本领"。另外，对于经典而言，只有借由研究者的不断细读和诠释，经典文本的丰富内涵和深层意蕴方能得到充分揭示和呈显。问题是：怎样进行文本细读？

以笔者愚见，文本细读大致包括依次递进、缺一不可的三个环节。

其一，需要对文本进行文字考辨、语词解析、文句疏通，特别是对于那些古老、复杂且存在争议或难读难解的文本来说，这一"小学工夫"更是必不可少的基础性工作。韩少春教授对《老子》第八十一章"信言不美，美言不信"一句之章次和思想本蕴的辨析即属此类。另举一例：明清之际方以智编撰的《药地炮庄》融庄学、易学、禅学以及繁杂曲折的典故于一体，堪称庄学史上的"有字天书"，该书历来以难读难解著称，以致学界对《药地炮庄》的研究至今仍处于起步阶段。为此，笔者曾邀请学界在庄学、易学、禅学以及方以智哲学研究领域各有所长的学者对该书进行会读，我们所做的也正是这种基础性工作。

其二，以疏通文本为前提，进而从中梳理出作者的问题意识、重要的理论概念、文本的论说理路和思想主张乃至精神旨趣。桂珍明博士对《庄子·大宗师》篇之真人论、生死观、道论的概括和解析即属此类。

其三，在把握对象文本之思想大旨的基础上，将该文本置于其所属的上一级文本的总体结构中，乃至将其放在作者全部著作和思想的整体视域中，以大观小、以小通大，对其进行宏观的审视和阐释。蔡家和教授对王船山《庄子解·达生》篇之儒道会通思想的解读即属此例。

当然，文本细读的以上三个环节并不是各自孤立的，三者实际是相辅相成的关系，其中任一环节都离不开另外两项工作的辅助和资益。仅有"小学工夫"而没有理论概括和思想诠释的文本细读难免支离零碎，缺少"小学工夫"的所谓理论概括和思想阐释则势必流于空疏无根之游谈——我好像扯到"鹅湖之辩"上去了？

2021 年第 2 期

本期刊文三篇，两篇涉及老子的政治思想及其现代意义。一般来说，讨论古代某种哲学思想的文章，但凡谈及其现代意义者，大都认为今人可从中汲取某些对解决当下问题积极有益的启示，对老子政治思想的讨论概莫能外。据美国汉学家邰谧侠统计，老子的域外传播史上曾有过天主教的老子、犹太教的老子、印度教的老子、法西斯主义的老子、唯物主义的老子、环境主义的老子、女权主义的老子、自然主义的老子、自由主义的老子、无政府主义的老子……这也就是说，老子哲学曾被诠释为天主教思想、犹太教思想、印度教思想、法西斯主义、唯物主义、自由主义、无政府主义……被贴上林林总总、迥然相异、光怪陆离的标签。对此，我们可以问：莫非老子会"变脸"，否则老子哲学何以具有超越时空、超越不同文化的魔力，乃至向我们彰显出某些所谓现代意义？

20 世纪 50 年代，冯友兰先生在讨论中国古代哲学遗产的继承问题时曾提出，古代哲学思想大都兼具抽象意义和具体意义：前者超越时空，可被后世继承，而且后世也只应继承古代思想的抽象意义；后者则关涉过往的社会历史语境，不能也不应被后世继承。这就是"抽象继承法"。按冯先生的观点，今人从《老子》中发掘出来的"现代意义"实质上源出自老子哲学的抽象意义，而老子哲学之所以被诠释为天主教思想、犹太教思想、印度教思想、法西斯主义、唯物主义……则是因为老子哲学的抽象意义被基于不同信仰和立场的诠释者填充了各自不同的具体内容。经典诠释固然应是开放的，但借用马珊珊博士讨论《庄子·齐物论》的大作中提及的"真我"一词，这里存在的问题是：对老子哲学的某些诠释是否遮蔽甚至完全偏离了《老子》的"真我"，即这部道家原典的本义？

从根本上说，老子哲学之所以具有极其广泛的普适性和极为丰富的诠释可能，原因有二。其一，《老子》文本的极简形式和诗性特点内在地为诠释者预留了理路多维、价值多元的思想空间。其二，老子由古及今、由天而人的史官思维具有长时段、大尺度的特点，他不像孔子那样近距离地看问题，不是就事论事，而是在"古—今"和"天—人"的宏阔视域中，从极远极高处看问题，说一些虚玄缥缈的道理，这就使其哲学思想具有了高度的抽象性特点。

越是抽象的思想，越容易被另一种时空中的人们赋予丰富多样的新内涵，恰如一张白纸可被涂上各种不同的颜色，天真的小姑娘可被扮成不同模样。只是当人们拿那些"现代意义"或天主教思想、法西斯主义思想、唯物主义思想……让老子"认账"时，他可能会一头雾水、无比诧异："我说过这些吗？"

2021 年第 4 期

作为中国哲学的两大主干，道家和儒家的差异在今本《老子》和《论语》的开篇就已表现得极为鲜明。前者说："道可道，非常道……"后者说："学而时习之，不亦说乎……"读《论语》开篇，我们会感到熟悉而温馨，因为孔子置身其中的是一个切近的日常人伦世界，故细读其文，同在日常世界中的我们甚至能感受到老夫子内心的那种欣悦与自得。《老子》首章指向的却是一个超越日常经验和现实人伦的陌生世界，它远绝于形而下的世界之外，幽邃玄奥、虚无缥缈、冷寂无情。正因此，当铁了心要出关的老子对关尹的部下们嘟囔了一通"道可道，非常道……"后，各位听众不仅面面相觑，显出苦脸来，一个签子手甚至还打了一个大呵欠，更过分的是，书记先生竟然打起瞌睡来了（参见鲁迅《故事新编·出关》）。

我说这些的意思是：关于自我、社会乃至宇宙天地，道家为人们提供了异于儒家的另一种思考方式。循着道家的思考方式，我们可以拥有另一种安顿自我身心、治理社会以及解决人类终极关切问题的智慧。然而，由于儒家长期以来一直笼罩着我们的公共空间和私人空间，道家的思考方式和精神智慧不仅未能广为人们所熟知，甚至还常常遭到有意无意的误解和诟病。事实上，由于道家久居"在野"状态，不像儒家那样与"亲亲尊尊"的宗法伦理和封建政治长期"昵"在一起，所以其中夹带的宗法伦理和专制政治成分相对较少。换句话说，相对于儒家，道家具有更多的现代性乃至后现代性。

本期刊发的四篇文章中，田宝祥讨论了庄子乃至道家哲学在现实界、超越界的二重意蕴，赵俭杰分析了庄子为个体身心与社会病态之疗救所作的致思努力。如果说这两篇文章是从正面阐释道家的思考方式和精神智慧，那么，另外两篇文章则从反面凸显了道家的思想旨趣。其中，吴战洪、王红的文章运用丰富翔实的文献，深入考察了《老子》中"愚"的本义，为剥除后世加诸老子的所谓"愚民"思想之污贡献了有力证据。唐哲嘉梳理了明人林兆恩从避世的处世方式、对人伦的废弃、对飞腾羽化的迷信等方面对"道家末流"的批判，他的这些批判不仅在学术史上毫无新意可言，而且在今天看来，也多是基于儒家偏见而形成的对道家的误解。

套用冯友兰先生的术语：对于古代经典及其思想，如果说正面肯定和阐释属"正的方法"，反驳和误解属"负的方法"，那么，道家哲学的精义即显现于在这一正一负的思想辩驳中。

2021 年第 5 期

谈及老子，人们绝不会想到"小青年"，而是总会想到一位形容枯槁的老者形象。老而不死是为"妖"，人如果太老，便很可能说一些"惑众"的"妖言"或"怪话"，老子尤其如此。他说："反者，道之动"，又说："正言若反"。老子的"妖言"或"怪话"之一种，就是其书中那些背离俗常的反话。

古代哲学家多把至上本体和理想人物描述为光芒莹澈的形象，前者如柏拉图把最高的理念"善"比作太阳，后者如《尚书·尧典》赞帝尧"光被四表，格于上下"，《中庸》称孔子"如日月之代明"。反乎此，老子却把本体之道比喻为"玄牝"——"玄者，幽昧不可测知之义"（吴澄《道德真经注》），并说它"惚兮恍兮""恍兮惚兮""窈兮冥兮"。总之，道是晦暗不明之物。与"玄牝"相应，老子笔下的得道者所具有的是"玄德"，所以他"被褐怀玉""光而不耀"，或所谓"不欲琭琭如玉，珞珞如石"。这种黯弱自守的圣人形象与光芒万丈的儒家之尧、孔子可谓大相径庭。

圣人作为备受崇拜的神圣偶像，无疑是世俗社会各种指令的发出者和人们日常行事的引导者。反乎此，老子却频频把否定性的语词加诸得道之圣人，告诉圣人不要这样、不要那样。《老子》中最常见的两个否定性的语词是"无"和"不"，前者如"无为""无身""无私""无事""无欲"

"无恒心"等，后者如"不言""不争""不自见""不自是""不自伐""不自矜""不自贵""不自为大"等。这些否定性的语词既是老子为圣人之言行设置的限制，同时也是在告诫圣人应自我收缩、自我节制，不能蛮干。从常理看，光芒万丈的圣人到了老子笔下，竟然不能这样、不能那样？怪哉！

吕箐雯博士在考察《老子》文本演变过程中发现的两个现象——否定性语词的强化、视觉语词的弱化，王佳哲博士对老子的"贵身""无私"等思想的讨论，都关乎其"正言若反"的话语特点。明清之际的王夫之在《老子衍·自序》中说："天下之言道者，激俗而故反之，则不公。"这是对老子的尖锐批评。作为一代大儒，王夫之终生对老子都采取深恶痛绝的态度，他甚至还专门写了一部书来"黑"老子。若老子复生，他大概会笑对王夫之的批评："知其白，守其黑，正言若反，汝知之乎？"

2021 年第 7 期

本期刊发的三篇文章的论题都是庄子哲学，其中两篇关注庄子与惠施之辩，一篇讨论民国学者胡远濬对《庄子》内篇思想的解析。

先秦诸子书中，惠施在《庄子》中出场次数最多，且《庄子·天下》篇末载有惠施的"历物十事"，惠施的思想借此记载而流传后世。庄惠同为战国时期的一流哲学家，据考证他们同为宋国人，年龄相仿。《徐无鬼》篇庄子讲述的"匠石斫垩"故事表明，二人是感情深挚的好友。但在思想和人生追求上，二人却可谓志不同、道不合，故每遇必掐。因此或可说，他们只是思想交锋场上的"辩友"，而非志趣相同或相近的"道友"。惠施去世后，庄子的追念固然诚挚动人，其背后实则隐含着他因失去一位合格对手而产生的那种"荷戟独彷徨"的孤独感。

从《庄子》中记述的数次庄惠之辩来看，二人辩论的话题包括有用与无用、有情与无情、人何以知鱼之乐、何以处丧，等等。这些同时也是庄子哲学思想涉及的重要问题。在这些问题上，庄惠的看法大多迥然相反。由于庄子曾与惠施发生过多次直接的思想交锋，而他们交锋的话题又与庄子思想密切相关，加之《天下》篇末载有惠施"历物十事"，所以后来王船山判断：庄子"或因惠子而有内七篇之作，因末述之以见其言之所由兴"。王孝鱼先生认同船山的这一判断，并进一步认为《庄子》的内七篇是"庄子为惠施而作"，其目的是"说服""攻击"或"感化"惠施。笔者不同意古今两位王先生的看法，但如果说庄子思想受到了惠施的影响、启示或激发，当是可以接受的。

胡远濬把《庄子》内篇解读为"内圣外王"的思想结构，认为七篇文章依次涉及"正心""修身"和"为政"三大环节。这一解读的儒家化倾向非常明显。从现代学术的角度看，胡氏的解读是没有信实证据、未经充分论证和辩驳的"虚会"，故胡氏虽是民国学者，其庄学研究却仍属传统学术脉络上的"古典庄学"，其特点和思想倾向是庄儒会通。

庄儒未必不可会通，庄子未必不因惠施而自著其书，关键是如果有学者这样认为，请"拿证据来！"只有拿出充分可靠的实证，同时进行充分严缜的逻辑论证，庄学研究才可能从古典形态转为现代形态。

2021 年第 8 期

任何哲学都兼有两种思想视野：显性与隐性。呈现于显性的思想视野中的，是哲学家论及的彼时彼地的人、物、事及问题。但哲学之所以为哲学者，关键在于其超越具体存在境域的思想品质，这是因为哲学家的思考可以穿透当下的历史时空，直接或间接地观照那些具有永恒意义和普遍价值的问题，并提出他们的灼灼洞见。哲学家思考的这些问题及其方法、洞见所在于其中的思想视野往往隐没于彼时彼地人们目光所及的地平线之下，甚至哲学家本人也未必能自觉于此，但恰恰是隐性思想视野的广度和深度构成了哲学恒久生命的基原。可以说，某种哲学的隐性思想视野越广阔、越深远，则这种哲学越具有历久弥新或常说常新的生命力。

作为后继者，我们所要做的，便是在回归经典诞生的语境、同情地理解内中的具体问题及哲学家的所思所言的同时，将其内蕴的隐性思想视野开显、推衍出来，且使之延展、在场于今世，进而激活其对于今世之人、物、事及问题的话语能力。对于包括庄子在内的古老的道家哲学，亦当作如是观、如是处置。美国汉学家爱莲心用"分析心灵""审美心灵"以及"心灵转化"等范畴分析庄子哲学，常丽娜博士用"异化"观念解读庄子对礼乐文明的批判，实质上都是在开显、延展庄子哲学的隐性思想视野。一方面，二者提出的理论观点并不完全属于庄子本人，而主要是他们援取庄子的价值立场和思想资源，借以讨论今人关注的某些重要问题的产物——用冯友兰先生的话说，此之谓"接着讲"。另一方面，由于庄子哲学及其价值旨趣是其思考由以展开的起点，且为其提供了广阔深远的隐性思想视野，故其所论不仅仍在庄子哲学的总体思想视野之内，而并未越出，并且还大致依循着原初的起点内在给出的路向。要言之，二者仍属"庄学"范畴，而非其他。

至于《老子》文本究竟属于"箴体"还是"格言体"，抑或语录体、赋体，我认为在讨论该问题时，应充分考虑这部经典著作由郭店本最终演化为王弼本的复杂历史过程，同时具体分析各章文字的不同特点，非一语可断之。

2021 年第 10 期

无论从研究方法还是从理论观点来看，本期刊发的罗惠龄博士和赖锡三教授的文章均为会通之作：前者将《庄子·养生主》篇庖丁所说的解牛者用刀的三种方式及其效应与尼采的"精神三变"、禅宗的"参禅三境"进行会通，以发明生命修养的层级和真谛；后者采取翻译和评论任博克《超越空性》一文的方式，大力推阐《庄子》与天台佛学空性思想的近通，而赖教授在呼应和演绎任博克观点的同时，又对牟宗三的一些看法兼有表扬和批评。

说老实话，拜读赖文不是一件容易的事。这不仅是由于其篇幅较长且用语和文风独特，更因为此文实为天台、庄子、任博克、牟宗三以及赖教授的"五方对话"。天台为佛、庄子为道、牟宗三为儒，任博克为西方汉学家，赖教授把四者拉在一起对话，他本人既是对话的发起者、组织者，又是参与者、评论者、总结者。这就使得其文所涉概念和理论环节错综繁密，信息量极大！

读赖文固然吃力，却也有熟悉之感。几年前，笔者在山东大学指导一篇硕士学位论文，其论题便是庄子对世界存在真实性的质疑，而正是佛教的万法皆空思想使作者萌生了这一问题意识。2020 年，北大哲学系许家瑜博士的毕业论文《万化无极：以"化"为中心的庄子哲学研究》从形名与化、自我与化、道与化、气与化、言与化五个方面展开论述，而"化"正是赖文重点关注的理论观念。更巧合的是，许博士如今正在芝加哥大学与任博克教授合作开展博士后课题的研究工作，并且她与赖教授也都是来自台湾的庄子学者，正所谓"因缘际会"。

世界万物的有无、虚实、真假，确是一个剪不断、理还乱的问题。在中国思想史上，庄子是最早质疑世界真实性的哲学家，但他并未因此堕入虚无一端。宋明儒者多以虚无斥老庄，但明清之际的王船山却认为，老子确是以无为本，以空虚对实有，庄子却已超越了有无、虚实、幽明、生死的二元对立，"寂寞变化，皆通于一，而两行无碍，其妙可怀"（《庄子解·天下》）。任博克对天台空性及其与庄子思想之关系的辨析堪称精彩，赖教授进一步从存有、生存、语言、思维等方面进行了细密论述，二者与船山之说颇有可通之处，相信读者一定能从古今中西学者的洞见中获得启发。

2021 年第 11 期

在先秦诸子中，乃至在整个中国哲学史上，没有哪一家比老子、庄子的哲学思想更具开放性和包容性了。下此断语，并不是由于笔者一直从事道家哲学研究，且对老子、庄子颇为偏爱的缘故，而是因其确有包容、开放的思想特质。事实上，在绵延两千多年的古代专制社会中，老庄之所以长期被排斥在庙堂之外而处于游魂般的"在野"状态，恰恰在于其包容、开放的思想特质与专制政治格格不入。

如果说老庄哲学的这种思想特质从根本上导致了其于专制社会中必然被边缘化的宿命，那么，在去中心化、去层级化的全球化时代和后现代社会中，老庄哲学必然因其包容性和开放性而在本真处被激活，从而获得新生，进而衍化出新的思想形态和理论精神。因应复杂巨变中的当今时势，赖锡三教授组织中国海峡两岸暨香港以及美国、日本的多位学者，通过创造性地解读《老子》《庄子》文本而希望建构的"共生哲学"，即可谓赓续老庄哲学之开放性、包容性的新的理论样式。

"共生"意味着无论贵贱、大小、高下、强弱、美恶，乃至所谓"弃物""弃人"，皆有其存在和成长的天然理由、权利、能力和资具，任何一物都没有威逼、压制和剥夺他者存在、成长的权力。"共生"的对立面是一支独大、罔顾他者的"独生"。历史和现实社会中，贵者、强者、大者、高者往往是"独生"者。所以，老子一方面指出"贵以贱为本，高以下为基""强大处下，柔弱处上"，强调贵与贱、高与下、强与弱原本共在共生；另一方面，老子又常用"不自×"类的语词，消解贵者、强者、大者、高者的自我"独生"意识，以确保贵贱、高下、强弱之"共生"格局不被破坏。而在庄子看来，不仅"万物莫不然""物固有所然，物固有所可；无物不然，无物不可"，并且"天地与我并生，而万物与我为一"，因此，所谓贵贱、大小、高下、强弱、美恶、彼我的界分皆属虚妄。由庄子对人与天地万物之关系的界定和描述，不难引出人与人、物与物、人与物共生乃至共荣的生存哲学。

国家和天下的长治久安是老子的理想。没有自我与他者、人与天地万物的共生共荣，长治久安是不可能的。

2022 年第 1 期

概言之，本期刊发的关于老子哲学的两场讨论的文字稿以及王硕民教授的文章，皆可视作对共生哲学的阐说。其不同在于，三者所采取的进路、依据的文本、围绕的话题各异。具体来看，任博克教授从《老子》中洞见的所谓遍中论的"垃圾哲学"最有玄之又玄的思辨色彩，这种特别重视"垃圾"（无、无形、无名、朴），但又兼顾有与无、有形与无形、有名无名、器与朴的"圆教"实为共生哲学的形上学基础；林明照教授对《老子》第二十七章、四十九章之"无弃人，无弃物"思想所作的富有新意的阐发，更具价值哲学意味和实践性；王硕民教授则从政治哲学角度，在"天下"视域中讨论了实现不同社会群体共生的路径和方式。

坦率地说，三篇文章中最让笔者感兴趣的是任教授对老子哲学所蕴含的遍中论的解析。他与赖锡三教授等学者所进行的精彩纷呈、高潮迭起的对谈，不仅全面展示了老子遍中论的思想要点，而且还将其与庄子、龙树、僧肇、天台宗、儒家，乃至与西方哲学的相关思想进行比较，在比较中进一步凸显老子遍中论的思想旨趣和特点。就笔者视野所及，这场对谈提出的一些思想范畴（如"一中""遍中""但中"等）和理论观点可谓发前人未发，值得学界高度关注。

笔者要补充的是：从更一般的意义上说，任博克和几位对谈人提及的"中道"或"圆教"哲学，在中国古代的其他思想家或学派那里也有不同形态的呈现。例如，华严宗的"一即一切，一切即一"以及"六相圆融"的思想，方以智的"圆∵三点"及其"公因反因"思想。另外，王夫之在《庄子解》中谈及庄老的思想差异时指出，老子仍陷于有与无、虚与实的二元对立，庄子则一方面"两行无碍"而不拘一端，另一方面又超越二元而"通于一"。在论及惠施之学时，王夫之又认为，惠施之说与庄子之"两行"相近而异：庄子之"两行"是"通于一"之后的不滞一端、两皆可行，惠施却在然与不然、有与无之间，执一端以对另一端，"人之所然者可不然之，人之所不然者可然之，物之无者可使有，有者可使无"，如此翻转不止。其根本原因在于惠施"无本而但循其末"，即未能像庄子那样"通于一"而破除对耦思维。

希望任博克教授对老子哲学的解读以及笔者的补充，能引起学界对此问题展开广泛深入的讨论。

2022 年第 2 期

《庄子·齐物论》是先秦思想世界的一篇大文章，"即使从世界的哲学角度来看……《齐物论》依然是最高水平的大文章"（赖锡三语）。我一直认为，在佛教传入之前，或者更具体地说，在僧肇的佛学论著出现之前，思辨水平最高、最具"哲学性"、最艰深难懂的中国哲学文本非《齐物论》莫属。正因此，古今学者对庄子的这篇宏文多有殚精竭虑的诠释和研究。现代学者中，章太炎有《齐物论释》，牟宗三有《〈庄子·齐物论〉义理演析》。2019 年夏，华东师范大学举办了"《齐物论》学术研讨会"，海峡两岸多位重要学者参加。近年来，值得关注的研究著作则有陈少明《〈齐物论〉及其影响》、李凯《庄子齐物思想研究》、孟琢《齐物论释疏证》，以及韩国学者徐希定的《〈庄子·齐物论〉研究：以我与物的关系为中心》，等等。本期刊发的两篇精彩对谈长文中，任博克教授对《齐物论》的讲说以及林明照、赖锡三等学者的回应和辩议，不仅是对此文义理和逻辑的解析、开显，更是对其内在哲学意蕴的进一步推阐和演绎。

任博克从《齐物论》中解读出的"万有互在论"——"各物内在多元，始终自身异己，故异物互在"，不仅是依循庄子的思想逻辑进行推衍的结果，某种程度上也可以看作任教授把他所提出的老庄之"遍中论"进一步引申并应用到《齐物论》中的产物。《齐物论》的思想主旨历来有"'齐物'论"与"齐'物论'"二说，前说属于存在论、世界观，后说属于知识论、价值观，从二说中可以引出一种独特的生命哲学、伦理哲学、政治哲学，乃至思维方式、言说方式、行为方式。任教授用以概括《齐物论》的"万有互在论"亦可作如是观。

另一篇陈荣灼、杨儒宾、郑宗义等人的对谈文章中，各位学者对儒道的"身体哲学"多有讨论，陈荣灼教授认为老子主张应以"忘掉"的态度对待我们的"身体"，即所谓"无身"。对此，我想指出一点：在《老子》文本中，"身"实际指自身、自我，这是一种狭隘的自我中心意识。鉴于此，老子所说的"无身"以及后来庄子主张的"无己""吾忘我"，其含义便是根除自我中心意识，以开放、包容、多元的态度处理自我与他者、自我与世界的关系。唯有这样，自我与他者乃至自我与世界万物的在世共生方有可能。

2022 年第 4 期

说不清、道不明的《庄子·齐物论》！也永远说不尽、道不完的《庄子·齐物论》！

今年第 2 期本栏目刊发的对谈文章中，任博克教授从《齐物论》中解读出了一种"万有互在论"。与任教授所作的抽象的哲学解读不同，本期的两篇文章实质上都是对《齐物论》的思想意涵在历史和政治实践领域的演绎、套用。参与此次对谈的学者之所思所议，多为上下数千年、纵横东西方的宏大叙事。正因此，笔者在阅读这两篇文章时，最直接的感受便是满屏皆"大词儿"：民族、国家、海洋、大陆、天下、革命、告别革命、后革命、现代、前现代、霸权性世界秩序、东方主义、欧洲中心论、帝国主义、殖民主义……构成诸如此类"大词儿"的基本叙事单元是民族或国家，而在根本上，庄子所关心的却是个体的存在和生发。所以，如果庄子有机会读到这两篇文章，我想或许他会问一问诸位对谈者：在这些"大词儿"中，你呢？我呢？他呢？对于庄子而言，无论民族、国家、天下之构成，还是某一政治行为、历史变革、社会举措，如果是以删减个体的丰富性、化约个体的差异性、限制个体的无限可能性为前提，便都是绝对不可接受的。

我注意到，陈赟教授发言时曾提到章太炎的一个重要观念："一切社会化与政治化的秩序……如果不能够落实到个体上面，它都是非法的。关于这一点可能也是古典思想跟左翼运动很大的一个区别，左翼运动更加强调的是社会、国家、政治、文化的秩序；但是对古典思想，比如说像章太炎，庄子还要把秩序跟一个人的安身立命关联在一起。"诚哉斯言！

在中国传统思想中，个体是"稀缺物"，而关心、呵护个体的庄子则可谓"异类"，他思考最多的问题是：既然压迫性的秩序无所不及，所谓"无适而非君也，无所逃于天地之间"，那么你、我、他将何以自安自适自得？当然，这倒不是说庄子的哲学思想（譬如"齐物论"）不能被推衍于今世的宏大政治思考中，并据以为不同民族、国家乃至文明体的独特存在和发展模式进行合法性辩护，而是说这种辩护应以确保个体的"自然"和"自由"为基础。这才是庄子哲学的真髓。

2022 年第 5 期

本期刊发的三篇文章中，邓育仁先生基于"公民哲学"立场对《庄子·齐物论》的诠释、安乐哲先生对《淮南子·主术训》篇之"道家性"的解析都颇具洞见，给我留下了深刻印象。

一般来说，古今学者对"齐物论"三字的属读可概括为"'齐物'论"和"齐'物论'"两种，前者把《齐物论》篇讨论的问题归结为万物之间的关系范畴，后者则认为该篇处理的是各种思想观念、价值主张的关系问题。邓先生对《齐物论》篇思想的新诠，在属读上显然是后一种，虽然他并未直接讨论这个问题。正如邓先生敏锐指出的那样，现代公民社会具有悖论性的两面：一方面，思想各异、价值多元是公民社会的根本特点；另一方面，拥有不同思想和价值观念的人们又生活在一个命运共同体中。在"多""异"与"同"的悖论中，对社会共同体构成严重危险的往往不是善与恶的对立，而是人们秉持的各种善的主张的冲突，邓先生把这种冲突称为"深度歧见"。之所以谓之"深度"，是因为人们大多会在自是其是、自执其善的同时，视他者所执之善为不善，甚至视之为恶，于是"善—善"的冲突便极有可能被粗率地理解为"善—恶"的势不两立。一旦如此，社会生活共同体的撕裂便在所难免了。邓先生认为，《齐物论》中所说的"圣人议而不辩"可为我们提供一种历久弥新的"薪传智慧"。依庄子之说，各执其善的不同个体尽可以发表自我主张（"议"），进而各行其是，但绝不可以像在分析哲学的辩论中那样，"用理论竞争的方式，去驳倒对手、去取代他人"，"而是要找出对方的优点，更准确地讲是找出彼此的优点"。借由"议而不辩"的方式，如果个体双方在自执其善的同时，又能兼知并包容、尊重他者所执之善，那么二者的"深度歧见"就会化解，彼此的视野都将得到拓展，公民生活共同体亦可维持恒久的丰富性和不竭的活力。此论令人耳目一新。

安乐哲先生之所以断定《淮南子·主术训》具有道家而非法家的政治思想品格，关键在于他抓住了该篇的"用众"主张（"乘众势""御众智"），认为它试图"保证最大限度、最大程度的个人自由"，这与《韩非子》的类似主张有着巨大差异。而《淮南子》之所以如此主张，是因为淮南王刘安面对中央政府意图铲除地方王国的现实压力，试图借此向朝廷建议另一种治理方式（"主术"），以维持其王国的领地。这可以说是安乐哲先生对《淮南子》的"同情的理解"吧。与此相似，徐复观在其书《两汉思想史》中对《淮南子》也表达了基于个人自由的"同情的理解"，有兴趣者不妨参看。

2022 年第 7 期

本期刊发了两篇深耕细读文本的用心用力之作。其中，吴战洪、王红两位学者通过细读《庄子》全文，同时结合时代背景、庄子思想及其人格特征、音义通转的语用古例，审辨了《庄子》中"待"的涵义，进而给出了作为《庄子》哲学重要范畴的"有待""无待"的内涵；同样通过文本细读，谢书民教授基于语言哲学的视角，深入探讨《庄子》中"物""名""实"的涵义以及三者之间的关系，得出了具有启发性的理论观点。

本着学术争鸣之意，笔者这里想对两文分别提出一点商榷性的看法。关于前文，值得讨论的问题是："有待""无待"究竟是不是庄子哲学的概念甚或重要概念？一般来说，经典文本中的某个语词若要成为"概念"，须满足两个条件：首先是一定量的出现频次，其次是这个语词于不同语境中涵义的相对确定性。据此来看，《庄子》中固然多次提及"待"，但"无待"却并未出现。另如作者所说，"待"的字义颇为杂多，计有"依赖""需要""执""虚""顺（因）""道""忍""齐""超""和"等，既然如此，则"有待""无待"作为"概念"应有的涵义确定性何在？

在后文中，作者认为"物"主要是指进入人的认识领域的各种可以感知的事物。事实上，"物"在先秦诸子著作中的涵义非常复杂。要言之，其于《庄子》中的含义有四：其一，客观外在的自然物或人造物，其义近于今之所谓"东西"；其二，事或事情，宋明理学所说的"格物"之"物"即是此义；其三，与"我"或"心"相对待的整个外部世界以及其中的事物、事件，《庄子》中的用例有"与物相刃相靡""乘物以游心""物与我无成"，等等；其四，与"圣人"相对待的臣民。

尽管提出了不同看法，笔者仍然感佩两篇文章的作者深耕细读文本所用之心与力。这是因为文本的深耕细读是人文学术研究的基础工作，对于经典文本的研究尤然。具言之，唯有深入文本的内部和细部，依循文本固有的语境和语脉，对其中的重要语词、意象、概念以及文句、语段进行巨细无遗的辨析、识读和诠解，文本自身的问题意识、言说逻辑、理论观点、思想旨趣和价值取向方能得到内在、通透、如其所是的揭显。否则，我们对于文本提出的学术主张就难以避免凌空蹈虚、游谈无根之失。

2022 年第 8 期

看了本期刊发的三篇庄学研究文章，可以发现一个有趣现象：《庄子·天下》篇的作者述评庄子、老子、墨子以及宋荣子等稷下学者的思想渊源和理论旨趣，秦晓博士的文章研究则被认为是出自庄子后学的《天下》篇；唐人成玄英疏解、诠释《庄子》文本和思想，杜文君博士的文章则研究成玄英的《庄子疏》；崔大华先生研究庄子其人、其书、其思想，代云的文章则研究崔先生的《庄学研究》。毫无疑问，《天下》篇的作者、成玄英以及崔大华先生都认为他们各自揭显的乃是庄子其人其学的本相，但问题是：本相只有一个，而不可能是三个。这样一来，就形成了一个双向的学术现象：一方面，庄子其人其学得以走向我们，除了凭借原初的《庄子》文本，还须通过《天下》篇的述评以及成玄英、崔大华先生的著述；另一方面，为逼近并揭示庄子其人其学的本相，我们既须回到《庄子》文本，又要透过《天下》篇的述评以及成玄英、崔大华先生的著述。所谓"庄学"和"庄学史"即生成于此。

在庄学史的研究中，作为研究对象的庄子与作为研究者的我们构成了双向穿越的关系。在庄子向我们的由古而今的穿越中，其人其学的貌相越发遥远难识、歧异多样、扑朔迷离。由此，身处庄学史之"末端"的我们所面对的既有"原始问题"——《庄子》文本所呈现的庄子其人其学的本相，又有"次生问题"——后世的庄学著述对庄子其人其学的诠释和建构。这样一来，在我们向庄子的由今而古的穿越中，既要直面"原始问题"，又要拨开重重迷障，化解古今各种"次生问题"。

当我们自以为解决了这两种问题，重新发现了庄子其人其学的本相，并且认为我们发现的本相比前人已经给出的所有本相更为真实可信时，实质上我们已经制造出了新的"次生问题"，塑造了庄子其人其学之本相的"新貌"。这种"新貌"往往被我们自认为是如实地还原，但后于我们的研究者却未必买账，他们或许更愿将其视为新的诠释和建构，是他们回归庄子其人其学的穿越中必须拨开的又一重迷障。"庄学"研究的推进和"庄学史"的延伸盖由于此。

2022 年第 10 期

从社会政治的角度说，汉初堪称道家哲学的"高光时刻"，汉文帝、汉景帝、窦太后以及萧何、曹参、陈平、司马谈父子等众多政治精英皆好黄老之术。但自从汉武帝采纳董仲舒的建议"罢黜百家，独尊儒术"始，道家便从官方正统意识形态的舞台"下野"了。有趣的是，此后的两千多年间道家不仅没有像墨家、名家那样销声匿迹，反倒与儒家这个"老冤家"始终如影随形，绵延不绝，甚至在某些历史时期还引发了儒佛道一干人等的信从热潮而风光再现。正如需佛法僧"三宝"俱足，佛教方能作为现实的宗教派别授受传承其精神信仰那样，任何学术门派的存续端赖三个要件：思想宗师、基本理论、门徒。据此以观创立于先秦的道家：当道家在汉代被儒家挤出庙堂后，纯正的道家信徒亦已鲜有，那么它究竟是以什么具体方式维系其存续呢？本期刊发的三篇文章从两个方面提示了关于这个问题的部分答案。

孔令宏的文章探讨了《道德经》怎样为后世的道教内丹学所用，从而为其提供哲理基础和理论框架的问题；赵佳佳的文章分析了老子从真实的历史人物逐渐衍变为一个"寿同两仪"的神仙形象，乃至最终成为道教信仰中的"太上老君"的过程。这两篇文章可谓相辅相成，分别从道家经典向道教经典的理论转换、道家哲人向道教神灵的蜕变两个角度，展示了道家思想借道教而于后世精魂不散的存续方式。韩焕忠的文章分析了方以智在其领衔编著的旷世奇书《药地炮庄》中对《庄子·大宗师》篇的思想诠释。方氏是明清之际的大哲，其书融儒家情怀、遗民的生命体验、三教会通的思想旨趣于一体，经过他的诠解，庄子被赋予了亦儒亦庄亦禅的多重品格。《药地炮庄》是庄学史上极为独异的一部著作，而正是借助于大量的注解和诠释《庄子》的著作，庄子他老人家的光辉形象才可以长久地活在后世广大人民群众的心目中。

假如老子复活，他能接受自己被封的"太上老君"称号，能允许道教内丹学者对其思想的改造吗？假如庄子再生，他会认同方以智给他描画的儒佛面孔吗？对于这些问题，我想老子与庄子这两位宗师的回答大概会是两个字"哈哈"，要不就是"呵呵"。

2022 年第 11 期

对比《老子》与《论语》、《庄子》与《孟子》的开篇，相信读者都会发现：老子和庄子之文难解，孔子和孟子之言易懂。何以如此？用老子的话说，这是因为孔子的思虑所及皆属"可道"的日用伦常，而未及超越伦常的不可道之"道"；用庄子的话说，这是因为孟子栖心于有限的"方内"，而未至"反复终始，不知端倪"的"方外"。用现代哲学的语言说，与孔孟就事论事的思想意趣不同，老庄在形而下的经验世界之外，另外发现了永恒、玄远且更为真实的形而上的世界，所以他们总是以"居高临下"的方式审视日常现实，故其所思难免"匪夷所思"，其所言势必"玄之又玄"。

本期刊发的三篇文章中，赵俭杰从语文学角度探讨了《庄子》句法的丰富形式和诡奇特点。众所周知，金圣叹奉《庄子》为"才子书者六"

之第一名，鲁迅先生称赞《庄子》文辞"美富"，"汪洋辟阖，仪态万方"，即便是对庄子多作"恶言恶语"的大儒王船山，亦"以文章之变化莫妙于《南华》"。德人尼采曾说："我为什么能写出这么好的书？"如把这句话中的"我"换为"庄子"，答案便是：这绝非庄子挖空心思、遣词造句的结果，而是因为他看到了一个我们看不到的世界，且游心于"无何有之乡"，所以"其言诡谲，其义恢诞"①。

庄子曾借孔子之口嘲讽儒者为没有超脱生死的"游方之内者"。许冬阳博士把庄子的"小大之辩"与"方内""方外"之辩理解为同构关系，进而指出"方内"与"方外"之人并无高下之别，若能安其性分，二者皆可逍遥。在我看来，作者所说的同构关系或可成立，但如果认为"方内"与"方外"之人同样逍遥，则显然受到了郭象的误导，其说消解了庄子思想的形上超越向度，对其生命哲学作了扁平化的压缩处理。经过郭象的处理，"方内"与"方外"的界限消失了，脱出尘垢而"游乎四海之外"的神人也不见了。庄子如果看了郭象的注解，大概会用一个字评论：俗。

老子的核心关切是现实的社会政治问题，但正如罗惠龄所论，由于老子洞见了形上的道具有"无为而无不为"的特点，所以他给陷于文明困境中的人类开出的药方，便是效仿为而不恃、长而不宰的大道，从而使万物得以各安其位、各尽其分。

老子的社会理想、庄子的人生理想高远得虚无缥缈、真诚得迂阔可笑，但恰如周星驰所说：理想还是要有的，万一实现了呢？一笑。

2023 年第 1 期

先秦诸子哲学中，儒家最痴迷于发明人性的本质内涵，其主流是以孟子为代表的性善论，所谓人心皆有仁义礼智之"四端"云云。依后世学者之见，针对儒家的许多重要主张，道家经常扮演一个思想对话者（主要是

---

① 语出王坦之《废庄论》（《晋书》卷七十五）。

批评者）的角色。具体在人性本质的问题上，道家的看法是什么，其与儒家有何异同？在本期刊发的三篇文章中，韩少春认为道家不仅主张仁义乃人之本性，而且道家对人之仁义本性的肯认更甚于儒家，二者的差异仅在于实现和践行仁义的途径不同。笔者注意到，韩先生的这一新见主要是基于对《老子》第三十八章中文字通假和脱字的考辨，以及本章"复原"后与其他章的思想所形成的呼应关系。坦率地说，韩先生的论断固然可谓"新"，理据的充分性、论证的扎实性和缜密性上尚有值得完善之处。

本期另有一篇关于《老子》之"自然"内涵的文章。鉴于此，笔者姑且把道家视域中的人性与"自然"两个问题串连起来，略陈己见于下。

在我看来，人性的本质究竟如何，这并不是《老子》这部政治哲学著作所关注的重要问题。《庄子》全书虽于《马蹄》《胠箧》等篇对此有所讨论，但却主要是把矛头指向儒家，且拒绝给定人性的具体内涵。按照《庄子》的思想逻辑和价值旨趣，一旦人性的本质被具体给定，那么，人性本应有的丰富性、差异性、多样性必然会被化约、被遮蔽、被扭曲、被残贼，而这又必然会进一步限制乃至剥夺不同个体成长和开展的无限可能性、无限多样性。老子、庄子之所以不愿像孟子、荀子那样给人性"下定义"，根本原因即在此。退一步说，如果非要老子、庄子给人性"下定义"的话，我想这二位宗师大概会说人性乃是"自然"，是每一个体脱去一切矫饰和规训后的本真样式，从来都没有永恒、确定、一律的具体人性。

不过话又说回来了，儒家和道家在人性问题上也不是没有一点儿"共识"。这一"共识"是：儒道不仅都在本然层面上对人性的本质持积极肯定的态度，而且在应然层面上对人性开展的前景都抱有乐观的信念，他们相信每一个体皆可自我完善，并最终达至理想的生命状态——梁漱溟在《东方学术概观》一书中有类似看法。只不过儒家乐观的因由在于人之仁义本性，道家期许的是人性可以"自然"。

2023 年第 2 期

本期刊发的赖锡三、郭美华两位教授的长文，实为两篇殊途而致一之作。赖教授以《老子》为中心，通过诠释和推衍"非常道""象帝之先""得一""天之道""人之道""损""柔""反""玄德""下""不得已用兵"诸义，全方位、多角度地描画了《老子》乃至道家"共生"哲学的貌相。郭教授则聚焦《庄子·齐物论》篇的前五段文本，"因其固然"而析其文理，以细腻深透、发微洞幽之手眼，别出心裁而又不违其实地阐发了基于《齐物论》之"齐"的"生存论"。

两文宗旨显然皆落在一个"生"字上。赖教授关注的是不同事物、不同个体、不同群体乃至不同的观念、价值、尺度、路径的"共生"，他认为必须否弃对自我一偏之知的固持，破除所谓的"常道""常名"，以"无知"谦抑的态度理解和处置事物之间的差异、界限、关联以及事物衍化相生的多种可能性，对自我、他者、歧见都宽和待之，方能为包括人类在内的整个世界构建起"一座最平坦、最厚实的共生平台"。郭教授认为，《齐物论》开篇的"吾丧我"和"天籁"实质上是对僵固的自我实体的消解，其结果一方面是使自我绽放为"无主体性"的存在，另一方面则由此彰显了一个无限的整体境域，这一境域不是任何个体主观上的私有物，因此可以向具有无限差异性的无限个体开放，使其皆可自由自在地共生其中。

我完全赞同两位教授的看法：唯有克除中心化的偏狭自我，方可接纳异样的他者，并使自我与他者在开放的世界中各自开显其无限的独特性和丰富性。若干年前，我写过一篇阐发老子的"双向度"技术理念的文章，大意是说：任何仅从自我出发而罔顾他者的单向度行为都是进攻性、侵略性的，这不仅构成对他物他人的伤害，而且主体的行为亦必定最终失败；反之，无论待物还是待人，兼顾自我和他者的双向度的慈弱为用，却可以在使对象得以自在自然的同时，使主体亦可自得自成。这种技术行为理念所蕴含的"对等偿还"原则，套用王夫之的话说便是："不予物以逍遥者，未有能逍遥者也。……任物各得，安往而不适其游哉！"（《庄子解·逍遥游》）郭象也表达过类似看法："己与天下，相因而成者也。"（《庄子注·在宥》）可以说，在强调自我与他者应当共生这一点上，赖、郭两位教授与此达成了古今共识。

2023 年第 4 期

关于中国古代哲学思想，不少学者喜谈其现代意义或当代价值。通观这一路数的论著，在那些被强调的意义或价值之前，又往往都有"积极""重要"乃至"值得借鉴""不可忽视""富有启发性"之类的修饰语。问题是：何谓现代意义？古代思想何以具有现代意义？

笔者以为，20 世纪 50 年代冯友兰先生提出的"抽象继承法"有助于我们回答上述问题。冯先生的大意是：任何思想都兼有抽象意义和具体意义，前者可以超越具体的历史时空而流传，后者则因应不同的社会现实而生灭。基于此，对于古代哲学遗产，我们首先要分疏其抽象意义和具体意义分别是什么，进而结合当下的历史语境，在理解和把握其抽象意义的同时，赋予其新的具体意义。从这个角度说，古代思想的现代意义不是其自身有没有的问题，而是端赖今人创造性的诠释和开显。在本期刊发的文章中，对于朱忠良所说的"道之生成性的现代意义"以及邓永芳提及的《庄子》"性"论的"启发意义"，亦应作如是观。

关于《庄子》的"性"论，邓永芳已有较为全面细致的解析。笔者在此补充一点：与老子几乎不关注事物尤其是个体之"性"的问题不同，《庄子》却于外杂篇对此多有讨论，其"性"论可以说是对老子"自然"观念的深化和补益。具言之，老子只是说百姓和万物"自然"①，却没有从百姓和万物的内在角度解释其何以能"自然"。《庄子》则认为，包括人在内的万物皆有其生而自有、天然合理、不容戕害和扭曲的本真之性，这就为万物和百姓的"自然"创构了天赋的内在根基。只有从这个进路切入，我们方能理解庄子的社会政治思想何以具有远甚于老子的强烈批判性，以至于晋人鲍敬言受其影响而作"无君"之论。

郭美华教授解读《天地》篇第 9—11 节的文章，实质上也建基于《庄

---

① 《老子》第十七章："百姓皆谓我自然"，第六十四章："辅万物之自然而不敢为。"

子》的"性"论之上。其摘要有言："季彻则指出政治治理者的道德自高必然走向权力自高（即突出权力的至上性）。"王夫之《庄子解·徐无鬼》中的一则金句与此暗合："自圣自贤，必将临人。"从《庄子》"性"论的立场说，任何人皆可"自圣自贤"，但绝不可以圣贤的身份去"临人"，因为人一旦被别人"临"，其天赋的"自然"必遭残损。将人心比自心，谁愿意被人"临"呢？

2023 年第 5 期

本期刊发了四篇讨论《庄子》哲学的文章。总体来说，其中大致涉及《庄子》的宇宙论、生命哲学、知识论、人性论和政治哲学。读罢这四篇文章，我不由思考一个问题：相较于其他的先秦诸子著作，文本和思想颇为驳杂的《庄子》之为《庄子》者究竟是什么？古代多有学者把《庄子》外杂篇视为对内七篇思想的发挥和推阐，冯友兰先生更认为《庄子》全书的灵魂在内篇的《逍遥游》和《齐物论》。括而言之，《庄子》之为《庄子》者在内篇，尤其在《逍遥游》《齐物论》两篇，外杂各篇的思想皆可收摄于此。

即以本期刊发的四篇文章所涉问题而论，美籍学者爱莲心从"蝴蝶梦"中解析出的相对主义和非相对主义本是《齐物论》的重要话题。《达生》篇在形神关系问题上对"神全"的强调，固然可以说是受黄老学影响的结果，但其与《逍遥游》篇所谓"其神凝"显然有密不可分的关系——王船山在注解《庄子》时便曾称"其神凝"三字为"一部《南华》大旨"。徐会利博士认为，《庄子》提出了一个万物由道而生、由气而化、由形而显即"道生—气化—形显"的逻辑结构。事实上，《庄子》的宇宙论最独特、最核心的概念是"化"，而《逍遥游》开篇即鲲"化"为鹏的寓言，《齐物论》则以庄周与蝴蝶互"化"（物化）终篇。郭美华教授对外篇《天地》第12—15节的解读，一如既往地彰显了庄子哲学的卓异精神——自然、自在与自由，而章太炎早已指出，庄子思想之"维纲所寄，其唯《消摇》《齐物》二篇"，"'逍遥游'者自由也，'齐物论'

者平等也"。

这样看来，本期的四篇文章虽并未全部聚焦于内篇——特别是《逍遥游》《齐物论》两篇，但却都基于不同的文本、借由不同的进路，揭示了《庄子》以"化"为中心的宇宙论、重"神"的生命哲学、"自然"且"自由"的人性论和政治哲学，以及看上去带有相对主义色彩的知识论。在先秦诸子哲学中，这些正是《庄子》最为独特或首先提出的思想，亦即《庄子》之为《庄子》者。

2023 年第 7 期

现象学在中国学界"做大了"！这不仅是因为西方哲学领域目前研究现象学的学者"人多势众"——用王 L 教授的话说"乌泱乌泱"的，而且现象学似乎正越来越被奉作一种具有普遍效用的理论方法，进而被推扩应用于中国哲学等其他研究领域。本期刊发的《〈老子〉之"道"的现象学诠释研究》正是此一背景下形成的学术文章。我不反对"以西释中"，但却始终有一个疑问，并曾就此请教一位研究现象学的学者：将现象学的思想方法应用于中国哲学领域，对于中国哲学究竟意味着什么，具体来说是能给中国哲学造成什么积极的理论效应？答曰：用现象学的方法诠释中国哲学的概念和问题，一方面可以丰富和扩展现象学的研究视野；另一方面对于中国哲学而言，则可以使其独特的理论观念和精神意趣借由现象学的进路而获得现代哲学的理论表达，从而走向世界哲学之林。我赞同这种学术理念。以道家为例，既然古人可以以庄解老、以儒解庄、以佛解道，今人又为何不可以以现象学解老解庄呢？这就叫"反向格义"吧？

《庄子·天下》篇历来多被视为最早的一篇"中国哲学小史"，刘书刚先生却一反众论，认为"应物之方"是此文贯穿始终的逻辑线索，庄子通过吸收和转化前人在此问题上的思想主张而形成了他自己的学说。所谓"应物之方"实质上就是与世界打交道的方式，从这个角度说，所有的中国哲学思想都关涉"应物之方"，因此以"应物之方"为《天下》篇的逻辑线索未免失于笼统。另外，将庄子哲学理解为对前贤"应物之方"的吸收和转化，似乎也弱化了其本有的丰富性和深邃性。不过，即便刘文尚有欠妥处，我仍倾向于认为作者为我们理解《天下》篇的叙述逻辑提供了新的线索，而且事实上学界在此问题上至今未有定论。

美华教授对《庄子·齐物论》篇第6—8节的解读，一如既往地彰显着郭氏特有的文风，以及他对庄子哲学的无限深情。窃以为，美华教授笔下最深得庄子之意的语词当数"切己生存的个体性"。这个词妥帖表达了庄子对所有宏大叙事和所谓超越性、普遍性、公共性的拒斥，以及他对个体生存之独特性、差异性和无限可能性的捍卫。我喜欢这个词。

2023 年第 8 期

从现代学术的角度看，中国古代哲学家很少以严格"下定义"的方式表达自己的理论观点，这就导致传统经典中许多重要概念或语词的内涵往往具有含混、多义甚至前后矛盾的特点。而在现代学术语境下，即便是那些反对"以西释中"的学者，恐怕也不可能全然以所谓"诗性""古典"的方式研究中国哲学，而是必须注重概念的清晰性、确定性。在此问题上，《庄子》一书对学者所构成的障碍和挑战在于：其一，庄子不相信也不愿采用确切的语言表达其"荒唐"的哲学思想；其二，《庄子》文本出自多人之手，同一语词在不同作者笔下的含义可能并不一致。

由此，对《庄子》中的重要概念或语词进行辨析——探掘其历史源流、分疏其复杂含义，进而揭示其与书中另外一些概念的逻辑关系，便显得甚为必要，这是作为现代学术形态的庄学研究不可或缺的前提之一。很显然，本期刊发的三篇庄学研究文章中，廖浩的《〈庄子〉"神明"观念析论》、黄晓晴的《〈庄子〉"德"义发微》所做的正是这项工作。关于《庄子》中的"神明"和"德"，学界已有丰富的研究成果，但两位博士所作的概念解析仍可谓探幽入微、别有新意，这是非常难得的。

任博克教授的文章以郭象《庄子注》中的"自然"概念为中心，对郭象的"反基础主义、彻底的无神论、内在的否定化神秘主义"在中国哲学史上乃至在东亚思想世界所产生的影响，给予了极高评价。在任教授看来，后世的儒家、佛教以及后人在诠释《老子》《庄子》时之所以"消除以任何方式超越于经验现实之外的任何东西"，否弃神秘的超验存在和彼岸世界，无不得益于郭象的"自然观"。按任教授的说法，这种"自然观"的大意是："事情的发生不是由于故意的意图，不是为了达到任何预想的目的，甚至不是由于任何可辨别的因果先例或来源。"

笔者大致赞同任教授对郭象哲学的解读，但同时需要指出的是：由于郭象一方面消解了庄子的"道""天"或"天地"等至上本体概念，另一方面又否定个体的自我意识和自由意志，所以，他实质上是根除了个体与本体相合的超越向度，而这种超越向度在庄子哲学中却表现得非常显著。所以，就郭象本人思想的品格及其对后世中国哲学的影响而言，他所干的并非全然是"好事"。不少人把中国哲学的基本精神概括为"极高明而道中庸"或"当下超越"或"形上不离形下"或"即凡而圣"，并将这种精神视为中国哲学特有的优良"基因"。但在我看来，所见即所蔽、所长即所短，中国哲学总体上未免太过"中庸"、太过"当下"、太过"形下"、太过"即凡"，因此太缺少、太需要真正否弃当下凡俗、高明玄远的形上超越精神了，所以我认为郭象干的并非全然是"好事"。

2023 年第 10 期

本期刊发的三篇文章，一则关乎人类与自然界的理想关系，一则关乎社会公正，一则关乎个体的自我修养，这三个话题都是古今中西的哲人始终关注和思考的重大问题。

高建立教授的文章阐发了老子的生态伦理思想。严格来说，作为君人南面之术，老子哲学对于人与自然界的关系所论较少。但鉴于推天道以明人事是作为史官的老子惯常的思维方式，其哲学思想便天然地蕴含着以人从天、"与天为徒"或"与天为一"① 的人类实践法则。因此，我们完全可以从中推衍出人类应当与自然万物和谐共生、共处的生态伦理思想。或

---

① "与天为徒"出自《庄子·人间世》，"与天为一"出自《庄子·达生》。

许正是由于这一点，一些西方学者对老子开创的道家哲学颇为赞赏，认为它体现了"一种生态学的取向，其中蕴含着深层的生态意识"，甚至有人将道家思想称为"传统的东亚深层生态学"。①

周耿通过细致扎实的文献辨析，对《老子》第七十七章所说的"有余以奉天下"作出了新的解释，进而提出了以"无为"的方式实现社会公正的道家智慧。在我看来，老子乃至道家解决社会公正问题之道的关键在于：统治者或政府应最大限度地主动限制其所掌握的权力的运用，使民众在没有外部威权干扰的情况下自生自治，社会公正即可自然实现。这一近通于现代自由主义的政治主张背后，隐含着道家不同于先秦其他学派的一个重要思想：社会公正不是来自圣王等任何权威人物的设计或赋予，而是民众在没有外部干扰的自由境况下，通过个体与个体、个体与群体、群体与群体的交互活动，自然形成的结果。

张景的文章把《庄子·大宗师》所谓"坐忘"论中的"忘仁义"与"忘礼乐"新诠为"忘心""忘体"与"忘形""忘用"，这一新解得自"心—形"和"体—用"两对新概念的嵌入。很明显，虽然颜孔随后的对话中言及"堕肢体，黜聪明，离形去智"——"肢体"即"形""智"即"心"，但当颜回说"忘仁义"与"忘礼乐"时却并未言及"心"与"形"，更没有提到"体"与"用"。《庄子》全书颇多言"心"与"形"，且常将"心"与"形"对举，仅内篇就有数例，如《齐物论》："形固可使如槁木，而心固可使如死灰乎？""其形化，其心与之然，可不谓大哀乎？"《人间世》："形莫若就，心莫若和"；"形就而入，且为颠为灭……心和而出，且为声为名"；《德充符》："固有不言之教，无形而心成者邪？"《大宗师》："且彼有骇形而无损心，有旦宅而无情死"；《应帝王》："是于圣人也，胥易技系，劳形怵心者也。"依此，用《庄子》内篇的固有概念"心—形"诠释《大宗师》篇所说的"忘仁义"与"忘礼乐"并非绝对不可行——用刘笑敢先生的术语说，这大概可以叫"贯通性诠释"。

---

① 雷毅：《深层生态学思想研究》，清华大学出版社 2001 年版，第 76—77 页。

但从《庄子》全书看，"体"以及与"体"相对的"用"却并非其固有概念。我认为，用并不属于《庄子》文本的"体—用"概念去诠释"忘仁义"与"忘礼乐"，须格外小心。这是因为从诠释方法及其效应来看，以对象文本之外的新概念去诠释对象文本，很可能会导致过度诠释或严重误解或轻度的理解偏差，但也可能会因此得出新的理论观点，如郭象注《庄子》所用的"性"、朱熹注《四书》所用的"理"。庄子是在儒道对话的语境中提出"坐忘"论的，张景通过对其进行新的解释，认为"坐忘"不仅有益于个人的身心健康和事业开展，而且有积极的社会政治意义。我觉得他的"新诠"很难说是过度诠释，虽然它未必有多么新，并且还淡化了"坐忘"论的儒道对话意蕴。

参考文献

一 典籍

（三国魏）何晏注，（宋）邢昺疏：《论语注疏》，北京大学出版社 1999 年版。

（晋）郭象注，（唐）成玄英疏：《南华真经注疏》，中华书局 1998 年版。

（南朝）僧祐、（唐）道宣：《弘明集 广弘明集》，上海古籍出版社 1991 年版。

（唐）韩愈：《韩昌黎全集》，中国书店 1991 年版。

（宋）程颢、程颐：《二程集》，中华书局 2004 年版。

（宋）黎靖德编：《朱子语类》，中华书局 1986 年版。

（宋）林希逸：《南华真经口义》，云南人民出版社 2002 年版。

（宋）朱熹：《四书章句集注》，中华书局 1983 年版。

（宋）朱熹：《诗集传》，中华书局 2011 年版。

（明）释德清：《道德经解》，华东师范大学出版社 2009 年版。

（清）段玉裁：《经韵楼集》，上海古籍出版社 2008 年版。

（清）郭庆藩：《庄子集释》，中华书局 2004 年版。

（清）黄宗羲：《明儒学案》，中华书局 2008 年版。

（清）黄宗羲：《宋元学案》，中华书局 1986 年版。

（清）王夫之：《读四书大全说》，中华书局 1975 年版。

（清）王夫之：《读通鉴论》，中华书局 1975 年版。

（清）王夫之：《老子衍 庄子通 庄子解》，中华书局 2009 年版。

（清）王夫之：《周易内传》，九州出版社 2004 年版。

（清）王夫之：《周易外传》，九州出版社 2004 年版。

（清）魏源：《老子本义》，华东师范大学出版社 2010 年版。

《船山全书》，岳麓书社 2011 年版。

《道藏》，文物出版社、上海书店、天津古籍出版社 1988 年版，第 12 册。

《苏轼文集》，中华书局 1986 年版，第 1 册。

曹础基：《庄子浅注》，中华书局 2000 年版。

陈鼓应注译：《老子今注今译》，商务印书馆 2003 年版。

陈鼓应注译：《庄子今注今译》，中华书局 1983 年版。

崔大华：《庄子歧解》，中华书局 2012 年版。

樊波成：《老子指归校笺》，上海古籍出版社 2013 年版。

高亨：《老子注译》，清华大学出版社 2010 年版。

高明：《帛书老子校注》，中华书局 1996 年版。

高专诚：《御注老子》，山西古籍出版社 2003 年版。

黄晖：《论衡校释》，中华书局 1990 年版。

李零：《郭店楚简校读记》，北京大学出版社 2002 年版。

李申：《老子衍今译》，巴蜀书社 1990 年版。

楼宇烈校释：《王弼集校释》，中华书局 1980 年版。

罗义俊：《老子译注》，上海古籍出版社 2012 年版

任继愈译著：《老子新译》，上海古籍出版社 1985 年版。

孙钦善：《论语本解》，生活·读书·新知三联书店 2009 年版。

王德有译注：《老子指归译注》，商务印书馆 2004 年版。

王卡点校：《老子道德经河上公章句》，中华书局 1993 年版。

王孝鱼：《老子衍疏证》，中华书局 2014 年版。

杨伯峻译注：《论语译注》，中华书局 1980 年版。

张双棣：《淮南子校释》，北京大学出版社 1997 年版。

朱谦之：《老子校释》，中华书局 1984 年版。

二 论著

［德］恩斯特·卡西尔：《神话思维》，黄龙保、周振选译，中国社会科学出版社 1992 年版。

［法］布鲁诺·雅科米：《技术史》，蔓菁译，北京大学出版社 2000 年版。

［古希腊］柏拉图：《理想国》，郭斌和、张竹明译，商务印书馆 1986年版。

［美］侯格睿：《青铜与竹简的世界：司马迁对历史的征服》，丁波译，商务印书馆 2022 年版。

［美］艾兰：《水之道与德之端：中国早期哲学思想的本喻》，张海晏译，商务印书馆 2010 年版。

［美］罗浩：《原道：〈内业〉与道家神秘主义的基础》，邢文、严明等译，学苑出版社 2009 年版。

［美］摩尔：《蛮性的遗留》，李小峰译，海南出版社 1994 年版。

北京大学哲学系外国哲学史教研室编译：《西方哲学原著选读》上卷，商务印书馆 1981 年版。

曹峰：《老子永远不老：〈老子〉研究新解》，中国人民大学出版社 2018年版。

陈来：《古代思想文化的世界：春秋时代的宗教、伦理与社会思想》，生活·读书·新知三联书店 2002 年版。

陈来：《诠释与重建：王船山的哲学精神》，北京大学出版社 2004 年版。

陈来：《有无之境：王阳明哲学的精神》，人民出版社 1991 年版。

陈荣捷：《中国哲学论集》，"中央研究院"中国文哲研究所 1994 年版。

陈荣捷：《朱学论集》，华东师范大学出版社 2007 年版。

陈望道：《修辞学发凡》，上海教育出版社 2001 年版。

陈霞：《道家哲学引论》，中国社会科学出版社 2017 年版。

邓辉：《王船山道论研究》，湘潭大学出版社 2010 年版。

邓联合：《"逍遥游"释论：庄子的哲学精神及其多元流变》，北京大学出版社 2010 年版。

邓联合：《庄子哲学精神的渊源与酿生》，光明日报出版社 2011 年版。

丁四新：《郭店楚墓竹简思想研究》，东方出版社 2000 年版。

董平：《老子研读》，中华书局 2015 年版。

冯友兰：《贞元六书》，华东师范大学出版社 1996 年版。

冯友兰：《中国哲学史新编》，人民出版社 1998 年版。

冯友兰：《中国哲学史》，中华书局 1961 年版。

傅杰选编：《韩非子二十讲》，华夏出版社 2008 年版。

傅斯年：《傅斯年全集》第 2 卷，湖南教育出版社 2003 年版。

郭沫若：《十批判书》，东方出版社 1996 年版。

何炳棣：《有关〈孙子〉〈老子〉的三篇考证》，"中央研究院"近代史研
　　究所 2002 年版。

胡道静主编：《十家论老》，上海人民出版社 2006 年版。

胡适：《中国哲学史大纲》，上海古籍出版社 1997 年版。

江晓原、钮卫星：《中国天学史》，上海人民出版社 2005 年版。

金岳霖：《论道》，商务印书馆 1987 年版。

李济：《李济文集》第 4 卷，上海人民出版社 2006 年版。

李零：《兰台万卷：读〈汉书·艺文志〉》，生活·读书·新知三联书店
　　2011 年版。

李零：《人往低处走：〈老子〉天下第一》，生活·读书·新知三联书店
　　2008 年版。

李泽厚：《己卯五说》，中国电影出版社 1999 年版。

李泽厚：《中国古代思想史论》，人民出版社 1985 年版。

刘坤生：《老子解读》，上海古籍出版社 2004 年版。

刘笑敢：《老子古今：五种对勘与析评引论》，中国社会科学出版社 2006
　　年版。

刘笑敢：《老子：年代新考与思想新诠》，台北：东大图书公司 2005 年版。

刘笑敢：《诠释与定向：中国哲学研究方法之探究》，商务印书馆 2009

年版。

鲁迅：《汉文学史纲要》，人民文学出版社 1973 年版。

牟宗三：《才性与玄理》，广西师范大学出版社 2006 年版。

庞朴：《中国文化十一讲》，中华书局 2008 年版。

彭富春：《论老子》，人民出版社 2014 年版。

钱穆：《庄老通辨》，生活·读书·新知三联书店 2005 年版。

桑本谦：《法律简史：人类制度文明的深层逻辑》，生活·读书·新知三联
　　书店 2022 年版。

谭家健、郑君华：《先秦散文纲要》，山西人民出版社 1987 年版。

汪维辉：《汉语词汇史》，中西书局 2021 年版。

王博：《老子思想的史官特色》，台北：台湾文津出版社 1993 年版。

王博：《中国儒学史·先秦卷》，北京大学出版社 2011 年版。

王中江：《根源、制度和秩序：从老子到黄老》，中国人民大学出版社 2018
　　年版。

萧公权：《中国政治思想史》，辽宁教育出版社 1998 年版。

萧萐父：《船山哲学引论》，江西人民出版社 1993 年版。

熊铁基、刘韶军、刘筱红、吴琦、刘固盛：《二十世纪中国老学》，福建人
　　民出版社 2002 年版。

徐复观：《两汉思想史》第 2 卷，华东师范大学出版社 2001 年版。

许抗生：《帛书老子注译与研究》，浙江人民出版社 1982 年版。

杨伯峻、何乐士：《古汉语语法及其发展》，语文出版社 2001 年版。

杨泓：《杨泓文集·古代兵器》，文物出版社 2021 年版，上册。

杨泓：《杨泓文集·考古文物小品》，文物出版社 2021 年版。

余英时：《文史传统与文化重建》，生活·读书·新知三联书店 2004 年版。

曾昭旭：《王船山哲学》，台北：远景出版事业公司 1996 年版。

詹剑峰：《老子其人其书及其道论》，华中师范大学出版社 2006 年版。

张岱年：《中国古典哲学概念范畴要论》，中国社会科学出版社 1987 年版。

张岱年：《中国哲学大纲》，中国社会科学出版社 1982 年版。

张丰乾：《可与言诗：中国哲学的本根时代》，商务印书馆 2020 年版。

张恒寿：《庄子新探》，湖北人民出版社 1983 年版。

张舜徽：《周秦道论发微 史学三书平议》，华中师范大学出版社 2005 年版。

章太炎：《国学概论》，上海古籍出版社 1997 年版。

章太炎：《訄书》，辽宁人民出版社 1994 年版。

郑开：《道家政治哲学发微》，北京大学出版社 2019 年版。

郑良树：《诸子著作年代考》，北京图书馆出版社 2001 年版。

三 论文

陈佩君：《先秦道家的主术与心术：以〈老子〉、〈庄子〉、〈管子〉四篇为
　　核心》，博士学位论文，台湾大学，2008 年。

陈霞：《屈君伸民：老子政治思想新解》，《哲学研究》2014 年第 5 期。

邓联合：《论王船山〈庄子解〉的"浑天"说》，《文史哲》2020 年第
　　6 期。

邓联合：《"阴谋家"：老子何以被诬?》，《中国哲学史》2016 年第 1 期。

邓联合、赵佳佳：《〈庄子〉与〈诗〉的显隐关联发微》，《中国哲学史》
　　2022 年第 4 期。

杜正胜：《从眉寿到长生：中国古代生命观念的转变》，《中央研究院历史
　　语言研究所集刊》第 66 本第 2 分（1995 年 6 月）。

顾颉刚：《从〈吕氏春秋〉推测〈老子〉之成书年代》，《古史辨》，上海
　　古籍出版社 1982 年版，第 4 册。

郭沂：《楚简〈老子〉与老子公案》，《郭店竹简研究》（《中国哲学》第
　　20 辑），辽宁教育出版社 1999 年版。

郝志华：《"箕踞"何以是大不敬》，《咬文嚼字》2002 年第 5 期。

胡适：《与冯友兰先生论〈老子〉问题书》，《古史辨》，上海古籍出版社
　　1982 年版，第 4 册。

金春峰：《对老子研究的新推动：读詹剑峰〈老子其人其书及其道论〉》，
　　《人民日报》1983 年 3 月 2 日。

李波：《"〈庄〉之妙，得于〈诗〉"：明清〈庄子〉散文评点的诗性审美》，《聊城大学学报》（社会科学版）2013 年第 2 期。

李晓帆：《〈礼记〉祭礼思想研究》，博士学位论文，中国人民大学，2023 年。

裴健智：《〈文子〉文本及其思想研究》，博士学位论文，中国人民大学，2021 年。

裘锡圭：《"宠辱若惊"是"宠辱若荣"的误读》，《中华文史论丛》2013 年第 3 期。

裘锡圭：《郭店〈老子〉简初探》，载《道家文化研究》第 17 辑，生活·读书·新知三联书店 1999 年版。

孙雍长：《〈老子〉用韵研究》，《广州大学学报》（社会科学版）2002 年第 1 期。

汤一介：《关于僧肇注〈道德经〉问题：四论创建中国解释学问题》，《学术月刊》2000 年第 7 期。

汤一介：《论创建中国解释学问题》，《社会科学战线》2001 年第 1 期。

王博：《权力的自我节制：对老子哲学的一种解读》，《哲学研究》2010 年第 6 期。

王博：《无的发现与确立：附论道家的形上学与政治哲学》，载《哲学门》第 23 辑，北京大学出版社 2011 年版。

王丰先：《春秋时代的孔子形象》，载《儒家典籍与思想研究》第 1 辑，北京大学出版社 2009 年版。

王玉彬：《〈庄子·齐物论〉"十日并出"章辨正》，《中国哲学史》2015 年第 4 期。

萧萐父：《道家·隐者·思想异端》，《江西社会科学》1989 年第 6 期。

许抗生：《初读郭店竹简〈老子〉》，《郭店竹简研究》（《中国哲学》第 20 辑），辽宁教育出版社 1999 年版。

张维慎：《说席地而坐时的无礼行为"箕踞"》，《南越国遗迹与广州历史文化名城学术研讨会暨中国古都学会 2007 年年会论文集》。

张学智：《王夫之衍〈老〉的旨趣及其主要方面》，《北京大学学报》（哲学社会科学版）2004 年第 3 期。

张玉安：《魏晋衣风尚自然》，《中国社会科学报》2013 年 2 月 20 日。

郑开：《中国古代哲学中的神秘主义》，《中国社会科学报》2018 年 3 月 27 日。

后 记

　　此书实际上是一本学术论文集。除了附录二"道家哲学研究漫笔"，书中的各章和附录一皆已作为单篇论文发表于《现代哲学》《江海学刊》《哲学动态》《哲学研究》《中州学刊》《中国哲学史》《周易研究》等学术期刊，时间跨度始于 1997 年，终于 2023 年。

　　二十多年间，由于不同阶段笔者对《老子》文本及其思想的理解经历了一个由浅薄到渐得其门的过程，加之老子研究又不是我的学术聚焦点，所以书中各章不仅研究方法歧出各异、理论见解参差不齐，有些观点和表述甚至还可能存在着前后不一之失。在将这些零零散散的文章汇编为本书时，笔者对部分文章的标题、文字和内容进行了修正、调整或补充，力图使全书至少看上去像一部"专著"的样子。但坦率地说，修改的结果并不令人满意，尤其是第七章和第八章。如果读者不幸遭遇书中的浅陋处或不一处，大可一笑置之。当然，如果日后能看到有心人提出的商榷或批评之论，自是笔者求之不得的乐事。

　　感谢责任编辑郝玉明女士为本书出版付出的辛勤劳动！

邓散行

2023 年 10 月 4 日夜 中山大学珠海校区荔园公寓